Ulrike Mross

# Lebenswege
# Glaubenswege
# Pilgerwege

Tagebuchaufzeichnungen
Erinnerungen
Briefe

Ulrike Mross

# Lebenswege
# Glaubenswege
# Pilgerwege

Tagebuchaufzeichnungen
Erinnerungen
Briefe

oder auch:

Liebeserklärung an meine Kirche

Bernardus-Verlag 2023

**Anmerkung des Verlags:**

Um die Erfahrungen der Autorin so authentisch wie möglich darzustellen, wurden die Texte mit ihren Erinnerungen größtenteils im Original belassen und lediglich grammatikalisch sowie an die neue Rechtschreibung angepasst. Daher besteht die Möglichkeit, dass einige der Berichte auch in verschiedenen Zeitformen geschrieben oder stichpunktartig verfasst sind. Dies so genau wie möglich beizubehalten, wurde von ihr so gewünscht.

## IMPRESSUM

1. Auflage 2023
© BERNARDUS-VERLAG
In der Verlagsgruppe Mainz
Alle Rechte vorbehalten
Printed in Germany

Bernardus-Verlag
Verlagsgruppe Mainz
Süsterfeldstraße 83
52072 Aachen
www.bernardus-verlag.de

Gestaltung, Druck und Vertrieb:
Druck & Verlagshaus Mainz
Süsterfeldstraße 83
52072 Aachen
www.verlag-mainz.de

Abbildungsnachweis (Umschlag):
aus dem Privatarchiv der Autorin

ISBN-10: 3-8107-0374-5
ISBN-13: 978-3-8107-0374-3

# Inhalt

| | |
|---|---|
| Vorwort | 8 |
| Briefe I | 10 |
| Heiligkreuztal | 11 |
| Gottesdienst zur Seligsprechung von Pater Rupert Mayer SJ durch Papst Johannes Paul II im Olympiastadion in München am 3. Mai 1987 | 17 |
| Briefe II | 22 |
| Wallfahrt nach Weingarten (Blutritt), Flüeli und Einsiedeln | 45 |
| Briefe III | 86 |
| Stiftung Weltethos | 104 |
| Advent 1998 | 113 |
| Jahreswechsel 1998/99 auf dem Schönenberg | 117 |
| Pfingstsonntag 1999 | 122 |
| 150 Jahre Bonifatiuswerk der deutschen Katholiken Festveranstaltung am Samstag, 29. Mai 1999 im Hohen Dom zu Paderborn | 129 |
| Briefe IV | 136 |
| Memento Mori: Gedanken zur Ausstellung »Archiv der Gesichter: Toten- und Lebendmasken aus dem Schiller-Nationalmuseum in der Alexanderkirche Marbach« am Sonntag, 21. November 1999 | 137 |
| Jahrtausendwechsel am Bodensee | 140 |
| Pallottifest in Stuttgart-Hohenheim 23. Januar 2000 | 154 |
| Oblatentreffen in Bad Cannstatt | 165 |
| Tag der Entscheidung? | 168 |
| Zum Tod von Pater Innozenz | 171 |
| 3. Advent 2000 | 174 |
| 31.03.–02.04.2001 | 181 |
| Briefe V | 184 |

| | |
|---|---|
| Gedanken zum Tod des Papstes | 185 |
| Papst Benedikt XVI | 188 |
| Briefe VI | 190 |
| Sitzung des Diözesanrates im Kloster Schöntal 20./21. Mai 2011 | 193 |
| Zum Tod von Weihbischof Bernhard Rieger (1922–2013) | 207 |
| Briefe VII | 227 |
| Symposium in Münsterschwarzach anlässlich des 100. Geburtstages von Thomas Merton, 30.01.–01.02.2015 | 232 |
| Briefe VIII | 257 |
| Sternsingen 2018 | 259 |
| Mein Glaube in Corona-Zeiten | 263 |
| Weltfriedenstag 19. Januar 2023 Pontifikalamt / Internationaler Soldatengottesdienst in Köln | 276 |
| Schlusswort | 280 |

Gewidmet allen Priestern und Ordensleuten, die mich ein Stück auf meinem Weg begleitet haben.

# Vorwort

Dieser Kirche die Treue halten? Ja – *gerade jetzt!* Denn könnte man von Treue sprechen, wenn man lediglich in guten Zeiten zusammenhält?

Wenige Tage nach meiner Geburt wurde ich getauft – seither bin ich Teil der katholischen Kirche. Ohne sie wäre ich nicht die, die ich bin. Das Katholisch-Sein ist so sehr ein Teil von mir, wie ich die Tochter meiner Eltern und die Schwester meiner Brüder und Schwestern bin. Ja, es gab und gibt Menschen in dieser Kirche, die mich irritiert und auch solche, die mich verletzt haben: Männer und Frauen, Priester und Laien. Dennoch bleibe ich Glied dieser Kirche, wie ich trotz aller Verletzungen Teil meiner Familie bleibe und an Freundschaften und anderen Beziehungen festhalte.

In den vergangenen Jahrzehnten habe ich so wunderbare Erlebnisse im kirchlichen Umfeld gehabt, so viele wertvolle Menschen kennengelernt, so viel Ermutigung im Glauben erfahren – mein Leben wäre ohne all das sehr arm gewesen. Wunderbare Freundschaften, oft ein Leben lang, haben in Klöstern, auf Tagungen oder Wallfahrten ihren Anfang genommen. Ich empfinde eine tiefe Dankbarkeit.

Manches habe ich in Tagebüchern festgehalten. Einen Teil davon will ich nun veröffentlichen, um zu zeigen: Kirche ist mehr als das, was in den Medien zu lesen ist. Vielleicht kann dieses Buch dazu beitragen, dass viele Menschen über ihre positiven Erfahrungen in und mit der Kirche wieder ins Gespräch kommen.

»Seht, wie sie einander lieben!« – daran soll man doch uns Christen erkennen.

*Ich verstehe es und billige es, wenn ein Mensch viel von sich selbst verlangt; wenn er aber diese Forderungen auf andere ausdehnt und sein Leben zum »Kampf« für das Gute macht, so muss ich mich des Urteils darüber enthalten, denn ich halte von Kampf, Aktion, Opposition nicht das mindeste; ich glaube zu wissen, dass jeder Wille zur Änderung der Welt zu Krieg und Gewalt führt, und kann mich darum keiner Opposition anschließen, denn ich billige die letzten Konsequenzen nicht, und halte das Unrecht und die Bosheit auf Erden nicht für heilbar. Was wir ändern können und sollen, das sind wir selber: unsere Ungeduld, unser Egoismus (auch der geistige), unser Beleidigtsein, unser Mangel an Liebe und Nachsicht. Jede andere Änderung der Welt, auch wenn sie von der besten Absicht ausgeht, halte ich für nutzlos, darum habe ich keinerlei Beziehungen zu oppositionellen Parteien und Blättern, und kann Ihnen also leider auch in dieser Hinsicht keinen Rat geben. […]*

*Ich würde für einen Menschen, der in Ihrer Lage ist, es für das beste halten, dass er irgendwo eine positive, aufbauende, dienende Arbeit fände, auch wenn sie unter Opfern und Zugeständnissen geschehen muss. Dies schiene mir das einzige, was anzustreben wäre. Den intellektuellen Kampf gegen Unfreiheit und Gewalt, obwohl zuzeiten auch er notwendig ist, halte ich nicht für eine Tätigkeit, die einen leidenden Menschen aufrichten und beglücken kann.*

Aus einem Brief Hermann Hesses vom 25. September 1933

# Briefe I

*12.01.1985*

Liebe Schwester Charlotte!

Haben Sie herzlichen Dank für Ihre nette und schnelle Antwort. Natürlich war ich über die Absage zunächst enttäuscht, aber nun habe ich mich doch entschlossen, nach Moos zu fahren. Gerade am Thema »Beten« liegt mir viel, weil ich da so meine Schwierigkeiten habe und mir durch dieses Wochenende Anstöße und Hilfe erhoffe. Mir fehlt nicht der Glaube oder die Bereitschaft zum Beten, sondern einfach irgendwie der Zugang. Ich habe es nicht richtig gelernt und in der heutigen Zeit spielt das Gebet im Alltag leider auch keine große Rolle mehr. Deshalb will ich also den langen Weg nach Moos nicht scheuen. Ich betrachte ihn – er fällt ja gerade in die Fastenzeit – dann eben als Pilgerfahrt.

Falls Sie sich noch einmal die Mühe machen wollen mir zu schreiben, bitte ich Sie um die Beantwortung der Fragen, die ich letztes Mal stellte (bezüglich dessen, was man mitzubringen hat). Eriskirch liegt nahe bei Friedrichshafen, wo wir Bekannte haben. Vielleicht ergibt sich sogar eine Möglichkeit, dass ich meine Tochter dort unterbringen kann.

Wissen Sie, wie man mit öffentlichen Verkehrsmitteln nach Moos kommt? Mit der Bahn bis Friedrichshafen dürfte kein Problem sein.

Übrigens schicke ich gleichzeitig mit diesem Brief eine Karte mit meiner Anmeldung nach Moos (ich habe die Adresse diese Woche in der »Stadt Gottes« entdeckt) und hoffe, dass ich nicht wieder zu spät dran bin.

Für heute herzliche Grüße

*Ulrike Mross*

# Heiligkreuztal

27. bis 29. März 1987

**Thema: Mit den Psalmen beten lernen**

Das Thema gefiel mir, aber ich hatte keine bestimmten Erwartungen an dieses Seminar. Eigentlich wollte ich nicht schon wieder nach Heiligkreuztal, sondern auch mal eines der vielen anderen Klöster kennenlernen. Aber ich entschied mich dann doch dafür – nicht nur des Themas wegen, sondern auch aus praktischen Gründen.

Aber was ich dann erlebte, kann ich kaum mit Worten ausdrücken. Gott hat mich reich beschenkt. Zwar haben die Psalmen mich noch nicht richtig gepackt (P. Stoll: »Psalmen beten lernen ist ein Prozess.«), aber ich glaube doch, dass sie in meinem Leben in Zukunft eine Rolle spielen werden. Sie sind – jedenfalls manche – so voller Freude und Optimismus – da kann man gar nicht anders als in das Lob einzustimmen.

P. Stoll konnte seine ganze Begeisterung nicht verbergen. Auf eine ganz einfache und offene Art legte er gleich am Freitagabend ein Bekenntnis ab: er hat das Psalmenbüchlein immer bei sich, streicht sich Stellen an, die ihn in bestimmten Augenblicken besonders ansprechen, notiert sich das Datum dazu und kann später darauf zurückgreifen.

Die größte Erkenntnis für mich an diesem Wochenende ist die, dass ein Christ gleichzeitig im Tiefsten sehr fromm sein kann und kritisch der Amtskirche gegenübersteht. Ich sah darin bisher immer einen Widerspruch. Wer wirklich fromm ist – so dachte ich bisher – kann nicht in ernsthafte Konflikte mit der Kirche kommen, sondern müsse sie einfach im Vertrauen auf Gott als dessen eingesetzte Kraft annehmen.

Jetzt habe ich gelernt, dass das nicht notwendigerweise so sein muss. P. Stoll bekannte während der

Plenumssitzung irgendwann, dass er sich als junger Priester heftig mit seinem Vorgesetzten auseinandergesetzt hat. Er erzählte das ganz sachlich, auch heute noch davon überzeugt, dass er im Recht war. Wahrscheinlich ist er es auch. Nichts an diesem Mann hat auch nur den kleinsten Eindruck des Unechten oder Oberflächlichen gemacht. Er hat einfach sich selbst ins Seminar eingebracht.

Auch was wir miteinander taten, beteten, sangen, lasen – es war eine gute Sache. Wir hörten Martin Buber von einem Tonband Psalmen sprechen, wir hörten von einem anderen Band einen modernen Psalm gesungen (der gefiel mir nicht – vielleicht war mir aber auch nur die Stimme der Sängerin unsympathisch). Am Freitagabend sangen wir miteinander die Komplet in der Hauskapelle (das war die erste Überraschung für mich – wir hatten vorher kein Programm bekommen), am Samstag und Sonntag sangen wir zusammen die Laudes (am Samstag in der Anbetungskapelle), am Samstagabend feierten wir die (Vorabend-) Messe miteinander. Weil einige Amerikaner dabei waren, wählten wir dafür einige englische Lieder aus. Es war ein frohes, ansteckendes Singen.

Am Sonntag ging ich noch einmal zur Messe (in Hausschuhen!) und durfte die Lesung übernehmen. Zur Kommunion ging ich nicht – es ist immer noch ein Teil meiner Bußzeit.

Im Hörsaal behielten wir jeweils unsere Plätze bei, damit wir unsere Sachen immer liegenlassen konnten. Aber beim Essen lernte man verschiedene Teilnehmer näher kennen. Auch das gehört mit dazu.

Ein Teilnehmer unterschied sich von allen anderen dadurch, dass er mehrfach behindert war: Er hatte sowohl einen verkümmerten Fuß als auch eine ebenso verkümmerte Hand, Sprache und Gehör waren eingeschränkt. Im ersten Augenblick hielt ich den ganzen Menschen für etwas schwerfällig, musste aber umlernen! Herr Sch.

war sehr belesen, konnte mitreden und war sicher nicht derjenige, der am wenigsten beigetragen oder verstanden hätte.

Irgendwann in diesen zwei Tagen legte er ein Bekenntnis ab: Vor einiger Zeit ging es ihm sehr schlecht. Er war ganz unten und wusste: wenn er es nicht schafft, ganz schnell wieder rauszukommen, ist er in acht Tagen in der Psychiatrie. Da fing er zu beten an.

Aber auf sein Gebet hörte er immer nur diese eine Antwort: »*Danke mir!*« Nein, danken konnte er nicht. Das war zu viel verlangt.

»Ich habe doch nichts, wofür ich danken könnte!«

Aber die Aufforderung hörte nicht auf. Immer wieder hörte er: »*Danke mir!*«

Er seinerseits forderte: »Mach mich erst gesund, dann kann ich dir danken.« Er war zwar bereit, Gott für seine Schöpfung zu danken, für die Schönheit der Natur – aber mehr nicht. Da wurde sein Blick auf die Mitmenschen gelenkt. Danken die etwa für ihre Gesundheit? Nein! Im Gegenteil: sie treiben Schindluder mit ihr. Und mehr noch: sie waren krank in der Seele. Sie konnten keine Freude empfinden; nicht an ihrer Gesundheit, nicht an der Natur – an nichts. Und jetzt konnte er danken. Danken für seine gesunde Seele; danken dafür, dass er Freude an der Literatur und an der Musik hat. Ein bewegendes Bekenntnis – wir waren alle betroffen.

Später allerdings gab es kleine Differenzen zwischen Herrn Sch. und Pater Stoll, wobei ich den Eindruck habe, dass die beiden sich in Wirklichkeit nur missverstanden haben. Es ging um den Begriff »Erfahrung«. Herr Sch. hatte, wie er ja bekannte, Erfahrungen mit Gott gemacht. Er fühlte sich direkt von Gott angesprochen. P. Stoll hingegen meinte, wir seien alle Suchende und können Gott höchstens erahnen. Beide Meinungen müssen sich nicht widersprechen. Es ist wohl eher eine Frage der Formulierung und nicht eine grundlegende Differenz.

Die beiden Abende verbrachte ich allein in meinem Zimmer. Ich wollte diese reichen, wunderbaren Stunden nicht im lauten, rauchigen Herrenhaus verbringen. Das habe ich vom vorigen Jahr noch in Erinnerung. So waren es gute, wohltuende, ruhige Stunden, die den Tag ausklingen ließen, und in der ersten Nacht konnte ich sehr gut schlafen. In der zweiten nicht ganz so gut, aber das schmälerte meine Freude nicht.

Am wohltuendsten war vielleicht der Sonntagnachmittag für mich. Nach dem Mittagessen war die Veranstaltung zu Ende. Mein Zug fuhr erst um 16:30 Uhr von Riedlingen ab. Ursprünglich hatte ich überlegt, mit einem Teilnehmer bis Geißlingen zu fahren oder wenigstens mit einer anderen Teilnehmerin nach Ehingen und dort einen Besuch bei Isolde zu machen. Aber dann entschloss ich mich, den Nachmittag noch in Heiligkreuztal zu bleiben. Und es war wunderschön.

Als ich beim Verabschieden P. Stoll fragte, ob ich noch den Nachmittagskaffee einnehmen könnte, fragte er mich nach meinem Vornamen und gab mir zu überlegen, ob ich nicht in die Stefanus-Gemeinschaft eintreten wolle. Und dann verabredeten wir uns zum Kaffee, um weiter darüber zu sprechen. Ich legte mich dann erst eine Weile hin (Freitag und Samstag war keine Gelegenheit zum Mittagsschläfchen gewesen), packte den Koffer und schlenderte durchs Kloster. Ich schaute nochmal die Bücher durch, nahm welche mit, für Sandra einen Schal, und dann war es auch schon 14:30 Uhr und Kaffeezeit.

P. Stoll war schon da – sonst war der Saal fast leer. Ich hatte gedacht, dass zumindest das Personal sich zum Kaffee hier träfe – aber wahrscheinlich gibt es einen separaten Raum für Angestellte.

P. Stoll fragte mich, ob ich Schülerin sei – ich hatte im Plenum was vom Schulgottesdienst erzählt. Ich war total überrascht. Und so muss ich mein Gegenüber auch angesehen haben!

»Nein, ich bin Lehrerin. Ich bin 32 Jahre alt. Sieht man mir das trotz meiner grauen Haare nicht an?«

»So genau habe ich nicht hingeschaut. Aber dass ich mich so verschätze, das hätte ich doch nicht gedacht. Entschuldigen Sie bitte.«

»Das ist nicht schlimm. Ich fasse es als Kompliment auf.« Es war kein Flirt, auch kein leeres Gerede. Es war die erste Kontaktaufnahme, ganz spontan und ehrlich. Wir saßen eine ganze Stunde zusammen und führten ein gutes Gespräch, ein theologisches, auch ein persönliches. Ich erzählte von meinem Dasein als Alleinerziehende. Er freute sich, dass ich mit der Kirche so gute Erfahrungen machen konnte. Wir sprachen über die Probleme, die Pfr. I. in B. hat. P. Stoll war ganz auf seiner Seite. So, wie ich ihm die Situation geschildert habe, findet er sie auch unerträglich. So Eucharistie zu feiern (wenn eine Handvoll Menschen in der großen Kirche verstreut ist) sei absurd; und: Wenn die Sturheit der Leute siegt, geht die Kirche kaputt. Was aber soll man dagegen tun?

Schließlich kam der Abschied. Ich glaube, wir trennten uns als Freunde. Zumindest als gemeinsame Freunde der Stefanus-Gemeinschaft. Er blieb beim Vornamen – schön – und ich sagte zu, wieder nach Heiligkreuztal zu kommen, spätestens in der nächsten Fastenzeit. »Aber ich glaube, es wird schon früher.«

Die letzte halbe Stunde verbrachte ich im Klostergarten. Ich wäre gerne länger hiergeblieben. Über der ganzen Anlage lag so ein großer Frieden. Ob die Klosterschwestern der früheren Jahrhunderte dies auch so empfunden haben? Um 16:00 Uhr war ich an der Pforte mit dem Hausmeister verabredet. Davor wollte ich mich noch in der Anbetungskapelle verabschieden – aber dann hat es dazu nicht mehr gereicht. Schade.

# Eric Hultsch: Psalm

Herr,
sie sagen von mir, ich sei ein Träumer
oder manchmal auch Schlimmeres.
Sie sagen, sie verstünden die Wirklichkeit besser,
weil sie wissen, wie ein Motor funktioniert
oder wie man eine Bilanz macht
oder was es gestern im Fernsehen gab.
Das ist nicht unwichtig, sagen sie,
denn schließlich muss der Mensch leben.

Herr,
sie sagen von dir, du seist abwesend
oder manchmal Schlimmeres.
Sie sagen, dass die Religion notwendig sei,
weil sie hilft, gewisse Fragen offenzuhalten,
oder sich wohl dabei zu fühlen, hilflos zu sein,
oder einfach, weil es mitunter beruhigt.
Das sei nicht unwichtig, sagen sie,
denn schließlich muss der Mensch glauben.

Herr,
wenn ich es schon nicht selbst vermag,
so mach du mich besser und weiser,
damit ich mich endlich überzeugen kann,
dass du schön bist wie die Nacht
und dass es die Suche wert ist,
nach dir zu fragen und zu forschen,
bis ich dich finde,
bis ich im Atem der Nacht ungestört verweile,
solange es dir gefällt.

# Gottesdienst zur Seligsprechung von Pater Rupert Mayer SJ durch Papst Johannes Paul II im Olympiastadion in München am 3. Mai 1987

Als ich etwa vor vierzehn Tagen die Einladung zu diesem Ereignis vom Dekanatsamt zugeschickt bekam, reagierte ich sofort positiv und Sandra auch. Schon oft, wenn sie im Fernsehen so große, feierliche Gottesdienste gesehen hat, wünschte sie sich, einmal dabei sein zu dürfen. Und jetzt hatten wir die Gelegenheit dazu. Der Sonderzug fuhr am Sonntag um 06:03 Uhr in Bietigheim ab. Es war gut, dass wir am Karsamstag mehr zufällig von dieser Fahrt gesprochen hatten.

Nach der Trauermette am Morgen standen wir noch ein bisschen mit dem Pfarrer zusammen und plauderten. Dabei verriet ich ganz unvermittelt: »Ich habe mich nach München angemeldet.« Der Pfarrer verband München nicht spontan mit dem Papstbesuch, sondern dachte zuerst an eine schulische Veranstaltung. Frau B. wusste dagegen gleich Bescheid, denn ihr Mann hatte auch eine Einladung bekommen. Sie und ihr Mann hatten allerdings kein Interesse daran gehabt und die Karte weggeworfen, während Frau Schreiber sehr interessiert war und gerne mitgefahren wäre.

So holte also Frau B. die Einladung aus dem Papierkorb und meldete nicht nur Frau Schreiber mit ihrer Freundin, sondern auch Heike, Gabi und Susanne an. Mit zwei weiteren Damen aus B. waren wir eine richtige kleine Pilgergruppe und konnten alle mit B.lers zum Bahnhof fahren. In Bietigheim stiegen nicht viele Menschen ein, aber bis

Geißlingen füllte sich der Zug: Vierzehn Waggons plus Gesellschaftswagen.

Der Zug fuhr bis Bahnhof Olympiazentrum, aber wir hatten nicht gleich Einfahrt, sodass wir etwas spät ankamen. Aber wir gingen zielstrebig drauflos, fanden gleich den richtigen Eingang und dann auch leicht den entsprechenden Block C. Während wir vom Zug zum Stadion gingen, kreisten gerade die Hubschrauber über uns: der Papst war also auch gerade im Anflug. Gerade als wir zwischen Haupteingang und Block C waren, begann das Klatschen. Irgendwer hatte angefangen, und dann klatschte das ganze Stadion: 85.000 Menschen. Ein unbeschreiblicher Ausdruck der Begeisterung.

Bis wir an unsren Plätzen waren – sehr gute Sitzplätze unter dem Dach – saß der Papst schon im Papa-Mobil und fuhr eine Runde durchs Stadion. Im ersten Augenblick erkannte ich ihn gar nicht; so eine Riesenmenge Menschen, alles so bunt und farbenfroh, und diese Begeisterung und Freude, die direkt körperlich spürbar ist.

Mitten auf dem Rasen war aus Fichtenholz ein großes rundes Podium aufgebaut, weitläufig überdacht. Darunter Altar, Papstthron und Ambo. Links und rechts des Papstes hatten die Konzelebranten ihren Platz – unser Bischof Georg war auch dabei, aber auf die große Entfernung konnte ich ihn nicht ausmachen. Um das Podium herum befanden sich noch zwei Reihen geistliche Würdenträger in violett – diese waren nicht überdacht und brauchten später zeitweise den Regenschirm. Auf der Wiese links und rechts des Altars befanden sich einige Reihen von Bänken, wahrscheinlich für besonders geladene Gäste. Viele Geistliche und Ordensfrauen befanden sich darunter.

Aus der großen Entfernung zwischen dem Altar und mir ist das Gottesdienstgeschehen schon etwas weit weg – es ist auch nicht meine Gemeinde, meine Kirche, mein Pfarrer – aber trotzdem feiert man den Gottesdienst wirklich als Gläubiger mit. Niemand kommt auf die Idee, während der drei Stunden zu essen oder sich anderweitig zu beschäftigen. Das Fotografieren geschah eher im Hintergrund. Als störend empfand ich eher das ständige Kommen und Gehen von Leuten. Irgendjemand war immer unterwegs.

Die Eucharistiefeier wurde natürlich von Chor und Orchester begleitet. Ich habe noch nie so aus voller Kehle gesungen wie in diesem Gottesdienst. Das Halleluja. 85.000 Stimmen. Das war wirklich gejubelt! Ein bisschen davon hätte ich gerne mit in unsere Pfarrei genommen. Auch alle anderen Lieder waren bekannt und wurden kräftig mitgesungen. Jeder Gottesdienstbesucher hatte sowieso ein Textheftchen zum Mitbeten und -singen bekommen.

In die Eucharistiefeier war die Seligsprechung von Pater Rupert Mayer eingebaut. Eigentlich ganz schlicht, auf jeden Fall sehr menschlich. Kein Kritiker könnte behaupten, dass da ein Mensch verherrlicht würde oder dass man Starkult betriebe. Der Erzbischof verlas einen kurzen Lebenslauf von P. Mayer, und der Papst antwortete mit formellen Worten. Danach ging die Sonntagsliturgie weiter. Beide Lesungen mit Antwortpsalm, wie wir es in unserer Pfarrei auch praktizieren.

Aus der Predigt des Papstes hat mich ein Satz besonders angesprochen: »Heute reden viele Menschen von Menschenrechten und deren Verletzung. Und das ist auch richtig, denn in vielen Ländern werden die Menschenrechte missachtet. Aber wer fragt nach den Rechten Gottes? Die Rechte Gottes und der Menschen gehören unverbrüchlich zusammen. Wo die Rechte Gottes gehalten werden, da werden auch die Menschenrechte nicht verletzt.« Wie recht hat da der Papst! Viele gesellschaftliche Probleme ließen sich lösen, wenn man sich mehr auf die Rechte Gottes besänne. Dabei spricht man ihm nicht nur seine Rechte, sondern in großen Teilen der Bevölkerung sogar seine Existenz ab. Und es ist doch kein Zufall, dass gerade in atheistischen Staaten die Menschenrechte so brutal verletzt werden.

Das Credo wurde lateinisch gesungen, die Fürbitten von verschiedenen Laien vorgetragen. Die Kommunionausteilung war ein bisschen volksfestmäßig. Aber wahrscheinlich lässt sich das bei so vielen Menschen nicht anders organisieren. Obwohl sich die Leute wirklich diszipliniert verhielten, musste man sich eben doch einen Weg zum Kommunionhelfer bahnen und auch danach ständig Leute an sich vorbeilassen – dazu war es einfach zu eng. In diesem Fall war die Andacht bei mir also nicht so groß.

Aber dann wieder nach dem Gottesdienst, als der Papst sich noch persönlich einigen Menschen mit Behinderung zuwandte und jemand aus der Menge rief: »*Viva il Papa!*« – da stimmten alle mit ein und applaudierten.

Dabei gilt die Begeisterung nicht dem Papst als Person. Er weist in allen Ansprachen immer wieder darauf hin, dass unser Lob und unsere Ehre allein Gott gelten. Und das spürt man im Zusammensein mit den vielen Gläubigen. Gabi hat es auf der Heimfahrt so formuliert: »Man kommt mit wildfremden Menschen ins Gespräch, versteht sich, überzeugt einander im Glauben. Wir sind wirklich eine Familie im Glauben.«

Heute (04.05.) in Speyer, wo es sehr kalt und nass war, sagte der Papst nach dem Gottesdienst (und das war nicht geplant gewesen, die Musik hatte schon zu spielen begonnen): »In Santiago de Chile sagte ich am Ende der Eucharistiefeier: die Liebe ist stärker. Heute sage ich: die Liebe ist wärmer!«

Welche Menschlichkeit, welche Liebe, welche Herzlichkeit steckt in diesen Worten! Sogar übers Fernsehen berührt mich das so, dass mir eine Träne aus dem Auge kommt.

Heute Abend hörte ich mehrere Hubschrauber über Kirchheim fliegen. Ob das der Papst war? Er flog ja von Speyer nach Stuttgart.

*Gott. Vater. Nur Dich sollen wir so nennen. Und trotzdem nennen so viele Menschen den Papst »Heiliger Vater«. Nimm es ihnen und vor allem ihm nicht übel. Es bedeutet keine Geringschätzung Deiner Göttlichkeit. Alles darfst Du als Ehre für Dich betrachten. Denn all die Begeisterung, die der Besuch bei uns auslöste und die der Papst überall auslöst, gilt Dir und kommt von Dir. Du schenkst uns Deinen Geist, ohne den wir zu keiner Begeisterung fähig wären.*

*Ich danke Dir, dass wir beide den Gottesdienst in München mitfeiern durften, und auch die Seligsprechung von P. Rupert Mayer. Ich will seinen Mut und seine unendlich große Liebe zu Dir mir zum Vorbild nehmen.*

*Stärke mich dabei. Amen.*

# Briefe II

*03.09.1987*

Lieber Pater Paul!

Im Juli war ich eine Woche auf dem Schönenberg (Theologie im Fernkurs) und durfte Sie kennenlernen. Es war eine Woche, die mich sehr geprägt hat und für die ich sehr dankbar bin.

Am meisten beeindruckt hat mich die Begegnung mit Ihnen: die unbeschreibliche Lebensfreude, die Sie ausstrahlen, verbunden mit einem tiefen Glauben. Vor Kurzem bekam ich von unserem Pfarrer ein Bändchen zu lesen: *Das Ja zum Kreuz* von Anton Gots OSC. Kennen Sie es? Ein Priester, der seine lange, schmerzhafte Krankheit ganz in Gottes Hand legt und sich selbst in den qualvollsten Stunden von ihm gehalten weiß. Ein ergreifendes Buch. Ich selbst halte mich für einen schwachen, ängstlichen Menschen und ich spüre, wenn ich nur den Verdacht einer Krankheit erkenne, immer gleich Verzweiflung, obwohl ich auch einen großen Glauben habe. Wenn ich tatsächlich einmal eine schlimme Krankheit durchstehen muss, so will ich Sie und den Pater Gots mir zum Beispiel nehmen und hoffe, dass ich dann auch die nötige Kraft zum Durchhalten bekomme.

Weshalb ich schreibe, hat aber noch einen anderen Grund. Mir gefallen Ihre Lieder so gut, und ich möchte weitere Kassetten haben. Ich werde demnächst damit beginnen, die Gruppe der Erstkommunikanten auf die Kommunion vorzubereiten (meine Tochter ist dabei), und ich denke, dass bei der Regenbogen-Serie etwas Passendes dabei ist. Herr Brix brachte mich auf die Idee, Flöte spielen zu lernen, und jetzt übe ich tüchtig. Einfache Lieder kann ich spielen. Gibt es zu der neuen Regenbogen-MC auch ein Liederheft? Ich mache immer wieder die Erfahrung, dass Kinder sich durch Musik so leicht begeistern lassen. Ich stelle mir vor, dass aus der Kommuniongruppe vielleicht doch einige Kinder dabeibleiben, mit denen ich dann auch in Zukunft Gottesdienste mitgestalten kann.

Die Ausführungen von Herrn Baum haben mich auch dazu motiviert, die Kommunionvorbereitung nicht von vornherein als begrenzte Angelegenheit zu betrachten, sondern die Möglichkeit zu nützen, Kinder tatsächlich dauerhaft zum Glauben und zur Kirche zu führen. Wenn es Gottes Wille ist, möchte ich etwas von meiner Begeisterung, die ich auf dem Schönenberg sammeln durfte, in meiner Gemeinde weitergeben.

Ich möchte Sie jetzt also bitten, mir einige Kassetten zu schicken, die sich für die Kommunionvorbereitung bzw. für Kindergottesdienste eignen (ich habe von der Regenbogen-Reihe überhaupt noch nichts), dazu – soweit vorhanden – Texthefte. Bitte Rechnung beilegen.

Wenn Sie mir noch einige Bestellkarten mitschicken, kann ich sie im Freundes- und Bekanntenkreis weitergeben. Die Lieder sind es wert, überall gehört zu werden.

Vielen Dank für Ihre Mühe.
Herzliche Grüße

*Ulrike Mross*

Am 7. Januar 1988 bekam ich einen Brief von P. Stoll: Er entschuldigte sich dafür, dass er auf meinen Brief nicht geantwortet hatte, und auch dafür, dass er mich im Dezember in Heiligkreuztal nicht erkannt hatte. »Das nächste Mal begegnen wir uns wissender«, schrieb er und legte den Psalm 63 auf Schwäbisch bei.

20.02.1988

Liebe Frau Mross,

dass Sie mir über so lange Zeit die Treue halten, obwohl Sie nichts von mir hörten, ist schon bemerkenswert. Es tut mir wohl und ich danke Ihnen dafür. Das Schweigen hing gewiss mit meiner Gesamtsituation zusammen, denn gedanklich war ich Ihnen sehr nahe.

In der traurigsten Zeit meines Lebens hatte ich die unvergessliche Begegnung mit Ihnen. Ich denke, das muss einen Sinn haben. Das Band, das uns verbindet, soll tragfähig sein. Wie hilfreich standen Sie mir in H. zur Seite. Wenn ich zurückdenke, fühle ich, dass ich damals nach außen wohl gegenwärtig, nach innen aber noch unter einem großen Schock stand. Der Tod ist zu unbegreiflich. Nun ist es die innere Einsamkeit und auch ein Ungeborgensein, das sich oftmals wie ein Abgrund vor mir auftun will. Ich muss Sorge tragen, dass Sinn- und Ziellosigkeit sich meiner nicht bemächtigt. Ganz allmählich versuche ich, auch die andere Seite des Leides zu erkennen. Dabei war und bin ich pausenlos eingespannt und ich wundere mich manchmal, wie ein Mensch trotzdem funktionieren muss. Glücklicherweise mache ich die Erfahrung, dass man auch manches kann, was man eigentlich nicht kann.

Besonders schwer trage ich an der Sorge um meine Tochter, die ein liebenswerter Mensch ist, sich aber ihr Leben immer wieder besonders erschwert. Sie ist ja Ihre Namensschwester. Wie gerne würde ich ihren Weg anders sehen. Traurig bin ich, dass ich als Mutter so ohnmächtig bin. Dass Sie Ihren Weg so tapfer und mit guter Gesinnung gehen, tröstet mich im Blick auf meine Tochter und lässt mich auch hoffen.

Es war Ihnen Vieles aufgelegt, hinzu kam noch der Tod Ihrer geliebten Mutter. Dabei fand ich bemerkenswert, mit welcher Selbstverständlichkeit Sie Ihrem Vater zur Seite standen. Eigentlich konnte der eigene Zusammenbruch gar nicht ausbleiben. Nun habe ich aber den Eindruck, dass Sie sich wieder gefestigt haben. Ich finde es wunderschön, wie Sie nun erstmals Ihre kleine Tochter mit nach H. nehmen. Es wird dem Mädchen zustattenkommen.

Was macht denn die Theologie? Macht die Tätigkeit im Kirchengemeinderat Freude? Vielerlei Fragen hätte ich. Vielleicht begegnen wir uns doch einmal. Ich grüße Sie und wünsche Ihnen und der Tochter Freude und viel Gutes.

*Ihre N.N.*

04.08.1988

Lieber Pater Mauritius,

schon über eine Woche ist es her, seit ich mit Ihnen im Sonderzug nach Beuron pilgern durfte. Es war ein guter Tag, der sicher lange in Erinnerung bleiben wird. Erlebnisse, die mich tief beeindrucken, halte ich oft schriftlich fest; ich habe einfach das Bedürfnis danach. Auf diese Art und Weise bekommen Leute Briefe von mir, die mich kaum kennen. Aber ich denke, auch von fremden Menschen kann man ein Echo entgegennehmen.

Mehreres möchte ich loswerden:

1. Mein Kommentar zur Wallfahrt: Es war wirklich eine Wallfahrt, selbst das Geschnatter einiger Frauen während des Gebets im Zug konnte diese festliche Atmosphäre nicht stören. Das Gefühl, dass es Sonntag ist, war so stark, dass ich mich abends in Ulm wunderte, dass Leute von der Arbeit heimkamen.

Was machte diesen Tag zum Sonntag? In erster Linie sicher der Gottesdienst – wobei das Choralamt in mich viel tiefer drang als der Pilgergottesdienst. Wichtig war sicher auch Ihre Einstimmung im Zug. Ich fand Ihre Auslegungen sehr ansprechend. Dass die Gläubigen an den verschiedenen Bahnhöfen jeweils mit einem neuen religiösen Leitspruch begrüßt wurden, fand ich besonders anerkennenswert. Sie dürften Ihre Ausführungen ruhig in Form eines kleinen Gebetszettels veröffentlichen; mit einer solchen Hilfe könnte man daheim dieses Fest immer wieder gedanklich nachfeiern.

Was mich immer wieder ein bisschen traurig macht, ist der Egoismus, der doch auch in Christen festsitzt. So habe ich auch in Beuron erleben müssen, dass Leute ihre Ellbogen benützen (hier übertreibe ich ein wenig!), um

Platz in den vorderen Reihen zu bekommen und nicht bereit sind, etwas aufzurücken. Auch das Platz-Freihalten für Mitchristen, die zur Beichte gehen, war in diesem Fall nicht gut, denn viele standen während des ganzen Gottesdienstes am Beichtstuhl. Man hätte in dieser Zeit getrost anderen Gelegenheit zum Sitzen anbieten können. Aber was für mich zunächst ein Ärgernis war, zeigte sich bald als besondere Bevorzugung (wie ich schon oft die Feststellung machen konnte: Was zunächst wie ein Verlust aussieht, kann zum Gewinn werden, getreu der Zusage Jesu »Wer das Leben zu verlieren scheint, wird es gewinnen«): Wir fanden einen Platz auf der Empore, nahe des Organisten (ich bin aber nicht die Frau gewesen, die seine Bücher auf den Boden schmiss!). Wir konnten von hier oben das Geschehen am Altar mitverfolgen und es war auch schön, den Organisten spielen zu sehen. Dass ich nach Beendigung des Choralamtes noch ein bisschen einem Gespräch zwischen Organist und interessierten Zuhörern lauschen durfte, war dann auch noch eine kleine Besonderheit, die ich nicht erlebt hätte, wäre unser Platz im Kirchenschiff gewesen.

Übrigens erwähnte der Organist, dass es auch eine Schallplatte mit Orgelmusik der Beuroner Orgel gäbe. Im Klosterladen fand ich allerdings nur Gregorianischen Choral (welcher auch schön ist – erst daheim entdeckte ich, dass es eine Aufnahme von 1953 ist, also eine Rarität). Trotzdem hätte ich auch gern die Orgelmusik. Kann man sich die entsprechende Platte bzw. Kassette schicken lassen?

Aber nochmal zurück zur Wallfahrt. Ich wollte den Krankensegen (ich leide seit über zwei Jahren an Depressionen) und die Segnung der Andachtsgegenstände miterleben und kam zur angegebenen Zeit in die Kirche zurück. Ich durfte sogar noch den Schluss der Andacht mitfeiern. Dann war ich neugierig: Ich befasse mich seit einiger Zeit mit dem Heilungsauftrag, den die Kirche eindeutig von Jesus bekommen hat, der aber lange völlig vergessen war und jetzt erst langsam wieder ins Bewusstsein rückt. Es erscheinen z. Zt. viele – auch wirklich gute – Bücher zu diesem Thema. Und dann kam von Ihnen schlicht und einfach und – das unterstelle ich Ihnen jetzt einfach – selbstverständlich und überzeugt die Bitte: »Heile alle Kranken.« (Den genauen Wortlaut habe ich nicht mehr im Kopf.) Ich war ein wenig überrascht. Zwar kann ich nicht genau sagen, was ich erwartet habe – aber jedenfalls eine längere Zeremonie (womit ich Sie hierin nicht kritisieren will – für mich war das einfach eine neue Erfahrung). Haben Sie sich mit dem Thema Krankenheilung einmal auseinandergesetzt bzw. haben Sie eine therapeutische Ausbildung? Das gibt es heute bei Priestern, wahrscheinlich ist das auch notwendig in der heutigen Zeit der Neurosen und Psychosen und was es so alles gibt.

Das Kreuz, das ich mir aus Beuron mitgebracht habe, ist in erster Linie nicht ein Andenken an diesen Tag, sondern in meinem Zimmer hat es bisher gefehlt und ich wartete schon lange auf eine Gelegenheit, eines zu kaufen und weihen zu lassen. In irgendeinem Laden wollte ich das Kreuz, das wohl bis an mein Lebensende über meinem Bett hängen wird und in guten wie in schlechten Zeiten auf mich schaut, nicht kaufen.

Soweit ein paar – ganz persönliche – Anmerkungen zur Wallfahrt.

2. Der Südfunk Stuttgart hat 1984 anlässlich seines 60. Geburtstages ein Schallplatten-Album mit historischen Aufnahmen herausgegeben. Darauf ist eine Reportage sowie ein Interview mit Erzabt Raphael(?) anlässlich der Novizeneinkleidung zu Weihnachten 1931(?) in Beuron wiedergegeben. Dieses Tondokument wäre doch eine gute Ergänzung zur gegenwärtigen Ausstellung. Ich könnte mir vorstellen, dass man vom Südfunk eine Kopie bekommen könnte.

3. Ich möchte Ihnen mit dem Bändchen von Henri Nouwen eine kleine Freude machen. Ich habe es eher zufällig in die Hände bekommen und war von der Treue und Liebe, die dieser Mann zu Gott hat, sehr beeindruckt. Sie haben auf mich einen ähnlichen Eindruck gemacht; Sie strahlen eine innere Zufriedenheit aus, eine Lebensfreude aus dem Glauben, die alle Lügen straft, die behaupten, Ordensleute würden am Leben vorbeileben. Ich bin froh, dass es solche Menschen gibt. Auch unser verstorbener Bischof Georg gehörte zu ihnen. Vielen von uns Christen fehlt ja gerade diese ansteckende Fröhlichkeit. Paulus müsste arg schimpfen, wenn er in unsere Gemeinden käme und sähe, wie wir miteinander umgehen.

Aber wir sind eben ein pilgerndes Volk, noch weit vom Ziel entfernt. Sich an manchen Tagen bewusst auf Pilgerschaft zu begeben wie wir es letzte Woche tun konnten, bringt uns diesem Ziel sicher ein Stück näher.

Für Ihre Begleitung auf diesem Stück Weg möchte ich einfach Danke sagen.

Herzliche Grüße

*Ulrike Mross*

Am 4. Januar 1989 bekam ich einen Brief von Frau Ortburg Nestler, die viele Jahre lang das »Päpstliche Missionswerk katholischer Frauen in Deutschland« geleitet hat. Ihr Kreis fertigte wertvolle Paramente und Priestergewänder an. Durch den Verkauf von Strickwaren und Basteleien konnten sie vor allem das teure Porto für Pakete nach Übersee finanzieren.

Ich hatte sie gefragt, ob ich mich an Kleidersendungen nach Afrika beteiligen könne, und nun beschrieb sie mir, wie sie so ein Paket reisefertig machte: 20 kg kosten 44 DM Porto, 15 kg kosten 35 DM. Es dauert etwa zwei bis drei Monate, bis die Pakete beim Empfänger sind. Im Oktober sendet sie Sommerkleidung, im Januar Winterkleidung. Außer Kleidung sei vieles andere heiß begehrt: Fäden, Puppen, Schuhe, Teppiche, Kerzen, Bleistifte, Kulis, Hefte, Strümpfe, Seife, Zahnpasta, Stoffe und vieles mehr. Frau Nestler beschrieb mir dann noch, dass sie um die Pakete herum immer noch einen Vorhang oder ähnliches wickelt. So ist das Paket zusätzlich geschützt und der Empfänger hat noch ein weiteres Gut. Sie braucht immer zwei bis vier Tage, bis ein Paket fertig ist.

So kam es, dass ich bald auch mein erstes Paket nach Uganda, Afrika schickte, und nach dem System »Schneeball« kamen bald weitere Briefe von Menschen, die mich auch um Hilfe baten (d. h. nicht nur die Empfängerin meines Paketes gab vermutlich meine Adresse weiter, sondern auch die Menschen, die mein Paket bei der Zustellung in die Hand bekamen, schrieben sich die Adresse ab). Ein paar Jahre lang schickte ich regelmäßig Pakete nach Afrika – bis ich es dann auch wieder einstellte.

Mit Frau Nestler war ich noch lange in Kontakt. Gern las ich ihre Berichte von Ausstellungen, Jubiläumsfeiern und feierlichen Gottesdiensten.

*05.01.1989*

Lieber Pater Paulus,

die Tage in Wimpfen sind mir noch ganz gegenwärtig – obwohl ja die Zeit bei meinem Vater dazwischenliegt und ich jetzt schon wieder an der Unterrichtsvorbereitung sitze. Aber dieses Weihnachten war anders. Ich will versuchen, meine Empfindungen in Worte zu fassen.

Mir geht die besondere Melodie der Weihnachtsvigilien nicht mehr aus dem Kopf. Bei der Einführung haben Sie uns ja erklärt, dass diese bestimmte Melodie nur an Weihnachten gesungen wird und Sie sich deshalb immer ganz besonders darauf freuen. Das kann ich jetzt verstehen. Überhaupt wächst mein Verständnis für die Ordensleute immer mehr. Beinahe möchte ich sagen, dass ich mich selbst in gewisser Weise zu einem Leben im Kloster hingezogen fühle.

Den Unterschied zwischen Kloster und Welt habe ich diesmal besonders krass zu spüren bekommen: In Wimpfen herrscht die Ruhe (zumindest an manchen Orten) – im Häuschen meines Vaters stundenlang der Lärm des Fernsehers. In Wimpfen kann man etwas vom tieferen Sinn des Lebens spüren – in Gesprächen mit den Verwandten geht es um Gehalt, Rente, Quellensteuer, Eigentumswohnung etc. (»Du solltest langsam einen ganzen Lehrauftrag nehmen, sonst wirst du später mit deiner Rente nicht auskommen!«) In Wimpfen konnte ich die Liebe unter den Brüdern miterleben – in der Familie musste ich mitansehen, wie Ehen und Beziehungen auseinandergehen. In Wimpfen darf man mit begeisterten und begeisternden Priestern stunden- bzw. nächtelange Gottesdienste mitfeiern – im Dorf meines Vaters ist ein Pfarrer, der in zwanzig Minuten an Neujahr die »Festmesse« durchzieht. Diese Reihe ließe sich fortsetzen …

Und noch etwas war anders an diesem Weihnachtsfest: ich habe zum ersten Mal nicht das Geburtstagsfest eines Kindes gefeiert, sondern die Ankunft unseres Erlösers. Zwar habe ich bisher die niedlichen oder gar verkitschten Elemente mancher Weihnachtsfeste nie übernommen, aber trotzdem feiert man ja im Allgemeinen die Geburt des Kindes in der Krippe. Soweit ich mich erinnere, kam das Wort »Kind« bei Euch aber nicht vor. Ich weiß nicht, ob ich mich verständlich ausdrücken kann. Aber dieses Weihnachtsfest – die Weihnachtsgottesdienste – hatten plötzlich eine ganz andere Bedeutung für mich. Ich freue mich, dass ich die Hefte mitnehmen durfte (ich durfte doch?); ich werde mir die Texte in einer ruhigen Stunde noch einmal vornehmen. Ich stelle mir vor, dass erst recht die Kar- und Ostertage bei Euch in der rechten Weise mitzufeiern wären (am schwersten fällt mir immer der Karfreitag; da habe ich oft das Bedürfnis, ein Eremit zu sein).

Ein weiterer Höhepunkt war die Profess von Bruder Bernhard. Auch für das Miterleben-Dürfen bin ich dankbar. Am meisten beeindruckt hat mich der Friedensgruß unter den Brüdern. Jeder Einzelne hatte ein ganz persönliches Wort; jeder drückte durch sein Strahlen Ermunterung und Bestätigung für den Schritt des Mitbruders aus. Einer freute sich mehr als der andere. Ich erlebe das immer wieder: Christsein macht froh! Und Christsein in der Gemeinschaft ist zumindest manches Mal leichter als wenn man Christ unter ungläubigen Mitmenschen ist. So gesehen haben Sie einen Schatz, den wir Außenstehenden nicht haben.

Auch ein anderes Plus ist mir aufgefallen: wenn es in einer Ehe so kriselt, dass beide Partner sich nichts mehr zu sagen haben, ist wahrscheinlich nicht mehr viel zu retten. Wenn einer von Euch in eine Krise gerät, ist unter den vielen Mitbrüdern doch sicher einer, der ihm mit Verständnis entgegenkommt. Und das Gebet aller hilft ihm über die Krise hinweg, da bin ich sicher. Ebenso sicher bin ich, dass die Orden nicht aussterben. Es wird immer wieder Menschen geben, die auch in diesen Zeiten Gottes Ruf vernehmen. Und wenn diese Berufenen ihrem Weg folgen und durch ihre Begeisterung andere mitziehen, wird es nie einen Letzten geben. (Es besteht ja immerhin die Möglichkeit, dass einer meiner vielen Schüler sich anstecken lässt, ein echtes Interesse ist immerhin bei manchen festzustellen; und das vorgelebte Beispiel Bruder Benedikts kann dann auf fruchtbaren Boden fallen. Dies mag die Brüder unter Euch trösten, denen die Fremden im Kloster manchmal als unliebsame Eindringlinge erscheinen.)

Übrigens weiß ich jetzt auch, wie mein begeisterter Bericht über den Besuch meiner Klasse im letzten Januar nach Kellenried kam: ich schrieb meinem ehemaligen PH-Professor davon, der zwar keinen Glauben, aber eine gewisse Grundlage in Geschichtsdidaktik und -methodik weitergegeben hatte. Der wiederum hat mit seiner Frau Kontakt zu Kellenried, wo er mit einem Mitbruder von Euch zusammenkommt und diesem auf seinen Wunsch hin eine Stelle meines Briefes abschrieb. So machte das die Runde!

Und meine Begeisterung schlägt weiter Wellen, vielleicht ruhiger jetzt. Was ich an Weihnachten in Wimpfen erlebt bzw. empfunden habe, geht in die Tiefe und lässt sich anderen nicht so leicht mitteilen. Schon gar nicht Menschen, die selbst nicht aufgeschlossen sind. Für morgen habe ich Frau B. zum Mittagessen eingeladen. Ich stehe diesem Besuch mit gemischten Gefühlen gegenüber. Sie ist nervlich noch sehr weit unten und bräuchte eine starke Hand, die sie hält. Ich bin aber selbst noch nicht ganz stabil und habe oft das Gefühl, meine Kraft reicht nicht für den *normalen* Alltag. Aber Gott hat immer geholfen …

Beiliegendes Buch geben Sie bitte Ihrem Abt zu lesen. Ich habe es von jemandem geschenkt bekommen, der in Ravensburg bei der Charismatischen Gemeindeerneuerung ist. Irgendwie bin ich von der Sache nicht ganz überzeugt – obwohl ich keinen Grund dafür nennen kann. Aber beim Lesen dachte ich an Frau V. Sie hat beim Essen mal erzählt, dass sie während ihres Aufenthalts in London wieder gehen konnte, was sie teilweise auf die Ernährung mit Vollwert-Kost zurückführte. Also ist eine Heilung doch nicht ganz auszuschließen. Mit dem Thema »Heilung« beschäftige ich mich seit einiger Zeit und stelle dabei immer wieder fest, dass in unserer Kirche da gerade etwas am Aufbrechen ist. Jahrhundertelang war der Heilungsgedanke ganz vergessen, obwohl Jesus doch eindeutig einen Auftrag dazu gab. Inzwischen kommt das wieder ins Bewusstsein. Es gibt eine Vielzahl Bücher dazu (»solche und solche«) und verschiedene Seminare. Ich selbst habe mich für Februar bei Pater Michael Marsch in Heiligkreuztal zu »Heilung durch die Bibel« angemeldet. Dazu in beiliegendem Prospekt mehr Informationen. Ich hatte mit Bruder Benedikt über Heiligkreuztal gesprochen; wenn er sich dafür interessiert, geben Sie ihm das Prospekt bitte weiter.

Zum Schluss noch ein Angebot an Sie: der Geschichtsverein der Diözese Rottenburg-Stuttgart sucht laufend Referenten; dieses Jahr zum Thema »Benediktiner«. Wäre das nicht etwas für Sie?

Das ist für heute alles. Es grüßt Sie und alle Ihre Mitbrüder, besonders natürlich Bruder Benedikt

*Ulrike Mross*

P.S. Wenn Sie möchten, dürfen Sie gern diesen Brief oder Teile daraus Ihren Mitbrüdern vorlesen (bei der abendlichen Re-Kreation).

*15.02.*

Dass Sie noch an uns denken, liebe Frau Mross, es tut so wohl!

Waren es doch eher nur weitläufige Begegnungen; und doch konnte mein lieber Mann einmal darüber sagen: »Ach, wenn wir so jemand wie Frau Mross in unserer Nähe oder gar im Haus hätten …« Darum noch einmal herzlichen Dank auch für das feine Brieflein, aus tiefer Traurigkeit. Über die gute Frau R. habe ich manchmal etwas von Ihnen gehört, oder wenn ein Nachbarskind für Sie schwärmte. Ihre Tochter wird nun schon Teenager sein und hoffentlich dürfen Sie ihr eine Freundin bleiben. Doch dann haben Sie ja auch noch »Ihre« Kinder in der Schule. Ach, mein Traumberuf!
    Gucken Sie doch einmal rein, wenn Sie des Weges kommen!
    Für mich will ich den Vers aus einem alten Morgenlied nehmen, wo es heißt: »ER wird mich ernähren, selbst allerlei lehren und bleiben bei mir, wird stärken die Sinne zu meinem Beginnen und öffnen die Tür«, so schnell ist alles anders. Und dann möchte es doch von uns heißen: »Zu Dir zurück wir bringen die anvertraute Zeit.«

Ganz herzliche Grüße und Wünsche von
*Ihrer alten N. N.*

13.08.1989

Lieber Herr Weihbischof!

Haben Sie recht herzlichen Dank für Ihre netten Zeilen und die Rottenburg-Tipps. Ich war letzten Dienstag dort und erlebte wirklich einen sehr schönen Tag.

Von Kirchheim gibt es einen durchgehenden Zug nach Tübingen, und zwar morgens um 5:55 Uhr, den nahm ich. Von Tübingen ging es dann per Bus nach Rottenburg, und so konnte ich rechtzeitig im Dom zur 8:30 Uhr-Messe sein. Erstaunt war ich über den Priester, vermutlich ein Inder (er lispelte etwas, aber man konnte ihn gut verstehen). Hier in der Diaspora stellt man sich vor, in der Bischofsstadt wimmele es nur so von Priestern, stattdessen gibt es auch dort ausländische (Urlaubs)Vertretung. Ich hatte bisher wohl die irrige Vorstellung, dass das Domkapitel für die Gottesdienste im Dom zuständig sei. Aber dann kam ich am Dom-Pfarramt vorbei und vermute jetzt, dass es einen zuständigen Gemeindepfarrer gibt wie anderswo auch, und dass die Mitglieder des Domkapitels – die ja sowieso viel unterwegs sind – nur gelegentlich Gastspiele im Dom geben. Allerdings hat mich Pfarrer Kopp auch darauf aufmerksam gemacht, dass am Dienstagvormittag das gesamte Domkapitel immer zur Beratung zusammenkommt, sodass auch das eine Erklärung sein könnte. Aber wie dem auch sei, es ist sicher nicht schlecht, wenn ich bei Gelegenheit den Leuten mitteilen kann, dass es auch in Rottenburg ausländische Priester gibt. Manche Leute denken nämlich, Rottenburg hätte jede Menge Priester übrig und sei nur nicht willens, einen zu uns zu schicken. Erst in der letzten KGR-Sitzung mussten wir uns von unserem Spanier wieder als feige beschimpfen lassen, weil wir nach seiner Meinung nicht den Mut hätten, nach Rottenburg zu fahren und einen Pfarrer zu holen. Es ist ungeheuer schwer, die Leute überhaupt nur zum Nachdenken über die Ursachen des Priestermangels zu bewegen – geschweige denn sie dazu zu bringen, selbst etwas zu dessen Behebung zu tun.

Die Frage, warum im Dom täglich drei Messen stattfinden, stellte ich mir aber auch. Wahrscheinlich aus einer Tradition heraus. Aber ist es sinnvoll, noch wenn dazu in St. Moritz und im Weggental parallel Gottesdienste gefeiert werden? Würde je eine im Dom, in St. Moritz und im Weggental, dazu zeitlich verschoben, nicht ausreichen? Ich kann mir gut vorstellen, dass es in der näheren Umgebung von Rottenburg Pfarreien gibt, die überhaupt keine Werktags-Messen feiern können. Wäre es da nicht ein Akt der Solidarität, ein bisschen zu teilen? Und wäre es nicht auch denkbar, statt immer nur morgens auch einmal am Mittag oder Abend die Messe zu feiern? In Heilbronn hat sich beispielsweise folgende Regelung sehr gut bewährt: Montag und Donnerstag 9:00 Uhr, Dienstag und Freitag 18:30 Uhr, Mittwoch 12:15 Uhr. Vor allem die Mittwochsmessen sind außerordentlich gut besucht: da kommen Schüler von der Schule, Berufstätige, die Mittagspause haben, Alleinstehende, die zum Essen gehen, Einkaufsbummler etc. Vielleicht kann man darüber einmal nachdenken.

Aber jetzt zurück zu meinem Rottenburg-Besuch. Nach der Messe ging ich ins Diözesan-Museum. Es war gut, dass ich mich telefonisch angemeldet hatte, sonst wäre ich wahrscheinlich gar nicht eingelassen worden. So wurde ich aber von Herrn Herzog (er ist tatsächlich der Herzog von Mecklenburg) sehr freundlich aufgenommen und durfte mir in Ruhe alles ansehen. Mehr als die Ausstellungsgegenstände im Museum interessierten mich allerdings die Vitrinen im Erdgeschoss, wo die Geschichte der Diözese in Dokumenten dargestellt wird. Leider alles hinter Glas, sodass man nur Bruchstücke lesen kann. Da die Nase mal etwas tiefer hineinzustecken würde mir Spaß machen. Gibt es eigentlich auch eine

Diözesanbibliothek bzw. ein Archiv, wo man sich mal umschauen kann?

Nach dem Besuch des Museums machte ich mich auf den Weg nach St. Moritz. Auf der Neckarbrücke blieb ich eine Weile stehen und ließ das wundervolle Bild auf mich wirken. Rottenburg ist wirklich eine hübsche Stadt und ich kann mir vorstellen, dass man dort gern lebt und wohnt.

Ob mir der Dom oder St. Moritz besser gefallen hat, kann ich nicht sagen. Beide waren neu für mich. Im Nachhinein habe ich sowieso Schwierigkeiten mich zu erinnern, was wozu gehört. Wenn man so unvorbereitet auf Erkundung geht und noch dazu so mannigfaltige Eindrücke bekommt, ist es schwierig, richtige Informationen zu speichern. Aber das ist ja nicht schlimm. Schließlich wurde ich nicht von jemandem nach Rottenburg geschickt, um einen Bericht über dieses oder jenes zu schreiben, sondern ich fuhr dorthin, um meine Bischofsstadt kennenzulernen, und dazu gehören meine ganz persönlichen Eindrücke.

Nächstes Ziel war Weggental. Ich hatte mir den Weg viel weiter vorgestellt und war überrascht, so schnell dort zu sein. Hier erlebte ich eine besondere Überraschung: die Organistin übte gerade, aber so gut, dass es für mich wie ein Orgelkonzert war. Ich war – bis auf eine kurze Unterbrechung – ganz allein in der Kirche und konnte ganz ungestört diesem Genuss lauschen. Es war wunderschön. Auch die Lage der Kirche ist sehr schön, ich könnte mir vorstellen, dass man dorthin öfter kommt, um in Ruhe zu beten. Vielleicht war Bischof Georg manches Mal dort; vielleicht führt auch Ihr Weg manchmal dorthin.

Nach Sülchen ging ich zum Schluss. Auch diesen Weg hatte ich mir weiter vorgestellt. Unterwegs dachte ich daran, an seinem Grab mit meinem ehemaligen Bischof Zwiesprache zu halten. Aber als ich dann davorstand, wurde mir plötzlich bewusst, dass hinter dieser Mauer nur ein toter Leib liegt, und ich brachte kein Wort hervor. Es war ganz sonderbar. Eine Weile blieb ich einfach stehen und versuchte, mich wieder zu fassen. Dann setzte ich mich in eine Kirchenbank und betete. Wenn ich in Stuttgart bin oder daheim in meinem Zimmer, wo sein Bild hängt, fühle ich mich ihm viel näher. Auf dem Bild strahlt er so – da kommt einem der Gedanke an den toten Leib gar nicht. Erstaunt war ich auch über die vielen frischen Blumen. Offensichtlich kommen auch ein Jahr nach seinem Tod noch regelmäßig Leute, die liebend an ihn denken und ihm Blumen bringen. Ich freue mich darüber, zeigt das doch, dass es auch wirklich treue Christen gibt; solche, auf die man sich verlassen kann. Und ich bin sicher, dass auch Bischof Walter von solchen Gläubigen getragen wird.

Übrigens habe ich ein weiteres verbindendes Element zwischen ihm, Ihnen und mir gefunden: die Liebe zu den Bergen. Ihre Erlebnisse am Chiemsee haben mich erheitert. Gleichzeitig habe ich bedauert, dass wir uns durch den Regen vom Wandern abhalten ließen. Sandra war diesmal sowieso sehr bequem. Zu ihrer Entschuldigung muss ich allerdings sagen, dass sie – vor allem beim Bergabgehen – oft böses Seitenstechen hatte, und das konnte die Freude am Wandern wirklich sehr beeinträchtigen. Und das Miteinanderspielen und -lesen und ein bisschen Faulenzen war vielleicht auch einmal nötig. Nur, wie gesagt, wenn ich jetzt Ihren Bericht lese oder im neuen *Katholischen Volks- und Hauskalender* ein Foto des Bischofs auf dem Mont-Blanc-Massiv sehe und dann noch im K. S. einen wandernden Kardinal Meißner – dann spüre ich doch, dass ich etwas versäumt habe. Wir waren in den vierzehn Tagen nur zweimal auf Halbtagestouren. Vom Urlaub aus schrieb ich Vikar B. in einem Brief Gedanken über die Berge. Irgendwie spüre ich eine tiefe Sehnsucht in mir. Ich kann sie nicht genau definieren. Vielleicht steckt dahinter letztendlich die Sehnsucht nach Gott.

Jedenfalls denke ich, dass Menschen, die das Wesentliche suchen, ihren Urlaub nicht in der Masse, sondern eher in der Einsamkeit verbringen, und das geht eben in den Bergen sehr gut (zumindest jetzt noch; es sieht allerdings so aus, als ob bald auch die letzten Gipfel per Seilbahn zu erreichen sind, und dann strömen auch dort die Massen hin). In der Bibliothek in Hirschegg lag ein Textauszug von Hemingway aus, in dem er seine ersten Skierlebnisse in den Alpen beschreibt: zu Fuß erklomm man die Piste, war den halben Tag unterwegs – zu diesem Zweck befestigte man Seehundfelle an der Unterseite der Skier – und dann war man stolz und glücklich, oben angelangt zu sein, und hat sich sozusagen die Abfahrt verdient. Da war eine Beziehung zur Natur da, und einzelne solcher Abenteurer konnten kaum Schaden anrichten. Bei den Massen, die heute zum Skifahren gehen, fürchte ich, dass sie weder Liebe zu den Bergen noch Freude an der Aussicht von oben haben, sondern, dass es ums Dabeisein geht. Vielleicht auch ein Geschwindigkeitsrausch, ich weiß es nicht. Jedenfalls wird dabei die Natur zerstört, und dagegen gibt es keine Proteste ...

Was ich gern einmal tun würde, wäre eine Wanderung über die Alpen, von Hütte zu Hütte. Eine Hochzeitsreise könnte ich mir z. B. so vorstellen (merkwürdiger Gedanke – ich fühle mich in der Ehelosigkeit nicht unwohl; vielleicht steckt hinter diesem Gedanken einfach nur der Wunsch, zusammen mit einem Freund solche Unternehmungen zu machen; ich mag einfach nicht in einen Verein und allein geht es halt auch nicht).

Anbei die Festschrift zu unserem Kirchenjubiläum. Die Arbeit an der Chronik hat mir viel Freude gemacht. Bei solcher Gelegenheit kommt mir manchmal die Frage, ob ich nicht eher zu einem forschenden / wissenschaftlichen Beruf geeigneter wäre als zur Lehrerin. Aber vorgestern hat mich Pfr. W. daran erinnert, dass man als Lehrer und Christ auch Verantwortung hat. Mir wurde klar, dass man auch im Klassenzimmer ein Stück Reich Gottes verwirklichen kann. Und das ist wohl mein Platz und meine Aufgabe. Im Moment fühle ich mich wieder etwas gestärkt und kann dem Schuljahresbeginn ins Auge sehen. Vielleicht kann ich in Zukunft öfters nach Heilbronn zur Messe fahren. Ich habe in dieser Woche gespürt (außer in Rottenburg war ich zweimal in Heilbronn), dass die hl. Messe wirklich eine Quelle der Kraft und Zuversicht ist. Umso weniger kann ich verstehen, dass manche Priester in den Ferien – auch wenn sie selbst nicht im Urlaub sind – die Werktags-Messen einfach ausfallen lassen. Bei uns war das der Fall, und in dieser Zeit wünschte ich mir manchmal, in einer Pfarrei zu wohnen, in der täglich die Messe gefeiert wird. Ganz ohne geistlichen Austausch oder zumindest Ansprache bleibt der Glaube stehen, wenn er nicht gar verkümmert …

Lassen Sie mich für heute schließen.

Herzliche Grüße

*Ulrike Mross*

08.03.1990

Sehr geehrte Frau Ulrike Mross,

Gott zum Gruß!
Mit großer Freude erhielt ich vom Schwabenverlag des katholischen Sonntagsblattes die Mitteilung, dass Sie für mich ein Geschenkabonnement bezahlt haben. Hiermit möchte ich Ihnen dafür meinen herzlichen Dank sagen und auch Ihnen versichern, dass ich als Katholik das Sonntagsblatt sehr gern lese und so in etwa in Verbindung mit der Heimat bleibe, die ich vor 66 Jahren verlassen habe.

Falls Sie einmal nach Brasilien kommen möchten, steht Ihnen unsere Wohnung zur Verfügung.

In Dankbarkeit

N. N.

Am 21. März 1990 bekam ich einen Brief von Kaplan Frank Richter aus Dresden. Ich war ihm bei einer Studienfahrt in die DDR (kurz vor der Wende) begegnet, war sehr beeindruckt von der mutigen Art, wie er mit Jugendlichen den Glauben bezeugte, und hatte ihm dann nach der Wende angeboten, ihm religiöse Bücher zu schicken. Dieses Angebot wollte er gerne annehmen; nicht für sich selbst, aber für viele Menschen, die kaum solche Literatur haben und denen er sie gern weitergeben wolle.

Dann lud er mich ein, ihn zu besuchen, wenn ich wieder einmal nach Dresden käme.

# Wallfahrt nach Weingarten (Blutritt), Flüeli und Einsiedeln

24. – 27. Mai 1990

Eine Zeitlang sah es so aus, als ob ich nicht mitfahren könnte. Sandra sollte mit ihrem Opa in die Hütte, dann bekam er aber einen Herzinfarkt und wir wussten nicht, wie es ihm bis Ende Mai gehen würde. Nun hat sich aber doch alles zum Guten entwickelt. Opa geht es wieder gut – er ist gerade zur Kur – und Susi kam für diese Tage hierher zu ihrem Patenkind.

Abfahrt am Donnerstag – Christi Himmelfahrt – war um 7:30 Uhr in Ludwigsburg, Haltestelle Blühendes Barock. Ich musste um 5:55 Uhr in Kirchheim abfahren. Beim Frühstück bekam ich plötzlich Angst: Würde dieser Zug heute überhaupt fahren? Ich schaute zum x-ten Mal im Fahrplan nach: hier stand ein B, und das bedeutet »täglich außer samstags«. Also auch heute. Ich beruhigte mich wieder etwas und konnte weiter frühstücken.

Auf dem Weg zum Bahnhof war ich erstaunt, wie viele Menschen außer mir schon munter waren. Einige Autos fuhren vorbei. In einer Nebenstraße lud ein junges Paar jede Menge Gepäck ins Auto. Am Bahnhof standen auch schon zwei Männer. In Ludwigsburg herrschte schon reges Treiben, zumindest am Bahnhof. Richtung Marktplatz wurde es doch ruhiger. Ich hatte viel Zeit und schaute mir die Schaufenster der Buchhandlungen an. Am Marktplatz rief mir ein älterer Mann zu: »Entschuldigen Sie, könnten Sie mir 50 DM wechseln? Ich brauche Kleingeld für Zigaretten.«

»Nein, leider nicht.« Ich war froh, dass er schnell weiterging.

Die Dreieinigkeitskirche war noch geschlossen. Ich ging durch die Unterführung – Gott sei Dank begegnete mir dort niemand. Der Weg am Blühenden Barock vorbei war schön. Auf einer Bank lag ein Mann und schlief. Eigentlich ein schönes Fleckchen Erde zum Übernachten – aber doch sicher in der Nacht und ohne Decke sehr kalt. »*Selbst der Sperling findet sein Nest, aber der Menschensohn hat kein Haus …*«

Als ich zur Haltestelle kam, saß dort schon ein Ehepaar, auch mit Koffer. Sicher auch Pilger wie ich. Ich grüßte, sie grüßten zurück. Obwohl noch so viel Zeit war, kamen ständig neue Teilnehmer dazu. Eine Frau war dabei, die mir bekannt vorkam. Rothaarig und mit einer großen Nase. Woher kannte ich sie? Ich kam nicht drauf. Dann stiegen noch zwei ältere Damen aus einem Auto, die ich schon einmal gesehen hatte. Die eine konnte ich einordnen: Sie hat mit der Caritas zu tun und kommt auch immer zum Dekanatsrat. Aber die andere?

Eigentlich hätte ich noch gerne etwas spazieren gehen wollen. Aber ich blieb bei der Gruppe (aus Solidarität) und wartete in Gemeinschaft auf den Bus. Er kam pünktlich. Die Koffer wurden verstaut (meiner war der kleinste) und ich stieg ein. Der Dekan stand oben. Wir begrüßten uns. In der Mitte des Busses fand ich einen Platz neben einer jüngeren Frau (etwas älter als ich). Sie blieb während der ganzen Fahrt meine Nebensitzerin und wir hatten angenehme Gespräche. Vor uns saßen ihre Mutter und ihre Schwester. Dem Dialekt nach kommen sie aus dem Osten, sind vermutlich aber schon länger hier, denn es sind schwäbische Wortendungen zu hören.

Die Fahrt war recht kurzweilig. Der Dekan kennt sich in der Landesgeschichte gut aus und versteht es, sein Wissen immer wieder an den Mann zu bringen. Auch seine Meinung zur politischen Situation der Gegenwart flocht er immer wieder ein.

Weil die Fahrt zügig voranging und auch durch keine unvorhergesehenen Ereignisse verzögert wurde (übrigens war der Fahrer ein aramäischer Christ aus der

Türkei, dessen Name auf Deutsch Jesus heißt), waren wir schon um 10:00 Uhr auf dem Bussen und konnten vor Beginn des Gottesdienstes etwas verweilen. Ich ging auf die Rothaarige zu. Jetzt wusste ich, woher wir uns kannten: wir hatten uns einmal (vor ca. zwei Jahren) in Heiligkreuztal getroffen und sie hatte uns auf dem Rückweg im Auto mitgenommen. Sandra war damals zusammen mit einer Freundin dabei gewesen. Unterwegs hatten wir Rast gemacht und die Bärenhöhle besichtigt. Ja, sie erinnerte sich daran. Ihren Namen weiß ich noch immer nicht.

Auch die andere konnte ich jetzt einordnen: Wahrscheinlich kam uns die Erinnerung gleichzeitig, denn wir gingen einander anlachend aufeinander zu. Wir waren zusammen in Bonlanden gewesen, bei diesem sonderbaren, antikirchlichen Bibelseminar mit Dr. R. und Pfr. S. Sie hatte damals genauso gelitten wie ich.

Während dieser Pilgerfahrt waren wir oft zusammen. Vielleicht hat uns das gemeinsame Leiden besonders miteinander verbunden. Aber es war auch menschliche Nähe; eine Gleichgesinntheit im Glauben, wenn auch ihre Aktivitäten in eine andere Richtung gehen als meine (charismatische Gemeindeerneuerung, Cursillo). Ihr Pfarrer kam nie zum Bibelkreis, hatte Sorge, dass seine Jugendlichen in Reute auf Abwege kommen könnten, leugnete die Existenz des Teufels ebenso wie die des Heiligen Geistes und so weiter.

Wir standen auf dem Bussen und tauschten unsere Sorgen aus.

Mich hatte unser Vikar am Dienstag schockiert: Vor der Abendmesse seufzte er: »Ich wünschte, Sie könnten meinen Text auch übernehmen.«

Ich schaute ins Lektionar und sagte: »Das Evangelium ist so kurz, das werden Sie schon schaffen.«

»Nein, ich meine, Sie sollten den ganzen Gottesdienst übernehmen.«

Ich war um die Antwort nicht verlegen: »Ich habe an den letzten beiden Dienstagen den Gottesdienst übernommen; heute sind Sie wieder dran.«

»Nein, ich meine, wann werden Sie endlich ordiniert?« Ich musste lachen. »Das ist nicht meine Absicht.«

Das Lachen verging mir aber gleich, als er bemerkte: »Haben Sie eigentlich nichts Besseres als den Papst in den Schaukasten zu hängen?« Und im Hochgebet ließ er die Bitte für den Papst einfach weg! Ich war schockiert! Ich weiß nicht, ob er das schon häufiger tat, ohne dass es mir aufgefallen wäre. Kann man Priester sein, wenn man dem Papst das Gebet verweigert? Hat ein Priester das Recht, der Gemeinde die Fürbitte für den Papst zu verweigern? Ist es in seiner Seele so dunkel, weil ihm das solidarische Gebet fehlt? Weil er die Kirche bekämpft, von der er doch selbst ein Glied ist? Das muss zu so großen Spannungen führen, die kein Mensch aushalten kann. Jetzt wundert es mich nicht mehr, dass er immer so krank ist.

All diese Gedanken beschäftigten mich nicht nur auf dem Bussen, sondern immer wieder auf der ganzen Wallfahrt. Frau M. erklärte mir, dass sie diese Wallfahrt ausdrücklich für ihren Pfarrer unternimmt. Sie pilgert an seiner Statt zum Heiligen Blut und zum Bruder Klaus, weil er selbst in der Wallfahrt keinen Sinn sieht.

Vikar Pr. drückte sich bei der Vorbereitung zu Fronleichnam auch so aus: eine Prozession sei heutzutage kein verstehbarer Ausdruck des Glaubens mehr. Ich nahm mir Frau M. zum Vorbild und schloss unseren Vikar auch ganz besonders ins Gebet ein.

Wir erlebten – besser gesagt feierten unseren ersten gemeinsamen Gottesdienst. Einen Organisten und eine Sängerin hatten wir dabei. Praktisch. In der Predigt des Dekans ging es um das Unterwegssein. Auf jedem Weg braucht man Haltepunkte. Auf der Fahrt zum Mittagessen fuhren wir durch seine Heimat. Er zeigte uns die

Kirche, wo er Primiz hatte (der Ort heißt, wenn ich mich recht erinnere, Seekirch). Und schließlich fuhren wir in sein Heimatdorf Oggelshausen. Vor seinem Elternhaus hielten wir an. Ein Bauernhaus, der Misthaufen davor.

Es gibt in unserer Diözese – auch im Domkapitel – viele Priester, die vom Dorf kommen. Und das sind vielleicht gerade diejenigen, die den Glauben am besten weitergeben können. Er ist bei ihnen tief verwurzelt; die Familie lebt ihn mit ihnen weiter bis zum heutigen Tag. Auch eine Heimat zu haben ist für den Priester etwas Schönes; vielleicht auch eine Quelle, aus der er Kraft schöpfen kann. Ich beneide immer die Menschen, die Zeit ihres Lebens ihr Elternhaus aufsuchen können und sich in der Umgebung ihrer Kindheit wiederfinden.

Der Dekan stieg aus, ging zum Haus und klingelte. Ein altes Mütterchen kam heraus und gab ihm die Hand. »Das ist sicher nicht seine Mutter, sie würde ihn umarmen«, meinte meine Nebensitzerin.

Sie war es aber doch. Sie kam zu uns in den Bus und fuhr mit uns zum Mittagessen. Der Dekan ging ins Haus und kam später nach.

Wir fuhren in den Ort hinein und hielten vor einem Gasthaus. Auf dem Plan stand um 13:00 Uhr Mittagessen, deshalb hatte ich nach der Messe vor der Weiterfahrt noch einen Müsliriegel gegessen. Jetzt war es erst 12:00 Uhr, wir nahmen aber doch schon im Gasthaus Platz. Bis nach Getränken und Suppe das Essen dann serviert wurde, dauerte es aber doch noch recht lange. Ich hätte mir in dieser Zeit lieber noch etwas die Füße vertreten.

Bei Tisch saßen mir gegenüber zwei Heimatvertriebene aus dem gleichen Dorf, die bis zum heutigen Tag miteinander befreundet sind. Eine Frau Reiter – Mutter von vielen Kindern, sehr ernst, aber sicher auch eine fromme Frau. Die andere, Frau Prieschl, hat mich gleich in ihr Herz geschlossen und suchte später immer wieder meine Nähe. Mit der Zeit fand ich Ähnlichkeit zwischen ihr und meiner Mutter. Sie hatte vor kurzem erst eine Kehlkopfoperation hinter sich und war noch ganz blau am Hals.

Die Stühle standen sehr eng beieinander. Eine Frau – nur wenig älter als ich – die auch mir gegenübersaß, stand kurzerhand auf, nahm ihren Teller und ging zum Kopfende der Tafel, wo Frau Kopf saß und noch einige Teller für ihren Bruder und weitere Gäste bereitgestellt hatte. Es war offensichtlich, dass dort die Familie des Dekans sitzen würde. »Jetzt habt ihr hier mehr Platz«, sagte die Frau zu uns, als sie ging. Ich vermute aber, dass sie mit Absicht den Platz wechselte. Sie erinnerte mich irgendwie ganz stark an Frau B. und ich vermute, dass sie auch psychisch krank war. Sehr pessimistisch, immer darauf aus, Aufmerksamkeit zu erlangen. Übrigens wurde sie in Weingarten meine Zimmergenossin. Dort stellte sie sich vor: Frau B. aus Korntal. Auf der Liste sah ich, dass sie denselben Vornamen hatte wie Frau B. (Wimpfen).

Der Dekan kam zum Essen und brachte noch Schwester, Schwager und einen weiteren Mann mit. Es gab so richtig herzhaftes Essen und alles in Riesenmengen. Ich nahm von jedem nur ein wenig und war doch nachher beinahe zum Platzen voll.

Auf dem Programm stand nach dem Mittagessen ein Besuch des Skulpturenfeldes. Ich stellte mir darunter etwas aus der Keltenzeit vor. Stattdessen waren das einfach Steine, die im Zeichen des Ost-West-Dialogs aufgestellt (und behauen?) worden waren. Wir *besuchten* dieses Feld aber nicht, sondern fuhren lediglich daran vorbei. Normalerweise hätten wir das nicht dürfen, weil die Straße eng und für Busse gesperrt ist. Aber der Dekan meldete uns bei der Polizei als Besucher an, somit waren wir Anlieger und durften die Straße befahren. Der Dekan: der schlaue Organisator! Wir fuhren aber wirklich nur daran vorbei und sahen fast gar nichts.

Gehalten wurde erst in Steinhausen. Im Bus gab der Dekan auch hierzu einige Informationen. Man spürte die Liebe, die er zu den Kirchen seiner Heimat hat. Es fand gerade keine Maiandacht statt, sodass wir uns die Kirche von innen anschauen konnten. Wir setzten uns in die vorderen Bänke und ließen uns vom Dekan einiges erklären. Besonders bewunderte er den hübsch aufgebauten Marienaltar mit den vielen Blumen. »Bei uns in Ludwigsburg meint man, wenn man drei Blumentöpfe hingestellt hat, ist das schon das höchste der Gefühle!« Oberschwäbische Frömmigkeit hat eine andere Ausdruckskraft als die im Neckartal. Vor allem, weil hier über Jahrhunderte nichts wachsen konnte. »In einer Kirche müssen die Spuren der verschiedenen Epochen immer sichtbar sein, sonst ist sie nicht lebendig.«

Die Fahrt ging direkt weiter nach Weingarten. Wir waren sehr früh dort, konnten die Zimmer belegen und hatten vor dem Abendessen noch etwas Freizeit.

Frau B. fuhr mit dem Aufzug in den zweiten Stock, wo wir unser Zimmer hatten. Ich war zu Fuß schneller oben. Sie hatte einen großen Koffer dabei, den sie kaum schleppen konnte, und deshalb ein Wägelchen mitgenommen. Ich entschied mich für das Bett am Fenster und begann, meine paar Habseligkeiten auszupacken. Als Frau B. hereinkam, untersuchte sie beide Betten: Ihres war eine Liege, nicht gut für die Bandscheiben, also tauschten wir. Dann machte sie sich in der Dusche breit. »Es gibt nur ein Handtuch für jeden«, stellte sie fest und hängte eine große Plastiktüte an den Handtuchständer. Ich schaute nicht hinein und wusste nicht, wofür sie zu dienen hatten. Auch im Koffer und auf dem Tisch lagen Plastiktüten.

Bis zum Abendessen war noch über eine Stunde Zeit und ich machte mich auf den Weg. Vom Hotel aus sah man die Basilika und überall Pferde. Mir fiel ein: Kirchheim hatte 4.000 Einwohner, in Weingarten würden morgen

2.700 Pferde und Reiter sein. Alle Garagen waren zu Pferdeställen umfunktioniert worden.

Ich fand einen sehr hübschen Weg zur Basilika, durch einen Park. Im Klosterbereich verkauften Jugendliche Kerzen und Festschriften. Ich hatte kein Geld dabei, nur den Schirm. Der Platz vor der Basilika füllte sich. Langsam suchte ich den Weg zurück zum Hotel. Diesmal ging ich über den Marktplatz. Volksfeststimmung. In den Anlagen in der Nähe des Hotels setzte ich mich auf eine Bank und genoss die Stille. Nur ganz wenige Menschen kamen hier vorbei. Die Wolken verzogen sich, die Sonne schien mir ins Gesicht. Später merkte ich, dass ich Sonnenbrand bekommen hatte.

Ich ging zum Hotel zurück. Frau B. lag im Bett. Bis zum Abendessen war immer noch Zeit. Ich wollte nochmal zur Basilika hinauf und mir eine Festschrift holen. Was man hat, hat man. Wer weiß, ob es am Abend noch welche geben würde? »Soll ich Ihnen auch eine mitbringen? Sie kostet 2 DM.« Ja, Frau B. wollte auch eine und machte Anstalten, den Geldbeutel zu holen. »Bleiben Sie liegen, Sie können mir das Geld später geben.« Diesmal ließ ich den Schirm da und nahm stattdessen die Handtasche mit. Könnte ja sein, dass ich auch den Fotoapparat brauchen würde.

Im Fenster einer Konditorei sah ich ein kleines Pferdchen aus Schokolade. Das wäre etwas für meine Sandra – wenn der Laden morgen aufhaben sollte. Oben im Klosterhof fand ich wieder dieselben beiden jungen Männer, die mich schon bei meinem ersten Ausgang angesprochen hatten. Jetzt brauchte ich sie nicht zu enttäuschen und konnte ihnen zwei Festschriften abkaufen.

Ich ging flott zum Hotel zurück. Frau B. war nicht im Zimmer. Auf dem Tisch lagen 2 DM. Ich ging hinunter zum Speisesaal. Einige aus meiner Gruppe saßen schon dort. Mir gegenüber setzten sich wieder die drei alten Damen; neben mich ein Ehepaar, Hartl mit Namen. »Der

Pfarrer im Dorf meiner Eltern heißt auch so«, erklärte ich ihnen. Aber sie konnten keine Verbindungen herstellen.

Später kam Frau B. und setzte sich an die Ecke. Kurz danach kam der Dekan und steuerte auch auf diese Richtung zu. »Ach Gott, der Dekan!«, rief Frau B. halb entsetzt, halb hoffend. Aber dieser ging an ihr vorbei und setzte sich an die andere Ecke zu den Musikern, in deren Gesellschaft er auch später oft zu sehen war. Zum Essen gab es Bratwürste, zwei auf jedem Teller. Ich schaffte nur eine halbe. Was manche Leute essen können …

Zur Festpredigt durften wir unter den Privilegierten im Chor sitzen. Zu einem bestimmten Zeitpunkt sollten wir uns vor der Basilika einfinden. Frau Kopf kannte den Eingang. Wie es meine Art ist, war ich vor der Zeit dort, und nach einer kleinen Weile setzte sich unser Zug schon in Bewegung.

»Aber es sind doch noch gar nicht alle da – es ist noch nicht Zeit«, warf jemand ein.

»Es ist aber schon so voll und wenn wir noch lange warten, bekommen wir gar keine Plätze mehr«, meinte Frau Kopf. Also gingen wir.

Ganz unchristlich war auch ich der Meinung: *Lieber finden wenigstens ein paar einen Platz, als wenn alle draußen stehen.* Dabei stellte sich nachher heraus, dass noch viele Plätze übrig waren, und manche blieben während der ganzen Festpredigt leer.

Ob die anderen aus unserer Gruppe noch Einlass fanden, weiß ich nicht.

Die Abendmesse war noch in vollem Gange. Wir feierten halt einfach mit – außer dass wir zur Kommunion gingen. Ständig kamen Leute dazu; manche gingen auch. Nach der Abendmesse begann die Festpredigt. Zufälligerweise richtete ich meine Augen auf die Kanzel, als dort oben eine Tür geöffnet wurde und ein Mönch herauskam. Hinter ihm der Bischof in Purpur. Der Mönch zog sich gleich wieder zurück. Offensichtlich hatte er dem Bischof lediglich den Weg gewiesen.

Im Bus hatte uns der Dekan etwas über den Bischof Küng aus Feldkirch erzählt. Mir dämmerte, dass ich seinerzeit etwas von den Unstimmigkeiten mitbekommen hatte, die es um seine Einsetzung gab. Aber das lag schon eine Weile zurück und ich hatte mich damals auch nicht so sehr dafür interessiert. Ich war jetzt also unbefangen. Wenn es extra eine Festpredigt gibt – außerhalb eines Gottesdienstes – und dann immer namhafte Leute eingeladen werden, rechnete ich einfach mit etwas Besonderem. Theologisch. Aktuell. Stattdessen kam so etwas wie eine Bestandsaufnahme: so sieht die Kirche heute aus; diese Stellung hat sie in der Welt. Für mich war das alles nicht neu. Aber vielleicht muss man mit Rücksicht auf die Zuhörer diese Dinge einfach nochmal direkt beim Namen nennen. Manches kann man auch nicht oft genug sagen.

Ein Bild allerdings ist mir haften geblieben, das ist sehr anschaulich und werde ich sicher bei Gelegenheit weitergeben: ein Wanderer in den Bergen braucht Wegweiser, damit er sich nicht verläuft. Und an manchen Stellen muss sogar besonders drastisch darauf hingewiesen werden: *Halt, hier darf man nicht weitergehen. Lebensgefahr!* Aus Liebe zu den Menschen sind solche Schilder angebracht, damit sie nicht vom Weg abkommen und in eine Schlucht stürzen. Auch die Kirche gibt – aus Liebe – ihren Gläubigen Hinweise, Richtlinien, in besonderen Fällen Verbotsschilder, damit sie nicht vom rechten Weg abkommen.

Während der Predigt kam ein unangenehm starker Regen auf. Zeitweise war das Prasseln der Regentropfen gegen die Fensterscheiben und auf die Kuppel so laut zu hören, dass man die Stimme des Bischofs dahinter kaum noch verstand. Dazwischen Blitz und Donner. Die Predigt ging zu Ende, der Regen wurde stärker. Der Bischof verließ die Kanzel. Nach kurzer Zeit kam ein Priester zum

Ambo und teilte mit, dass die Lichterprozession wegen des Unwetters ausfallen müsse. Stattdessen wolle man zusammen eine Betstunde in der Basilika halten. Wir sangen dann Marienlieder und beteten Abschnitte aus verschiedenen Andachten des Gotteslobes. Wieder war die Unruhe (das Kommen und Gehen) unter den Gläubigen sehr groß. So sehr ich mich auf die Lichterprozession gefreut hatte, so tröstete mich andererseits der Gedanke, dass ich doch nicht so spät ins Bett kommen würde und ich die Reitermesse um vier Uhr schaffen könnte.

Nach Beendigung der Betstunde konnten sich nicht alle aus der Gruppe dazu entschließen, heimzugehen. Manche wollten abwarten, bis der Regen etwas nachließe. Aber würde er das in absehbarer Zeit tun? Ich strebte dem Hauptausgang zu – den Schirm hatte ich ja dabei.

Auf dem Weg Richtung Marktplatz hörte ich, wie hinter mir jemand sagte: »Jetzt hol ich mir noch ein Magenbrot.« Au ja, das wäre auch etwas für mich. Das war durchaus etwas, das auch zu diesem Fest gehörte. Der Rummel hielt sich sehr im Rahmen. Nur zwei Autos mit Bratwürsten und eines mit Süßigkeiten standen dort. Für 2 DM bekam ich eine große Tüte, obenauf legte die Verkäuferin ein Cremehütchen. Ein Betthupferl für mich. Und da soll der Regen einem die Laune verderben?

Ich war in Hochstimmung und schlug den Weg zum Hotel ein. Frau B. kam auch gerade. Als wir im Zimmer waren, schloss sie von innen ab. Nach einer Weile probierte sie noch einmal, ob auch wirklich abgeschlossen sei. »Damit in der Nacht niemand die Tür verwechselt.« Das gefiel mir gar nicht, und als sie im Bad war, schloss ich wieder auf.

Ich hatte den Eindruck, dass Frau B. noch nicht sehr müde war, sie erzählte allerhand. Ich gab ihr von meinem Magenbrot und ging ins Bett. Den Wecker stellte ich auf 03:15 Uhr. Frau B. las noch eine Weile, dann machte sie das Licht aus.

Mit Schlafen war nicht viel. Draußen war es recht laut, war ja auch kein Wunder. Plötzlich schreckte ich hoch, weil die Feuerwehr vorbeifuhr. Später hörte ich aus größerer Ferne diese Töne noch öfter. Hin und wieder gingen laut lachend Leute vorbei. Ich weiß nicht, ob ich überhaupt geschlafen habe. Wenn, dann immer nur in kurzen Schüben. Meine Nachbarin schnarchte zeitweilig.

Als ich auf den Wecker schaute, war es 03:00 Uhr. Ich schaltete ihn ab und stand im Dunkeln auf. Die Kleider hatte ich mir am Abend zurechtgelegt. Im Bad konnte ich das Licht anschalten. Die Morgentoilette ging schnell; ich zog den Pullover an – so früh würde es noch kalt sein. Als ich die Armbanduhr anlegen wollte, zeigte sie erst 01:30 Uhr an. Konnte das sein? Ich schaute auf den Wecker: Tatsächlich, 01:30 Uhr. Ich musste mich vorher versehen haben. Nochmal ins Bett? Nein. Ich wusste, dass die Basilika die ganze Nacht geöffnet war. Ich konnte gleich dorthin gehen.

Frau B.: »Gehen Sie jetzt doch?«

»Ja.« Wahrscheinlich dachte sie, dass es schon kurz vor 04:00 Uhr sei.

Der Wirt war noch auf. Ich brauchte den Schlüssel nicht mitzunehmen. »Ab 05:00 Uhr ist Frühstücksdienst hier.« Vorher würde ich auch nicht zurückkommen.

Draußen war es durch die Straßenbeleuchtung hell. Ich wollte nicht durch den Park, sondern durch die Stadt. Wenige Schritte vor mir ging eine Gruppe junger Männer in Tracht, angetrunken. Der Dekan hatte im Bus erzählt, dass der Besuch des Wirtshauses genauso wichtig sei wie die Teilnahme an der Prozession, man dürfe sich darüber nicht mokieren. Also hatte ich Verständnis für diese Männer, aber hielt mich doch auf Abstand. Als ich zum Marktplatz kam, waren sie verschwunden – wahrscheinlich im nächsten Wirtshaus. Ich ging die Treppe rauf zur Basilika. Es war ein ganz eigentümliches Gefühl.

Um diese Zeit war ich noch nie unterwegs zu einer Kirche gewesen. Die Stadt war nicht ganz schlafend – aber doch lag ein tiefer Friede über ihr. Ich war in Feststimmung. Eine tiefe Freude überkam mich.

Als ich das Gotteshaus betrat, kamen mir zwei Herren entgegen. Sie verließen die Kirche, ich betrat sie. Die innere Tür war zu. Einen Augenblick stand ich allein in der Vorhalle. Nachts um 01:45 Uhr. Vollkommene Stille. Ruhe. Tiefer Frieden. Ich sah mich etwas um. Am Schriftenstand lagen Handzettel der Schönstatt-Gemeinschaft, Verschiedenes davon kannte ich. Auch das Heftchen über Pater Kentenich. Wie Weingarten (eine Benediktiner-Abtei) wohl zu Schönstatt kommt? Ich dachte daran, dass Gebhard G. mir erst vor Kurzem eine Gedanken-Sammlung zu Maria geschenkt hat. Dann fand ich eine kleine Schrift unseres verstorbenen Bischofs Georg Moser an die Kirchenbesucher. Ich nahm mir eine davon und steckte sie ins Gotteslob. Dann betrat ich das Kirchenschiff. Es war nicht ganz leicht, die schwere Tür zu öffnen. Das Schiff war ganz erleuchtet. Über Lautsprecher hörte ich eine Frau beten. Ich ging nach vorn. So leer war diese große Kirche – wie voll war sie gestern Abend gewesen!

Ich setzte mich auf die linke Seite in die zweite Bank. Hinter mir saß eine ältere Dame. Insgesamt vielleicht ein halbes Dutzend Leute. Wir beteten den Rosenkranz und sangen Marienlieder. Die Frau hinter mir sang die zweite Stimme. Sie war nicht mehr ganz fest – trotzdem klang es hübsch – zur Ehre Mariens. Nach einer Weile kamen zwei junge Brüder. Wenn ich die Kleiderordnung richtig deuten kann, ein Novize und ein Postulant. Sie nahmen auf der rechten Seite Platz in der Bank mit dem Mikrofon. Mit ihrer Unterstützung klangen unsere Lieder besser.

Sie lösten die Frau ab, die dann in die Reihe hinter mich kam. Die andere fragte: »Wie geht es Ihrem Mann?«

»Man kann nicht mehr operieren.«

»Seien Sie froh. So bleibt ihm viel erspart. Sie müssen jetzt nur viel beten.«

Die beiden Brüder leiteten die Betstunde bis kurz vor Beginn der Reitermesse. Wir beteten Abschnitte aus dem Gotteslob, dazwischen Lieder, die Grüssauer Marienrufe. Die beiden Männer knieten die meiste Zeit. Ich setzte mich dazwischen immer wieder eine Weile hin. Zwischendrin bekam ich Bedenken: Würde ich durchhalten können? Würde dieser Tag nicht zu lang und zu anstrengend werden? Ich spürte Beklemmungen. Und dann, plötzlich – ich weiß nicht mehr, durch welches Wort, welches Gebet – waren alle Ängste völlig weggeblasen. Ich fühlte mich wohl, munter, fit, fröhlich. Ich wusste: Der Heilige Geist steht mir bei. Und auch der Fürsprache Mariens war ich gewiss. Ich fühlte mich aufgehoben, gehalten. Wir waren eine kleine, gute Gebetsgemeinschaft, die einander trug. Brüder und Schwestern. Gern hätte ich den beginnenden Tag durch die Fenster erkannt, aber das war nicht möglich. Das kleine runde Fenster über dem Chor blieb dunkel.

Als die beiden Mönche gegangen waren, kam ein Ordner und teilte Liedhefte zur Schubertmesse aus. Ich fragte ihn, ob ich hier sitzenbleiben dürfe, oder ob die vorderen Reihen für die Reiter reserviert seien. »Nein, Sie dürfen gern da bleiben, natürlich.« In meiner idealistischen Fantasie hatte ich mir vorgestellt, dass die meisten der 2.700 Reiter kommen würden. Vielleicht auch alle Mönche. Zumindest aber einige der Reiter-Priester zur Konzelebration. Ich wünschte mir, Vikar Bentele zu sehen. Aber die vorderen Reihen blieben leer. Die Kirche füllte sich nur spärlich.

Und als ein Priester (der Abt?) allein an den Altar kam, war ich zunächst doch etwas enttäuscht, aber nicht lange. Wir feierten die Eucharistie in diesem großen Gotteshaus. Was macht es da aus, ob ein Organist da ist oder nicht, und wie viele Ministranten oder Konzelebranten dabei sind? Kurz vor 05:00 Uhr war die Messe aus. Ich ging zurück ins Hotel. Es war immer noch dunkel – und es regnete. Frau B. schlief noch. Ich legte mich einfach so, wie ich war, aufs Bett, um keinen Lärm zu machen. Um 5:30 Uhr wachte sie auf. Ich nutzte die Zeit vor dem Frühstück zum Kofferpacken. Manche brachten ihre Koffer gleich mit in den Speisesaal – aber sie mussten sie nachher wieder zurückholen. Frühstücksbuffet. Es war Freitag. Aber es war vor allem auch ein Feiertag. Ich ließ es mir schmecken, ich musste mich ja auch stärken.

Beizeiten machte ich mich wieder auf den Weg, um die Übergabe der Reliquie miterleben zu können. Die meisten Menschen blieben auf dem Marktplatz. Vielleicht schreckte der Regen sie ab. Ich stand jedenfalls mitten auf dem Platz vor der Kirche und wartete. Zwei Ordner steckten mit langen Seilen ein Feld ab. Hin und wieder sprachen sie miteinander. Schön, diesen liebevollen oberschwäbischen Dialekt zu hören. »Ruf doch deine Frau an und lass dir Gummistiefel bringen«, schlug der eine dem anderen vor, aber diesem machte die Nässe nichts aus.

Es dauerte nicht lange, da erschienen die Hochwürdigen Herren Geistlichen am Kirchenportal. »Hörscht 'se?«, fragte der eine Ordner. Er meinte die Hosanna-Glocke. Von der anderen Seite kam der Heilig-Blut-Reiter in Purpur, sehr feierlich. Das Pferd wurde zur Treppe geführt. Dort nahm der Reiter die Reliquie in Empfang. Die Glocken läuteten. Die Kapelle spielte.

Ein Herr ging vor mir her und fotografierte. Der Ordner verjagte ihn. »Die Leute stehen hier schon lange und warten. Da können Sie nicht einfach kommen und sich vor sie hinstellen.« Mich hätte es nicht gestört, aber es war doch nett. Oberschwäbisches Gerechtigkeitsempfinden? Über ein Foto hätte ich mich natürlich auch gefreut.

Als Reiter und Kapelle abgezogen waren, leerte sich der Platz schnell. Ich war jetzt unsicher, denn ich war fremd in Weingarten und kannte die Strecke nicht, die die Prozession nehmen würde. Also ließ ich mich ein Stück weit von der Menge treiben. An einer Kurve fand ich eine Lücke in der Menschenmenge und stellte mich dort auf. Jemand sagte, dass noch nicht viele Gruppen vorbeigekommen waren. Mein Platz war nicht besonders günstig. Abgesehen davon, dass man sich gegenseitig die Schirme an den Kopf stieß, sah ich die Reiter auch nicht kommen, sondern erst, als sie unmittelbar an mir vorbeiritten, also sozusagen von der Seite. Deshalb war ich unsicher, ob es Vikar Bentele war, der da ritt. Ein Priester in einer kleinen Gruppe, Regenumhang, auch der Zylinder unter Regenschutz. Die meisten Reiter sahen so aus. Auch deshalb war es schwer, einen Einzelnen zu erkennen. Ich entschloss mich, den Platz zu wechseln, und ging mit der Prozession einfach ein Stück weiter. Das war nicht leicht. Oft musste ich den Schirm zumachen, damit ich zwischen den Leuten hindurch kam.

Frau Kopf sprach mich plötzlich an. Sie erklärte mir den Prozessionsweg, aber das half mir im Moment auch nicht weiter. Und dann lief plötzlich meine Zimmernachbarin hinter mir her. »Gehen Sie mit auf die Felder?«

»Nein, bei dem Regen nicht. Ich gehe bloß ein Stück mit der Prozession mit.« Ich ließ sie einfach stehen.

Die Reihen der Zuschauer wurden lichter und ich fand eine Stelle, wo ich die Straße gut überblicken konnte. Hier blieb ich stehen. Ich hatte die Festschrift aber nicht dabei und konnte mich deshalb nicht darüber orientieren, welche Gruppe gerade vorbeizog beziehungsweise welche noch kommen würden. Wenn das vorhin nicht Vikar Bentele war, könnte er auch noch bei der Ravensburger Gruppe sein, und die kam ziemlich am Schluss, das wusste ich.

Da stand ich also nun im Regen, insgesamt zwei Stunden lang. Ich wurde nass – der Schirm schützte nur von oben – und mir wurde kalt. Durchgefroren bis ins

Innerste. Den Reitern muss doch genauso kalt sein. Und doch staunte ich über die Fröhlichkeit und gute Laune, die die meisten Menschen ausstrahlten. Viele winkten oder riefen ein paar Worte, wenn sie Bekannte sahen. Mich kannte niemand. Aber ich gehörte doch dazu. Ich stand da und harrte aus, und das verband. Auch der Regen. Auch die Kälte. Dieser Blutfreitag – mein erster – hat durch das hässliche Wetter nichts von seiner Ausstrahlung eingebüßt.

Pferde aller Art: große und kleine, braune, schwarze, weiße, gescheckte in allen Kombinationen, hübsche und derbe ... Auf ihnen saßen Reiter aller Art: Priester und Laien, Ministranten, Herren im Frack, Junge und Alte ... Einige waren dabei, die sahen aus, als wären sie in der Nacht auch nicht lange im Bett gewesen ... Trotzdem saßen sie jetzt auf dem Pferd, nahmen die Mühen und Strapazen auf sich, auch die Kosten. Das ist schon eine imponierende Haltung, auch wenn viele der Reiter nicht zu den aktiven Christen gehören. Ohne ihr Mittun wäre der Blutritt nicht denkbar. Und in unserer heutigen nüchternen, wissenschaftlichen Zeit finde ich es besonders dankenswert, dass so viele Männer da mitmachen.

Eine Glocke war zu hören. Der Blutreiter kam in einem ganz besonders feierlichen Gefolge, mit Fahnen. Er segnete uns. Im Bus hatte der Dekan uns die Geschichte der Reliquie erzählt. Historisch ziemlich sicher nachweisbar. Trotzdem ist das nicht das Wesentliche, sondern der Ausdruck der Frömmigkeit, die Glaubenshaltung, die Tradition über diese lange Zeit. Man kann sich nicht vorstellen, dass es den Blutfreitag einmal nicht mehr geben könnte. Der Blutreiter zog vorüber. Weitere Gruppen folgten. Dazwischen immer wieder Musikkapellen. Hier waren viele junge Mädchen dabei (bei den Reitern nur Männer – von zwei Ministrantinnen abgesehen). Auch das war eine beachtliche Leistung. Musiker und Instrumente völlig durchnässt, aber Heiterkeit und frohe Musik.

Mein Blick fiel auf einen Reiter, den ich kannte: Pfarrer Schlichte. Er kam näher heran, aber er sah mich nicht. Ich trat einen Schritt vor und rief ihn. Er schaute her, ich winkte. Im Vorbeireiten frage er noch: »Sind Sie allein hier oder mit dem Dekan?«

»Mit dem Dekan«, rief ich ihm nach, dann war er schon vorbei. Schön, dass es jetzt doch jemanden gegeben hat, der mich kannte.

Der Zug ging weiter. Irgendwann kam eine große Lücke. Ich dachte, es wäre schon der Schluss, und ging ein Stück Richtung Marktplatz zurück. Aber dann kamen doch noch weitere Gruppen. Nun hatte ich halt einen anderen Platz. Eine Frau gesellte sich zu mir. »Jetzt lebe ich schon 35 Jahre in Weingarten. Aber dass die ganze Prozession so verregnet ist, das habe ich noch nie erlebt.« Wir beide froren um die Wette.

Von der Basilika hörte man die Glocken läuten. Die Pilgermesse begann. Wie gut wäre jetzt der Aufenthalt in der trockenen Kirche! Aber ich wollte die Ravensburger Gruppe noch abwarten, für den Fall, dass Vikar Bentele doch dort dabei wäre. Irgendwann kam diese auch, eine große Gruppe. Drei Geistliche, wenn ich mich recht erinnere. Mein Vikar war nicht dabei. Also muss er doch bei der Wangener Gruppe gewesen sein.

Ich weiß nicht mehr, wie lange ich dort stand. Es kam mir vor, als wäre ich ein Eisklumpen. Ich entschloss mich, in die Basilika zu gehen. Als ich dort ankam, war die Pilgermesse noch nicht aus. Aber es kamen schon Leute heraus. Der Dekan stand in der Vorhalle und verkaufte bzw. signierte seine Bücher. Ich sprach kurz mit ihm. Statt später mit der Gruppe in den Chor zu gehen, könne ich mir jetzt auch gleich einen Platz im Schiff suchen.

Ich betrat das Schiff. Heute Morgen so leer – jetzt so voll. Ich lehnte mich vorn an eine Säule. Viele Gläubige gingen gerade zur Kommunion. Aber ich drängte mich nicht in die Bank. Wie die meisten anderen wartete ich das Ende der Messe ab und ging erst dann in eine Bank. Ich hatte den Eindruck, dass die meisten Leute dablieben.

Irgendwann wurde bekanntgegeben, dass der Blutritt zwar wegen des schlechten Wetters verkürzt worden sei, dass das Pontifikalamt aber doch nicht vorgezogen werden könnte, weil Chor und Orchester erst auf 11:30 Uhr bestellt waren. Wenn ich es noch recht weiß, beteten wir eine Andacht miteinander. Kann aber auch sein, dass ich mich jetzt täusche und wir stattdessen aufgefordert wurden, in der Stille zu beten. Von der Empore hörte man, wie Instrumente gestimmt wurden. Gegen 11:15 Uhr begann das Pontifikalamt. Die Übergabe der Heilig-Blut-Reliquie hatte schon vorher stattgefunden. Mit der großen Fahne war sie draußen in Empfang genommen und in feierlichem Einzug zurück an ihren Platz gebracht worden.

Jetzt also die Messe, mit Chor und Orchester. Wunderschön. Bischof Küng zelebrierte. Keine Ansprache. Mir war noch immer bzw. schon wieder arg kalt. Ich fürchtete, eine Erkältung zu bekommen. Sollte ich vorzeitig gehen? Damit täte ich auch ein gutes Werk, denn viele Gläubige mussten stehen, weil die Sitzplätze nicht ausreichten. Ich entschloss mich also tatsächlich gegen meine Gewohnheit, die Messe während der Kommunion zu verlassen. (Ich hatte ja schon in der Frühmesse kommuniziert). Eine Frau freute sich über meinen Platz. Als ich zum Ausgang ging, hörte man auf der Empore gerade Triangeln. Es klang sehr hübsch, so zart, engelhaft. Schade – wegen der Musik wäre ich doch noch gern geblieben.

In der Vorhalle stand der Dekan noch immer bei seinen Büchern. Weder heute noch gestern hatte ich ihn beim Gottesdienst gesehen. Später fragte ich die Sekretärin, warum er nicht konzelebriert habe. Dazu müsse man eingeladen werden, erklärte sie mir. Offensichtlich war er nicht eingeladen worden. Ob er deshalb schmollte und gar nicht zur Messe ging? Ich stellte es mir reizvoll vor, als Priester auch einmal von der Bank aus eine Messe mitzufeiern (und keine Verantwortung für den Ablauf zu haben).

Auf dem Weg zum Hotel ging ich bei der Konditorei vom Vorabend vorbei und kaufte ein kleines Schokoladen-Pferdchen für Sandra. Der Konditor schenkte mir noch eine Praline. Spendabel sind die Weingartener.

Gegen 12:00 Uhr war ich im Hotel und fragte, ob ich einen Tee mit Rum haben könnte. Selbstverständlich. Zuerst wollte ich aber noch telefonieren. Ich musste doch wissen, ob Susi bis Montag bleiben könnte, aber es war niemand da. Der Wirt sagte, ich sollte mich an den Stammtisch setzen. Das ganze Lokal war voll. Viele Musiker waren da, um sich aufzuwärmen, genau wie ich.

»Der Wirt sagt, ich soll mich zu Ihnen setzen, ist das Ihnen recht?«

»Natürlich, es ist uns eine Freude.« Derjenige, der das sagte, war ein älterer Herr zu meiner Rechten. Ein lustiger Mensch, sehr sympathisch. Sah aus wie V. B., nur etwas älter und rundlicher.

Wir beide hatten während der folgenden Stunde ein sehr nettes, interessantes Gespräch miteinander. Ich vergaß meine nassen Füße – der Rum tat ein Übriges – und hatte keine Lust mehr, aufs Zimmer zu gehen, um mich umzuziehen. Ich erfuhr einiges über den Blutritt, was der Dekan uns nicht mitgeteilt hatte: dass manche Reiter ihre Pferde aus der Schweiz ausleihen – auf eigene Kosten, dass man als Pilger mit den Reitern auf die Felder gehen kann; seine Frau würde das gerne tun, aber er mag die Musik so gern, weshalb er nicht aus der Stadt heraus geht. Die Musiker begleiten die Reiter nämlich nur bis zur Stadtgrenze. Eine große Liebe sprach aus seinen Worten. Für einen Weingartener gehört der Blutritt wahrscheinlich zum Leben wie das tägliche Brot. Ich erfuhr auch, dass die Feuerwehr nachts so oft ausrücken musste wegen des Hochwassers. Aha, jetzt war mir das auch klar. In seinem Keller steht auch Hochwasser, aber das läuft von allein ab, meinte er. Er müsse danach nur die Sprudel- und Bierkisten wieder in Ordnung bringen. Wir sprachen auch über die Kirche. Er fragte, ob ich Pastoralassistentin sei. Nein – nur ehrenamtliche Mitarbeiterin. Wie bei ihm. Sein Schwager sei Pfarrer in Göppingen.

Mit uns am Tisch saßen noch eine Frau um die fünfzig und zwei Männer. Zwischen diesen dreien ging es lebhaft zu, aber trotzdem irgendwie kindlich-unschuldig. Selbst das »L. m. a. A.« klang überhaupt nicht beleidigend. Alle hatten etwas Liebes. Aber vielleicht empfand ich das auch nur so. Als es auf 13:00 Uhr zuging, verabschiedete sich mein Nachbar; seine Frau warte mit dem Essen.

Ich ging in den Nebenraum, wo unsere Gruppe um 13:00 Uhr Mittagessen hatte. Die meisten waren schon da. Ich fand einen Platz neben der Sekretärin. »Haben Sie Ihren Koffer schon zum Bus gebracht?« Nein. Alle Koffer waren in einem kleinen Zimmer abgestellt worden. Meiner stand noch dort, also hätte ich mich sowieso nicht umziehen können. Im Speisesaal war es sehr laut. Musiker – nicht mehr ganz nüchtern – spielten auf. Einer von ihnen ließ seinen Hut rumgehen. Zwar störte der Lärm – man konnte sich nicht unterhalten –, aber trotzdem: es war ein Ausdruck der Lebensfreude. Und irgendwie ansteckend. Die ganze Stadt war ein Fest. Auch das Essen: am Blutfreitag ist Fleisch erlaubt.

Nach dem Essen hatten wir bis zur Abfahrt des Busses noch Zeit. Ich wollte telefonieren. Als ich das Hotel verließ, kamen ein junges Mädchen und ein Mann hereingestürmt ganz aufgeregt, man sollte den Notarzt rufen. Unfall durchs Pferd. Draußen standen ein paar Leute beieinander. Ein Pferd war durchgegangen und hatte ein Mädchen überrannt. Auch so etwas konnte im Umfeld des Blutritts geschehen. Unser Busfahrer wollte nachsehen.

Ich suchte eine Telefonzelle, fand auch eine, aber meine Mark rutschte durch. Also suchte ich die nächste und durchquerte so die ganze Innenstadt. Hier war ich schon einmal gewesen, vor einigen Jahren mit Frau Walter, als wir bei ihnen in Ravensburg eingeladen waren. Die nächste Telefonzelle war ein Karten-Automat, also nichts für mich. Ich fand die Post und ging dort hinein. »Kein Anschluss unter dieser Nummer.« Neuer Versuch. Niemand daheim. Ich ging zum Schalter. Es kostete nichts.

Zurück zum Hotel, über den Marktplatz, über mir die Basilika. Majestätisch. Kein Regen mehr. Alltagstreiben. Die Würstchenbuden wurden gerade abtransportiert. Alles vorbei. Bis zum nächsten Jahr. Und doch denke ich, dass dieser Segen des Blutritts weiterwirkt. Hinter den Kulissen werden wohl auch bald die Vorbereitungen für den nächsten Blutfreitag getroffen. Abschied. Man kann nichts festhalten, aber wiederkommen.

Am Bus herrschte Aufbruchsstimmung. Ich fragte den Fahrer nach dem Unfall. Es war ganz anders gewesen: Ein älterer Herr war gestürzt und hatte am Kopf geblutet. Er wurde an Ort und Stelle verarztet, brauchte nicht mit ins Krankenhaus. Gott sei Dank! Doch kein Unfall durch den Blutritt verursacht.

Der Dekan und seine Schwester brachten drei Kisten mit Büchern und verstauten sie im Bus. Eine davon wurde unterwegs abgeliefert. Ein paar Bücher wurden noch im Bus verkauft und signiert. Meines lag daheim. Die Widmung bekomme ich später.

Fahrt durch frühsommerliches Oberschwaben zum Bodensee. An Meersburg vorbei. Der Dekan wusste auch über diese Gegend einiges zu berichten. Über Diözesangeschichte, vor allem nachher in Konstanz. Mit dem Schiff auf den See. Weingarten liegt plötzlich hinter uns. Es ist ein Vorgeschmack auf Urlaub.

Wir kommen zur Grenze. Der Fahrer steigt aus, geht ins Büro. Es dauert sehr lange, bis er zurückkommt. Wir werden ungeduldig; es ist kein schöner Patz für einen Aufenthalt. Als der Fahrer endlich zurückkommt, gibt er bekannt, mit dem Computer sei etwas nicht in Ordnung gewesen. Wozu braucht man hier einen Computer? Unsere Pässe waren nicht eingesammelt worden. Aber davon verstehe ich nichts.

Die Fahrt geht weiter über Winterthur, Zürich, Luzern, am Vierwaldstätter See vorbei – von der anderen Seite aus sind wir schon mal auf den Rigi gefahren und gewandert. Der Dekan zeigt uns den Pilatus.

Jetzt ist es nicht mehr weit bis zum Sarner See. Dann erreichen wir Sachseln, anschließend Flüeli. Das Hotel Paxmontana (nach meinen Fremdsprachenkenntnissen müsste es auf Deutsch »Bergfrieden« heißen) liegt weit oben. Wunderschöne Lage. Zum Hotel gehört ein Chalet, etwas abgelegen; genauer gesagt umgekehrt: Das Chalet liegt an der Bushaltestelle; das Hotel etwas abseits; durch einen wunderschönen Laubengang sind beide Häuser miteinander verbunden.

Ein Angestellter kam in den Bus, um die Zimmer zu verteilen. Das war etwas umständlich, weil es Einzel-, Zweier- und Dreierzimmer gab; außerdem, weil einige von uns im Chalet, die anderen im Haupthaus untergebracht waren. Es gab Unstimmigkeiten. Manche wurden ungeduldig. Jemand aus dem hinteren Teil des Busses schimpfte laut, nicht sehr fein. Aber solche Nörgler gibt es in jeder Gruppe, selbst bei Pilgern. Die Chalet-Leute konnten gleich ihre Koffer nehmen und ihre Zimmer beziehen. Die anderen gingen zum Haupthaus, die Koffer wurden mit einem Wagen abgeholt. Das Chalet war verschlossen. Wir klingelten. Nach einer Weile kam ein junger Mann (von draußen) und öffnete uns. Ich hatte Zimmer Nr. 8 im ersten Stock. Frau B. hatte das Zimmer neben mir.

Das Chalet war ein gemütliches Heim aus Holz, Blick auf die Berge. Innen einfach. Eben passend. Das Zimmer:

wie ich es mir immer wünsche, wenn ich nur ein Zimmer für mich allein habe. Bett, Schreibtisch mit Stuhl, Sessel, Schrank, Waschbecken. Was braucht man mehr?! An der Wand eine Bleistiftzeichnung von der Ranftkapelle. Über dem Tisch das Kreuz. Neben der Tür ein Weihwasserbehälter – aber leer. Auf dem Tisch lag eine Mappe mit Briefpapier, dazu zwei Kuverts und zwei Ansichtskarten. Später schrieb ich an meinen Vater einen Brief auf diesem Papier. Die Karte mit dem Bild vom Hotel nahm ich mit fürs Fotoalbum. Ich räumte schnell den Rucksack aus. Es war schon Zeit fürs Abendessen, an der Toilette lange Schlange.

Zum ersten Mal ging ich den Laubengang entlang. Alles grün: oben und unten. An der Pforte zeigte man uns, wo unsere Gruppe saß. Da waren wir wieder beieinander: meine alten Damen und ich. Es wurde eine Tischgemeinschaft, die fast während des ganzen Aufenthalts in Flüeli andauerte – obwohl ich gern immer gewechselt hätte, damit man auch die anderen Teilnehmer kennenlernen könnte. Aber kann ich die Frauen so vor den Kopf stoßen, wenn sie mir sozusagen den Platz freihalten?

An der Wand mir gegenüber hing ein großes Bildnis von Bruder Klaus. Hier sah er viel jünger aus als auf den meisten anderen Bildern. Hübsch. Irgendwie Freude ausstrahlend. Ich empfand es unter diesem Bild nicht so sehr als Widerspruch, festlich zu tafeln, während dieser Heilige zwanzig Jahre lang keine Nahrung zu sich genommen hatte. Wir tafelten wirklich festlich. Die ganze Umgebung war es: Kellner in schwarzen Westen, alles sauber, auf jedem Platz lag ein papiernes Set mit Fotos aus der Gegend. Frau Reiter fragte den Kellner, ob man das mitnehmen dürfe. Selbstverständlich. Nach dem Essen werden sie alle weggeschmissen und neu aufgelegt.

Zur Feier des Tages bestellte ich mir einen Rotwein. Es war Feiertag, Blutfreitag. Ich war seit 01:30 Uhr auf den Beinen und kein bisschen erschöpft. Ich war in Flüeli.

Und glücklich. Mir schmeckten der Wein und das Essen. Ich schaffte den ganzen Teller und das ganze Viertele! Wir ließen uns Zeit. Heute Abend gab es nichts mehr zu erledigen.

Um 21:30 Uhr ging ich ins Bett. Als Betthupferl noch ein Weingartner Magenbrot. Wie gerne hätte ich hier in diesem freundlichen Zimmer noch eine Weile gesessen. Einfach so, um ganz anzukommen. Aber mein Verstand sagte mir, dass ich ins Bett müsse. Das *kleine Stundenbuch* hatte ich nicht dabei – also nur ein ganz kurzes Nachtgebet: »*Danke, Herr, dass ich hier sein darf.*«

Ich muss sofort eingeschlafen sein und wachte erst auf, als mein Wecker um 07:55 Uhr piepste. Auf dem Gang war schon reges Treiben, aber das hatte ich zuvor nicht bemerkt. Im Nachthemd ging ich zur Toilette. Frau P. stand schon fertig und abmarschbereit an der Treppe. »Ja, wird man sich wohl anziehen?«, rief sie mir zu. Wir strahlten uns an.

»Ist doch noch Zeit«, antwortete ich und huschte an ihr vorbei zum Klo. Wahrscheinlich brauchen ältere Damen länger zur Morgentoilette als ich – wie überhaupt im Alter alles etwas langsamer geht.

Natürlich war ich pünktlich um 08:30 Uhr beim Frühstück. Wieder der Weg durch den Laubengang. Das Frühstück war im Vergleich zu den anderen Mahlzeiten sehr einfach: jeder hatte zwei Brötchen auf dem Teller, dazu gab es Butter und Marmelade in Portionspäckchen. Täglich dasselbe. Keine Wurst, kein Käse, keine Eier. Aber Marmelade ist das, was ich mir zum Frühstück wünsche, und wenn dann noch Brötchen dabei sind, umso besser.

Der Dekan gab den Verlauf des Tages bekannt. Vormittag Sachseln: Pfarrkirche und Museum. Nachmittag Flüeli: Gedenkstätte von Bruder Klaus. Abends Lichterprozession in der Ranft. Wer wollte, konnte mit dem Bus nach Sachseln fahren. Die meisten gingen zu Fuß.

Das ist doch das Schöne: diese herrliche Landschaft zu durchwandern. Wir kamen an einem kleinen Kapellchen vorbei, bald sahen wir unter uns die Pfarrkirche liegen. Eigentlich sind es zwei Bauwerke: Die alte Kirche, ursprünglich die Grablege des hl. Bruder Klaus, und die neuere, größere, in der heute im Altar die Reliquien verwahrt sind.

Man kann sich nur schweigend alles anschauen.

In der Kirche hielt sich gerade eine Schulklasse auf, die auf Italienisch Informationen bekam. Der Dekan wandte sich an den Leiter (Lehrer?) und fragte, wie lange sie noch brauchen würden. Sie verständigten sich. Offensichtlich waren sie kurz vor dem Ende der Führung, denn es dauerte nicht lange, da verließ die Klasse die Kirche. Der Küster (oder Pfarrer?) erklärte dem Dekan, dass er zum Ambo gehen könne. Von dort bekamen wir dann die Führung.

Das Bruder-Klaus-Museum liegt gleich gegenüber auf der anderen Straßenseite. Wir waren angemeldet, aber eine Führung war nicht vorgesehen. Es ist alles so gut aufbereitet, dass jeder sich allein zurechtfinden kann.

Ich begann chronologisch im Erdgeschoss. Wenn man ständig jemandem im Weg steht, der auch etwas sehen will, beeilt man sich. Man müsste mal allein herkommen. Irgendwann kam ich am Dekan vorbei, der auf einem Stuhl saß. Er folgte mir und sprach mich an. Wie es in B. geht. Wir sprachen lange miteinander, auch über das *Rottenburger Jahrbuch*. Schließlich ging der Dekan weiter. Einige von uns hatten das Museum schon verlassen. Ich ging noch in den ersten Stock. Jetzt war ich fast allein und konnte in Ruhe alles anschauen und lesen. Am Schriftenstand kaufte ich mir noch zwei Karten und einen kleinen *Führer durch die Heiligtümer Sachseln-Flüeli-Ranft*.

Draußen wurde ein Gruppenfoto gemacht.

Auch beim Rückweg zum Hotel gab es die Möglichkeit, zu Fuß zu gehen oder mit dem Bus zu fahren. Um

12:30 Uhr sollten alle beim Essen sein. Ich suchte die Post. In einem Milchgeschäft kaufte ich ein Stück Bergkäse und Schokolade. Die Post hatte schon zu. Vom Hotel aus würde ich auch telefonieren können.

Als ich an der Kirche vorbeikam, stand der Bus noch dort. Es war keine Frage für mich, dass ich zu Fuß zurückging. Ich fand den Weg. Bald sah ich das Schlusslicht der Gruppe. Unser Bus kam, hielt an. Der Fahrer drehte das Fenster runter: »Wollen Sie mitfahren? Heute kostenlos.«

»Nein danke, ich gehe gern zu Fuß.« Ich sah, dass er bei der Gruppe auch anhielt. Die letzten hatte ich bald eingeholt. Das letzte Stück gingen wir gemeinsam. Jetzt schaute ich mir auch die Kapelle an, bei der wir am Vormittag vorbeigekommen waren, es war eine Lourdes-Grotte.

Bis zum Mittagessen blieb nicht viel Zeit. Wieder war alles vorzüglich.

Für den Nachmittag bot der Dekan zwei Möglichkeiten an: wer es sich zutraut, sollte den Weg zur St. Nikolaus-Kapelle auf sich nehmen. Aber es sei zu bedenken, dass es ein weiter Weg bergauf und bergab sei. Trotzdem: man sollte dort gewesen sein! Die anderen (oder die Schnelleren, die von dort schon zurück seien) träfen sich um 15:00 Uhr. Man ginge dann gemeinsam zum Geburtshaus von Bruder Klaus.

Wenn man zum ersten Mal irgendwo ist, muss man hinnehmen, dass man nicht alles sehen kann. Im Eilschritt alles mitnehmen ist nicht meine Art. Also ließ ich die St. Nikolaus-Kapelle aus. Stattdessen gönnte ich mir die Mittagspause. Ich telefonierte, diesmal mit Erfolg. Sandra war da, aber sie wusste noch immer nicht, ob sie am Samstag daheim sein oder bei Nadine übernachten würde. Dann schaute ich mir die Umgebung des Hotels bzw. des Chalets etwas an. Schließlich ging ich auf mein Zimmer. Meine Klause. Ich legte mich nicht hin (der Gedanke an einen Mittagsschlaf kam mir überhaupt nicht), sondern schrieb ein paar Karten und den Brief an meinen Vater.

15:00 Uhr war es schnell. Etwa die halbe Gruppe machte sich mit dem Dekan auf den Weg zum Geburtshaus des Bruder Klaus. Ein stattliches Haus, gar nicht weit. Die Ordensfrau, die dort die Aufsicht führte, erwartete uns. Sie führte uns in die Stube, wo wir auf den Bänken an der Wand entlang alle Platz fanden, und sie fing an zu erzählen. Alles, was sie über Klaus wusste, in ihrem Schweizer Dialekt. Hinter jedem Satz das »Hä«, das bei uns so unhöflich klingt. Manche hatten eine Frage, sie ging auf alles ein. Am Schluss der Blick ins Geburtszimmer. Ganz kahl, ohne Möbel. Ich habe noch nicht viele solcher Gedenkstätten gesehen, die völlig freigehalten werden von Kitsch und Kommerz. Der Dekan sagte immer: »Auf den Ort kommt es an: Hier hat Gott gewirkt. Ob der Balkon noch echt ist, spielt keine Rolle.« Sicher hat er recht.

Zwischen den beiden Häusern wollten wir die Flüeli-Kapelle anschauen. Auch hierzu hatte uns die Schwester schon einige Informationen gegeben. Zu Lebzeiten von Bruder Klaus hatte Flüeli noch kein eigenes Gotteshaus gehabt. Dieses wurde erst zwei Jahrhunderte später gebaut und dem hl. Karl Borromäus geweiht. Als wir diese Kirche anschauen wollten, von der die Schwester so geschwärmt hatte, wurde unser Plan allerdings durchkreuzt. Eine Hochzeit sollte in wenigen Minuten stattfinden, die Leute waren alle schon in der Kirche. Das Brautpaar wurde soeben vom Priester draußen abgeholt. Bei einigen von uns war die Neugier stärker als das Taktgefühl und sie schlichen sich in die Kirche, obwohl der Gottesdienst bereits begonnen hatte. Wir anderen standen etwas unschlüssig herum. Dann sammelte der Dekan seine Schäfchen und ging mit uns zum Wohnhaus des Bruder Klaus. Es steht direkt gegenüber von unserem Chalet. Auch hier eine Ordensfrau, die Aufsicht hat, auch hier durften wir in der Stube Platz nehmen und auch hier wurde uns viel erzählt. Der Dekan ergänzte die Ausführungen der Schwester durch sein Wissen; z. B. dass Freunde von Adenauer während seines Besuches in Moskau Tag und Nacht in der Ranft beteten, um das Gelingen zu bewirken: die Freilassung der deutschen Kriegsgefangen. Die Gebete waren erhört worden.

Ein großes Haus – Platz für die große Familie, auf einem wunderschönen Fleckchen Erde. Wie gut, dass Gott den Bruder Klaus nicht weit weg geführt hat. Das Heimweh hätte ihn sicher arg mitgenommen.

Bis zum Abendessen war noch Zeit. Ich ging nochmal hinauf zum Kirchlein. Die Hochzeit musste mittlerweile beendet sein. Ja, die Kirche war nun leer. Unten am andern Fuß des Hügels hielt sich die Hochzeitsgesellschaft auf. Die Braut war offenbar eine Lehrerin, um die herum die Schüler tanzend sangen oder singend tanzten. Auch eine Torwand war aufgebaut worden, der Bräutigam war offensichtlich ein Fußballer. Schön, wenn so viele Freunde am Beginn der Ehe beistehen.

Ich ging in das Kirchlein hinein, es war wirklich hübsch. Der Mesner baute gerade den Blumenschmuck in den Bänken ab. Warum? In den folgenden Gottesdiensten hätte man sich doch daran noch erfreuen können. Im Chorraum hielten sich zwei Männer auf, offensichtlich Geistliche. Frauen kamen und nahmen in den vorderen Bänken Platz, dem Dialekt nach Bayerinnen. Es sah so aus, als würde bald ein Gottesdienst beginnen. Ich fragte einen der Herren. »Ja, wir feiern eine Maiandacht.«

»Ich muss um 18:00 Uhr im Hotel beim Abendessen sein. Reicht das?«

»Ja, wir haben zur gleichen Zeit Abendbrot. Wohnen Sie auch im Paxmontana?«

»Ja.« So kam ich ganz unverhofft zu einer Maiandacht mit einer Gruppe Pilger, die gerade aus La Salette gekommen war. Der Pfarrer hatte zu den verschiedenen Bitten und Gebeten kleine Meditationen vorbereitet. Persönliche Gedanken. Es war ein älterer Herr, etwas rundlich, gemütlich. Die Stürme des Lebens lagen hinter ihm. Er hatte ständig ein Lachen auf den Lippen – in den Augen sowieso. Ein richtig naiver Kinderglaube sprach aus seinen Worten. Wohltuend nach dem, was man sonst so oft aus Priestermund hört. Er bat alle Anwesenden, ihre Ortspfarrer mit ins Gebet zu schließen. Vielleicht ihnen auch eine Karte zu schreiben. Sicher würde sich jeder darüber freuen. Bei Vikar P. bezweifle ich das. Ich schrieb ihm nicht.

Es war schön an diesem Ort, sich mit dieser Gemeinschaft und diesem frommen Priester an Maria zu wenden. Wie in der Nacht in Weingarten. Als die Andacht aus war, merkte ich, dass auch von meiner Gruppe einige Frauen dabei gewesen waren. Schön.

Der Weg zum Hotel, zum Abendessen. Ich wäre gern länger spaziert. Kein Regentropfen fiel während unseres gesamten Aufenthaltes in der Schweiz – die waren alle schon über Weingarten gefallen. An unserem Tisch saß diesmal ein anderes Ehepaar. Auch gut. Wir sprachen darüber und fanden es alle sinnvoll, dass man jeweils mit anderen Leuten ins Gespräch kam. Trotzdem saß beim nächsten Frühstück wieder die alte Garde beieinander.

Das Essen war wieder fürstlich. Diesmal bestellte ich mir einen Weißwein. »Woah«, sagte der Kellner. Ein lustiger Junge, der dauernd zu Späßen aufgelegt war und nicht mal vor dem Dekan Respekt hatte. Denio de Susa hieß er. Es schmeckte mir so gut wie gestern und mein Teller wurde wieder leer. Allerdings konnte ich nie Nachschlag nehmen. Immer wieder staune ich, welche Mengen manche Menschen essen können. Und über uns hängt Bruder Klaus und schaut zu ...

*Einschub:* vor dem Essen suchte ich mit zwei Frauen die Hauskapelle. Das Hotel hat nämlich eine eigene

Hauskapelle samt Seelsorger. Wir fanden sie gleich, es ist gut ausgeschildert. Ein großer Raum im Erdgeschoss, aber eben nur ein »Zimmer« – es fehlt etwas. Trotzdem ist es bemerkenswert, dass ein Hotel eine eigene Hauskapelle hat (andere Hotels haben ihre eigenen Frisöre o. Ä.).

Vor dem Eingang standen auf einem Tisch kleine Fläschchen mit Weihwasser. Ich nahm eines mit, um den Behälter in meinem Zimmer zu füllen.

Gegenüber der Kapelle befand sich der Lesesaal. Ich schaute hinein. Der Dekan und seine Schwester saßen dort und lasen Zeitung. Ich ging auf sie zu. »Wenn wir Pech haben, fällt unsere Lichterprozession heute Abend wieder ins Wasser.«

»Wieso?« fragte er.

»Doch, das könnte sein, dort hinten wird es ganz dunkel«, antwortete seine Schwester an meiner statt.

»Man darf nicht so pessimistisch sein«, gab er zu bedenken und wandte sich wieder seiner Zeitung zu. Ich schaute mir die Bücher an. Nicht sehr vielsagend. Die Bücher des Dekans würden sich hier gut machen. Ich sprach meinen Gedanken nicht aus.

Nach dem Essen rief ich nochmal Sandra an. Jetzt war es klar: Susi würde am Samstagabend heimfahren, Sandra bei Nadine übernachten. »Ich habe eine Überraschung für dich.«

»Ich für dich auch.« Ich rechnete mit einem aufgeräumten Kinderzimmer. Mit Susi sprach ich auch noch kurz. Sie hatte schöne Tage gehabt, vor allem genoss sie den Aufenthalt auf der Terrasse. Sei ihr gegönnt.

Um 20:00 Uhr war der Treffpunkt am Beginn des Weges in den Ranft. Mit brennenden Kerzen zogen wir schweigend hinab ins Tal. Der Dekan hatte vorher gesagt, was es zu sagen gegeben hatte. Er hatte auch den Sinn des Schweigens erklärt (für mich kein Problem) und den Pessimisten Unglauben vorgeworfen (auf den doch nicht gekommenen Regen bezogen – ich fühlte mich nicht ganz getroffen, denn mir hat der Regen in Weingarten nichts ausgemacht, ich hätte mich auch jetzt von ihm nicht stören lassen).

Ein Stück schweigende Wallfahrt ist auch ein Zeichen. Wir gingen zügig, sodass man sich nicht die Zeit nehmen konnte, die Schilder zu lesen, die an manchen Stellen in die Wand eingelassen waren. Man müsste einmal ganz allein diesen Weg gehen – wirklich auf den Spuren des Bruder Klaus. Der Wunsch, einmal wiederzukommen, wuchs. Warum nicht hier die Sommerferien verbringen? Sandra würde es auch gefallen. Der Sarner See ist in der Nähe – sicher auch eine Bademöglichkeit. Wenn es Gottes Wille ist und ich noch viele Jahre lebe und gesund bleibe, kann ich auch später, wenn Sandra ihre eigenen Wege geht, wieder einmal hierherkommen. Ganz allein. In Zwiesprache mit Bruder Klaus – der mich hinführt zu Gott. Mir kam der Gedanke, dass eine Jerusalem-Wallfahrt nicht notwendig ist. Überhaupt muss ein Christ nicht an den *bedeutenden Stätten der Christenheit* gewesen sein. Bruder Klaus war Zeit seines Lebens nie weit von seiner Heimat weg. Was Gott ihm zu sagen hatte, erfuhr er in seinem Heimatdorf. An jeder Stelle auf der ganzen weiten Erde kann Gott sich uns offenbaren. In dieser Stille der Berge sicher leichter als in Jerusalem heute, wo man wahrscheinlich niemals die Möglichkeit hat, in der Stille auf Gottes Ruf zu hören. Zur Andacht hatten wir eine kleine Schola und Querflöte. Vor allem die Grüssauer Marienrufe klangen auf diese Art besonders hübsch. Es folgte eine Ansprache des Dekans. Er knüpfte an die Predigt auf dem Bussen an: »Wir sind alle unterwegs.«

Später war ich erstaunt, wie spät es war. Die Zeit war sehr schnell vorbeigegangen.

Schweigend wie wir gekommen waren, traten wir den Rückweg an. Unterwegs stießen wir auf eine andere

Pilgergruppe, die in der Bruder-Klaus-Kapelle Gottesdienst feiern wollte. Singend und betend zogen sie vor uns her. Eine Weile folgten wir ihnen. Sie machten Halt – eine Station – wir blieben zunächst auch stehen und beteten mit. Aber dann überholten wir, zogen schweigend weiter und ließen die anderen singend hinter uns. Mir gefiel das schweigende Pilgern in der Dämmerung. Wenn ein Gefühl des Friedens sich steigern lässt, so war das hier der Fall. Die Berge, die Wiesen – ja, selbst die Menschen: alles war friedlich. Geht von Bruder Klaus, dem Friedenstifter, so eine starke Wirkung aus?

Oben angelangt, warteten wir eine Weile, bis die meisten aus unserer Gruppe da waren. Der Dekan sprach das Schlusswort: bei einer Pilgerfahrt gehe es nicht darum, wer zuerst am Ziel sei. Dass man sich auf den Weg mache, *das* sei wichtig. Das Tempo müsse jeder nach seiner eigenen Kondition bestimmen. Als er seine Ausführungen beendet hatte, ging ich zu ihm hin und sagte: »Die Optimisten haben recht behalten.« Zum Flötisten ging ich auch und sagte: »Schön war das. Vor allem die Grüssauer Marienrufe.«

Er nickte. »Danke. Das haben wir heute Nachmittag eingeübt.«

Die Gruppe löste sich auf. Meine Nebensitzerin kam mit Mutter und Schwester langsam den Berg hinauf. Ich ging ihnen entgegen, holte sie ab – sozusagen – und wiederholte, was der Dekan über das Tempo gesagt hatte. Es sollte für sie ein Trost sein.

Ich schlenderte zum Hotel und wieder zurück. So ein herrlicher Abend! Die andere Pilgergruppe war mittlerweile auch den Berg heraufgekommen. Sie hielten die letzte Station. Ich stellte mich dazu und sang mit. Vermutlich hatten sie auch einen Priester dabei, aber in Zivil, wie unser Dekan in seinem lila Anorak. Ihre Lichterprozession war vorbei. Manche der Teilnehmer stellten ihre Kerzen unter das Wegkreuz, wie es jemand aus meiner

Gruppe vorgemacht hatte. Langsam löste sich die Gruppe auf. Einige kleine Häuflein standen noch plaudernd beisammen. Unsere Rothaarige war auch dabei. »Ach, war das schön! Ihr durftet diese schönen alten Marienlieder singen, wir mussten schweigen.« Ich gab zu bedenken, dass Schweigen auch sinnvoll sein kann. Aber ich ließ ihr ihre Meinung. Eine Frau aus der anderen Pilgergruppe zog mich ins Gespräch – aber ich hatte keine Lust zu plaudern. Lieber wollte ich jetzt allein sein, die Eindrücke auf mich wirken lassen. Ich ließ sie einfach stehen (unhöflich!) und schlich mich davon. Ich ging in mein Zimmer. Auch hier dieser Friede.

Die letzte Nacht. Morgen schon mussten wir von hier fort. Schade. Aber: wenn man nicht weggeht, kann man nicht wiederkommen (las ich mal in einem Kinderbuch). Ich betete noch die Novene von Pfingsten und schlief dann ein.

Frühstück am Sonntag war auf 08:00 Uhr verlegt worden, weil uns die Kapelle von Bruder Klaus erst ab 10:00 Uhr zur Verfügung stand. Nach dem Frühstück blieb genügend Zeit, den Koffer zu packen. Manche ganz Schnelle hatten das schon vor dem Frühstück erledigt.

Als ich mit meinem Koffer zum Bus ging, kam mir gerade das Ehepaar entgegen, das einmal an meinem Tisch gesessen hatte. »Jetzt kann es Tag werden«, sagte der Mann.

»Warum? Bin ich die Letzte? Wartet der Busfahrer auf meinen Koffer?«

»Nein, weil Sie so strahlen.« Ach so. Ich erzählte, was mein Beichtvater mir vor Kurzem mit auf den Weg gegeben hatte: es gibt Sonnenmenschen und es gibt Mondmenschen. Die Sonnenmenschen strahlen von allein; die Mondmenschen können das nicht. Deshalb müssen die Sonnenmenschen die Mondmenschen anstrahlen. Ich bin ein Sonnenmensch. Mehrmals wiederholte ich in diesen

Tagen dieses Sprüchlein, immer dann, wenn jemand eine Bemerkung über mein Strahlen machte.

Ich war unschlüssig, ob ich noch ein wenig durch Flüeli spazieren oder gleich den Weg zur Kapelle einschlagen sollte. Ich entschied mich für letzteres, wollte ich doch den Weg in den Ranft meditierend gehen. Auch die St. Ulrichs-Kapelle wollte ich mir noch anschauen. Ganz allein konnte ich den Weg allerdings nicht nehmen. Es waren ja mehrere aus meiner Gruppe unterwegs. Hin und wieder wechselte man ein freundliches Wort miteinander, aber ansonsten blieb ich für mich. Ich las die Täfelchen und machte mir wenigstens ein paar Gedanken dazu. Es war viel von Opfern die Rede. Der heutige Mensch will davon überhaupt nichts wissen, aber ohne Opfer ist Christus-Nachfolge nicht möglich. Bruder Klaus ist das beste Beispiel dafür, auch seine Frau, die ihn hergegeben hat. Es wundert mich nicht, dass solche Vorbilder in der feministischen Theologie nicht vorkommen. Dort will man Anteil an der Macht, nicht am Dienen haben.

In die Bruder-Klaus-Kapelle konnte man noch nicht hinein, es wurde gerade ein Gottesdienst gefeiert. Frau Milasta kam mir entgegen. Wir machten uns gemeinsam auf den Weg zu St. Ulrich. Ein abenteuerlicher Weg; man musste einen kleinen Bach überspringen, es ging durch die Wildnis. Deshalb begegneten wir dort auch kaum jemandem. Wir hatten ein gutes Gespräch über das Beten. Sehr offen.

Die St. Ulrichs-Kapelle hat gar nichts mit dem Bischof von Augsburg zu tun. Stattdessen erzählt der Bilderzyklus, dass dieser Ulrich, angeregt durch das Beispiel des Bruder Klaus, auch ohne Speise als Eremit in der Einsamkeit leben wollte. Er wurde aber krank und Bruder Klaus pflegte ihn. Wir konnten nicht lange in diesem hübschen Häuschen bleiben; der Rückweg stand uns noch bevor und zu spät zur Messe wollten wir ja auch nicht kommen. Also machten wir uns wieder auf den

Weg. Frau Kopf kam gerade herein, als wir die Kapelle verließen. Sie holte uns bald wieder ein. Wir hätten uns nicht so zu beeilen brauchen, weil auch hier die andere Gruppe noch nicht fertig war und wir auf das Ende ihres Gottesdienstes warten mussten.

Das Wetter war herrlich. Wir standen alle am Weg und freuten uns am Hiersein.

Ich weiß nicht mehr genau, wann wir mit dem Gottesdienst begannen. Wir fanden kaum alle Platz in dem kleinen Raum. Unser Busfahrer und unser Flötist waren dabei, auch einige Fremde. Der Dekan predigte. Er vergaß die Zeit. Immer wieder holte er aus: Frieden, Politik, Bruder Klaus als Vorbild. Aber auch das war zu hören: »… So was isch saudommes G'schwätz!« Beim Mittagessen wurde er darauf nochmal angesprochen: In einer Predigt sollte man seine Wortwahl besser beachten. Nein – er stand dazu. Ein Mann des Wortes! Die Predigt dauerte bis 11:00 Uhr; es war unmöglich, um 11:30 Uhr beim Mittagessen zu sein, obwohl der Dekan im Hotel ausdrücklich auf Pünktlichkeit bestanden hatte. (»Die hen a andere Uhr als mir.«)

Wandlung, Kommunion, alles ganz schlicht, dem Ort angepasst. Nach der Messe durften wir die Klause anschauen. Auch hier viel zu viele Menschen, um mit Bruder Klaus ins Zwiegespräch zu kommen. Aber für einen Eindruck, den man mit nach Hause nehmen konnte, reichte es. So genügsam ist der Mensch eigentlich: aber wie viele Bedürfnisse werden geweckt – vor allem durch die Werbung?

*Wiederkommen. Nicht Jerusalem – Flüeli!*

Auf dem Weg zum Hotel hatte es niemand eilig, auch der Dekan drängte nicht. Schön, wenn von einem Gottesdienst – von einem Ort – eine solche Wirkung ausgeht.

Unsere letzte Mahlzeit im Pax Montana. Ich saß nicht an meinem Stammplatz, sondern beim Ehepaar Hartl.

Der Dekan kam dazu. Wir sprachen wieder über unsere Pfarrei. »Sie werden auf jeden Fall wieder einen Pfarrer bekommen.«

»Wie wollen Sie das machen, wenn sich keiner beworben hat?«

»Ja, dann muss ich halt einen bestimmen.«

Im weiteren Gespräch ging es um den Wahlkampf zu den Stadtratswahlen. Frau Kopf war dabei (für die CDU), Herr Hartl war Wahlhelfer. Er erzählte, dass manche Leute Frau Kopf deshalb nicht wählten, weil ihr Bruder der Dekan ist. Dieser ließ das nicht gelten – eher käme ihr das zugute. Thema Kirchenpolitik.

Nach dem Essen ein Dankgebet. Manche waren schon gegangen.

Abschiednehmen. Vom Pax Montana, einem gastlichen Haus. Vom Chalet, meinem Domizil. Vom Ranft. Noch ein Blick hinunter. Wieder spricht mich ein Teilnehmer wegen meines Strahlens an, ein alter Herr mit Stock. Wieder erzähle ich die Geschichte von den Sonnen- und den Mondmenschen. Er ist auch ein Sonnenmensch und wünscht sich, dass Gott ihm die Möglichkeit schenkt, vor seinem Tod noch einmal hierher kommen zu können.

Wir machen ein Gruppenfoto vor dem Wohnhaus von Bruder Klaus. Manche zieren sich. Frau B. nimmt dem Fotografen die Kamera aus der Hand. »Gehen Sie zur Gruppe, dann mache ich ein Foto, wo Sie mit drauf sind.« Der Apparat funktioniert nicht.

Einsteigen. Abfahrt. Die Stimmung ist traurig. Ich habe dem Dekan angeboten, im Bus meine Kassette von Bruder Klaus abzuspielen, aber er meinte, das könne man den Teilnehmern nicht zumuten. Die Aufnahmefähigkeit sei einfach begrenzt und jetzt müssten so viele Eindrücke verarbeitet werden. Dazu ließ er aber keine Gelegenheit. Wieder wusste er unterwegs viel zu erzählen. Auch, dass gestern Abend jemand von der Brücke in den Tod gesprungen sei. Wie vor zwei Wochen, als eine Mutter samt ihren beiden Kindern ebenso Selbstmord verübt hat. Dann sprach er weiter über die Landesgeschichte der Schweiz. Rütli. Ich war noch aufnahmefähig.

Früher als geplant kamen wir nach Einsiedeln. Der Verkehr lief so reibungslos. Wir entschlossen uns – ausnahmsweise demokratisch – deshalb auch, früher von Einsiedeln wegzufahren. Abfahrt um 16:30 Uhr am Bahnhof. Dort ließen wir den Bus stehen – es stand noch ein Spillmann-Bus dort – und gingen einigermaßen geschlossen Richtung Kloster. Die Stadt war nicht befahrbar wegen eines Musikfestes. Ein prächtiges Bild erwartete uns: auf der riesigen Treppe vor der Stiftskirche waren die verschiedenen Musikkapellen postiert. Eine zog gerade spielend über den Platz. Wunderschön. Farbenfroh. Volksfest vor der Kirche. Wie in Weingarten. Aber hier kein religiöser Anlass.

Die Gruppe verlor sich. Wir wollten uns in der Kirche treffen, um wenigstens ein Marienlied miteinander zu singen. Drinnen müsste es leer sein, dachte ich, denn die Leute standen ja alle hier draußen. Irgendwie fanden wir einen Weg durch die Massen zum Portal. Davor war ein Schriftenstand aufgebaut. Im Eingangsbereich herrschte reges Treiben. Man hörte den Rosenkranz. Ich ging weiter: die ganze Kirche voller Menschen! Alle Bänke waren besetzt; viele Menschen standen in den Gängen. Jemand betete am Mikrofon den Rosenkranz vor. Irgendeine Veranstaltung fand hier statt.

Ein Ehepaar aus meiner Gruppe stand in der Nähe. Ich sah, dass sie ein Programmheft in der Hand hatten, und lieh es mir aus. »Sie können es behalten, wir haben zwei.«

»Danke.« *Große Marienfeier des Rosenkranz-Sühnekreuzzuges in Einsiedeln.* Aha, jetzt wusste ich Bescheid. Wieder schloss sich ein Kreis. Vom Rosenkranzgebet und vom Rosenkranz-Sühnekreuzzug hatten wir auch in

Flüeli gehört. Der Dekan war verschiedentlich darauf zu sprechen gekommen und die Zeitschriften lagen in den Gedenkstätten des Bruder Klaus aus. Ich kannte sie auch von uns daheim. Am Ambo, das war doch der Pater, der immer in den Zeitschriften abgebildet war und jeweils das Vorwort schrieb. Auf den Stufen im Chor kniete ein Bischof. Das Programmheft verriet mir, dass am Vormittag eine heilige Messe stattgefunden hatte und jetzt die Nachmittagsfeier. Die Predigt von Exzellenz Wolfgang Haas, Bischof-Koadjutor von Chur, war schon vorbei; jetzt wurden gerade die Rosenkranz-Gesetzlein gebetet. Dazwischen einmal ein Lied vom Jugendchörli Maria Bildstein. Danach Aussetzung des Allerheiligsten, Litanei vom heiligsten Namen Jesu, stille Anbetung, Lied, eucharistischer Segen, Dank- und Schlusswort, Schlusslied. Wie lange das wohl dauern würde? Sicher könnte ich nicht bis zum Schluss bleiben. Ich hätte auch so gerne noch ein Schweizer Eis geschleckt. Eine Weile blieb ich stehen und betete mit. Den Rosenkranz hatte ich sogar in der Tasche; aber ich kramte ihn nicht hervor.

Während des Betens schaute ich mich etwas um: Auf der Empore huschte ein junger Mönch vorbei. Es sind auch Benediktiner hier. Wenn ich junge Benediktiner sehe, denke ich immer an die kleine Gemeinschaft in Wimpfen, besonders an Br. Benedikt. Auch hier schloss sich wieder ein Kreis: die Verbindung zu den Benediktinern in Weingarten war da.

Hinter mir stand ein Priester im schwarzen Anzug mit Priesterkragen. Der Dekan stand auf der anderen Seite. Kein Mensch würde ihn als Geistlichen erkennen. Junge Familien mit Kindern. Menschen im Rollstuhl. Ordensschwestern. Sehr viele Männer waren hier dabei und beteten mit. Es war gut, wenigstens eine kleine Weile Glied dieser Gemeinschaft zu sein.

Beim Verlassen der Kirche schaute ich mir den Schriftenstand etwas genauer an. Richtig, hier lag die Zeitschrift des Sühnekreuzzuges aus. »Ist das da drin nicht der Pater, der hier abgebildet ist?«

»Ja, das ist unser Pater Benno.«

Es gab alles Mögliche an kostenlosem Material zum Mitnehmen. Auch Bücher, und vor allem viele Kassetten zu kaufen. Auf den Kassetten fand ich bekannte Namen aus dem Rundfunk *Neues Europa* (z. B. Pfarrer Hans Harrer). Ich kaufte nichts, schlenderte weiter. Der Platz vor der Kirche war nun leer, das Musikfest offensichtlich vorbei.

Mein Tischnachbar von gestern kam mir entgegen. »Sie kenne ich doch«, grinste er mich an.

»Ach, woher denn wohl?«

»Vom Dinieren!«

»Oh, das kann sein.« Wir blödelten ein bisschen miteinander. Seine Frau kam dazu. Er nahm uns beide in den Arm.

Die beiden wollten mich mit ins Café nehmen, aber ich wollte lieber noch etwas für mich sein. »Das tut uns aber leid«, sagte die Frau.

Ich wusste, dass rechts vom Kloster eine kleine Anlage lag, dort spazierte ich durch. Fast menschenleer. Ich durchschritt den ganzen Hof und ging durch das rückwertige Tor hinaus. Ein alleinstehender Baum auf halber Höhe. Hier einmal Ferien machen und dieses Gebiet durchwandern, ein paar Augenblicke stehenbleiben … Dann ging es zurück. Glocken läuteten, erst die tiefste, dann die nächsthöhere bis zur hellsten. Am Schluss alle miteinander. Jetzt wird wohl der Segen gespendet. Hätte ich doch bleiben sollen? An den Kiosken und Geschäften reges Treiben, obwohl Sonntag ist. – Aber auch Volksfest. Ein Pferdewagen steht zur Abfahrt bereit und wartet auf Kunden. Ich hole mir noch ein Eis am Stiel. Weiter vorn sehe ich Leute aus meiner Gruppe. Jetzt bin ich beruhigt. Langsam komme ich ihnen näher. Andere wollen auch noch ein Eis. Die Zeit reicht. Unser Bus steht jetzt an der

Stelle, wo vorher der andere Spillmann-Bus gestanden hatte. Wir gehen daran vorbei und werden zurückgerufen. Die anderen haben es gleich kapiert ...

Die Rückfahrt würde schätzungsweise vier Stunden dauern. Im Bus blieb es leise. Es war eine angenehme Fahrgemeinschaft. Bei der Raststätte Neckarburg wurde ein Telefon-Halt eingelegt. Auf der Weiterfahrt gab der Dekan bekannt, dass wir über Stuttgart fahren würden und am Hauptbahnhof halten – dort wollten einige aussteigen. Mein Vorschlag, in Ludwigsburg am Bahnhof zu halten, wurde abgelehnt. Der Umweg sei zu groß. Der Umweg über den Hauptbahnhof Stuttgart kostete uns fast eine Stunde, der Fahrer kannte sich offensichtlich nicht aus, Umleitungen kamen hinzu und ich wurde zunehmend ärgerlich. Um 20:34 Uhr hätte ich in Ludwigsburg einen Zug bekommen.

Punkt 21:00 Uhr waren wir am Blühenden Barock. Frau Milasta wurde von ihrer Tochter abgeholt. Sie nahmen mich mit zum Bahnhof. Ich verabschiedete mich vom Dekan: »Schön war es.« Er sagte nichts. So ein Verabschieden ist immer ein Durcheinander. Manche vergisst man vor Aufregung, und hinterher tut es einem leid.

Am Bahnhof stellte ich fest, dass gleich ein Zug nach Bietigheim fahren würde. Ich rief bei Anja an. Sie holte mich in Bietigheim ab. Brachte mich heim.

Jetzt bin ich allein. Erlebe alles noch einmal.

Und fange am Montag früh gleich zu schreiben an. Heute ist der 5. Juni. Über eine Woche habe ich gebraucht, um alle – nein, nicht *alle* – Eindrücke aufzuschreiben. Manches würde ich sonst vergessen.

Manches ist aber auch im Herzen fest verwurzelt.

# Briefe III

*17.04.1991*

Sehr geehrter, lieber Herr Bischof,

zwei Wochen nach Ostern hatte ich – wenn man so will – mein Emmaus-Erlebnis und es drängt mich, diese Erfahrungen und Erkenntnisse mitzuteilen: Am vergangenen Wochenende nahm ich an einem Seminar von *Liturgie im Fernkurs* teil, Thema: »Die Eucharistischen Hochgebete«. Referent: Dr. Markus Eham. Schon oft habe ich Seminare dieser Art mitgemacht; die meisten waren gut. Immer informativ, oft auch erbaulich. Aber diesmal war es großartig. Es herrschten sozusagen optimale Bedingungen: zwanzig hochmotivierte und interessierte Teilnehmer, ein ausgezeichneter Referent, und alles umfassend: die Liturgie.

In Stichworten einige Erkenntnisse dieser Tagung:
- der Mensch ist nicht Zuschauer, sondern Mitvollzieher der Liturgie
- wir wollen den Leib Christi essen, um selbst Leib Christi zu werden
- die Gemeinde ist bei der Messe die Mit-Darbringerin; die Gläubigen sind Konzelebranten
- Liturgie feiern ist eine Kunst des Übergangs
- ohne Schola sind wir nicht voll liturgiefähig
- das Eucharist. Hochgebet ist kein Formular, sondern enthält wesentliche spirituelle Elemente und bringt sie in Gestalt
- das Eucharist. Hochgebet soll mit-erlebbar sein
- der Christus des Evangeliums steht im Hochgebet sichtbar vor uns
- die Texte werden durch Gebärden aufgeschlossen

- im Eucharistischen Hochgebet geht es um geistliche Grundvollzüge, in die wir ein Leben lang hineinwachsen

Nun wäre die Begeisterung, mit der wir in Trier nicht nur über Liturgie gesprochen, sondern sie gefeiert haben, noch nicht allein Grund genug für einen Brief an meinen Bischof. Hinzu kam ein Erlebnis auf der Rückfahrt, das mir plötzlich ganz krass zeigte, wie verschieden Glaube gelehrt werden kann: als begeistertes, frohmachendes Leben, das sich im Singen und Jubeln äußert – oder als ängstliches, bedrückendes Leben, das Gebet und Frömmigkeitsübungen auflistet.

Im Abteil saß mir ein Mann gegenüber, der vom bevorstehenden Weltuntergang und der verdorbenen Menschheit sprach. Mit der Zeit merkte ich, dass er Katholik war. Er berichtete, dass er in Trier am Grab der Blandine Mertens gewesen sei, gebeichtet hätte, zur Kommunion gegangen sei. »Aber ich mache nicht Handkommunion; meine unwürdigen, sündigen Hände dürfen dieses kostbare Gut nicht berühren. Ich knie mich auch immer hin und mache das Kreuzzeichen. Aber heute ist das alles ganz anders ... Das Konzil hat das alles zerstört, die ganze Ehrfurcht. Heute macht jeder, was er will, das ist nicht gut ...« So schimpfte er. Die ganzen Vorurteile, die man immer wieder einmal hört, habe ich hier geballt auf einmal vorgesetzt bekommen. Ich ging darauf ein und gab zu bedenken, dass der Mund nicht weniger sündhaft sei als die Hände.

»Überlegen Sie mal, wie viele böse Worte aus Ihrem Mund kommen können.«

Er dachte eine Weile ernsthaft darüber nach und sagte dann nachdenklich: »Ja, das stimmt, was Sie da sagen.«

Ich fuhr fort: »Und ob man kniet oder steht, ein Kreuzzeichen macht, die Hände faltet oder verschränkt – ist das so wesentlich? Kommt es nicht viel mehr auf die *innere* Haltung an?«

Das Gespräch ging weiter. Er erzählte mir von seiner Frau, die täglich ein Glaubensbekenntnis und ein Vaterunser betet und der Meinung ist, das sei genug – was mein Gegenüber durchaus nicht so sah. Morgens – mittags – abends … die genaue Anzahl verriet er nicht. Wieder gab ich zu bedenken: »Ich glaube nicht, dass Gott unsere Gebete zählt; er ist doch kein Händler. Mein ganzes Leben soll Gebet sein. Wenn ich meine Arbeit in der Absicht verrichte, sie gut zu tun zur Ehre Gottes, wenn ich meinem Kind eine gute Mutter bin und es im christlichen Glauben erziehe, wenn ich Kranke besuche und mein Geld mit Armen teile – dann gefällt das Gott vielleicht besser, als wenn ich täglich eine bestimmte Anzahl Gebete spreche, aber sonst nichts tu, was Gott gefällig ist.«

Wieder überlegte er eine Weile und sagte auch diesmal dann: »Ja, ich glaube, das ist wahr. Da haben Sie recht.«

Bis hierher hätte ich das Gespräch für fruchtbar gehalten; trotzdem wäre ich jetzt lieber in ein anderes Abteil gegangen. Seine Gegenwart war mir unangenehm (ich kann es nicht genau begründen). Er holte ein Heftchen aus der Tasche und zeigte es mir: *Jesus-Gebete*. Darin lagen viele Bildchen und Gebetszettel, obenauf ein handgeschriebenes Gebet, in dem es u. a. heißt: »*Wenn du dieses Gebet kniend an dieser bestimmten Stelle 33-mal betest, werden 33 Seelen aus dem Fegefeuer befreit.* Er wäre bereit gewesen, mir dieses Blatt zu überlassen – was ihm sicher nicht ganz leichtgefallen wäre (»Ich bete das jeden Tag«) –, aber ich wollte es nicht. »Ich habe meine eigenen Texte und Bücher.«

»Ja, das glaube ich Ihnen gern.« Hier war der Punkt für mich erreicht, an dem ich nichts Gemeinsames mehr zwischen uns finden konnte. Sein Glaube bzw. seine Art, diesen Glauben zu leben, waren mir fremd. Ich konnte in ihm nicht den Bruder sehen, der meinen Glauben mit mir teilt. Auch das kann ich jetzt nicht richtig in Worte fassen; erst recht nicht konnte ich das dem Mann erklären.

Ich fühlte mich hilflos. Er erzählte weiter. Wie er als junger Mann »sauber« blieb, kein evangelisches Mädchen heiraten durfte (obwohl ihm das die Möglichkeit gegeben hätte, eine eigene Bäckerei zu übernehmen); er kam auf Aids und Sexualität zu sprechen und mir wurde das Gespräch bzw. seine Ausführungen langsam peinlich. Mit uns saß noch eine junge Frau im Abteil, der die ganze Sache auch sichtlich unangenehm war. Ist *das* katholische Glaubenslehre?

Irgendwann sagte ich ihm, dass ich ein uneheliches Kind habe. Seine Reaktion erstaunte mich: Keine Ablehnung, keine Schuldzuweisung. Stattdessen sagte er: »Das macht nichts. Seien Sie Ihrem Kind eine gute Mutter. Das wird schon recht werden.« Und später, als ich (endlich) aussteigen konnte: »So, wie ich Sie jetzt kennengelernt habe, Fraule, sind Sie unschuldig. Beten Sie zum lieben Heiland, er wird Ihnen vergeben.« Das fand ich trotz allem rührend.

Ich will beide Erlebnisse – das Seminar in Trier und die Begegnung im Zug – nun vergleichen und meine (persönlichen) Erkenntnisse daraus ziehen: Der Glaube ist ein kostbares Gut. Aber keines, das man verstecken und ängstlich hüten muss, sondern eines zum Weitergeben. Erst in der Gemeinschaft kommt er richtig zur Geltung, »damit sie das Leben haben und es in Fülle haben.«

Der zentrale Ort der Weitergabe ist der Gottesdienst. Hier kommen alle Gläubigen zusammen. Hier ist Christus unter ihnen. Hier drücken sie ihren Jubel, ihre Dankbarkeit aus, hier dürfen sie ihre Sorgen und Nöte aussprechen, hier erfahren sie Trost und Kraft. Meiner Meinung nach ist eine gelungene Liturgie das A und O all dessen, was der Priester zu vermitteln hat. Wenn Menschen im Gottesdienst keine Freude, keine Begeisterung mehr erfahren können (und dies erlebe ich im Augenblick sehr schmerzhaft), dann wird die Gemeinde bald auseinanderfallen. Weder regelmäßige Pfarrfeste noch aktive

Verbandsarbeit noch gut funktionierende Besuchsdienste können etwas ausrichten, wenn in den Gottesdiensten der Funke nicht überspringt. Der Priester sollte also in erster Linie ein begeisterter Liturg sein. Er kann Theologie nicht vermitteln, wenn die Leute im Gottesdienst nur ihre Zeit absitzen; sein soziales Engagement bleibt ohne Wirkung, wenn er die Menschen nicht begeistern kann. Die perfekteste Gemeindeleitung wird sinnlos, wenn der Pfarrer nur Verwalter einer Behörde ist.

Wenn also die Liturgie so wichtig ist, dann müsste die liturgische Ausbildung der Priester einen anderen Stellenwert bekommen. Nicht nur, dass Liturgie Pflichtfach in den Theolog. Fakultäten wird; ich könnte mir auch vorstellen, dass das Lit. Institut Trier in jeder Diözese eine Zweigstelle einrichtet, wo Priester wie Laien Kurse machen können. Gemeindepfarrer sollten sich dann aber auch nicht scheuen, befähigte Laien wirklich mitarbeiten zu lassen. Dass die Feier der Liturgie mehr und mehr eine Sache der Gemeinde wird, sollte nicht in erster Linie eine Konsequenz aus dem zunehmenden Priestermangel sein, sondern vielleicht als ein richtiges Zeichen der Zeit gedeutet werden.

Dass der Sonntag der zentrale Tag ist, an dem die Gemeinde sich trifft und Gottesdienst feiert – das ist keine Frage. Aber vielleicht sollte jeder Priester nicht mehr als eine Messe pro Sonntag feiern – diese sollte dann aber wirklich ein *Fest* sein. Ein Fest kann man nicht richtig feiern, wenn die Zeit knapp bemessen ist bzw. wenn man dauernd auf die Uhr schauen muss. Ich halte es für möglich, dass ein Pfarrer turnusmäßig verschiedene Gemeinden besucht. Möglicherweise hat jede Gemeinde dann nur noch jeden zweiten, dritten oder gar nur jeden vierten Sonntag eine Messfeier. Aber auch wenn nur Wortgottesdienst gefeiert wird, kann das mit Begeisterung geschehen – das beweisen nicht nur Veranstaltungen wie Katholikentage o. Ä. In den Wortgottesdiensten am Sonntag könnte vielleicht die Schriftauslegung einen größeren Stellenwert bekommen. Der Landesrabbiner von Stuttgart, Joel Berger, stellte am Montag beim Besuch in der Synagoge anlässlich des Stuttgarter Lehrertages fest (und diese Veranstaltung schließt sich direkt an Trier und das Gespräch im Zug an): »Die Synagoge ist keine Kirche. Hier wird nicht nur Gottesdienst gefeiert. Hier wird auch gelehrt. Vielleicht verstehen junge Christen deswegen so wenig von Jesus, weil man ihnen die Propheten nicht mehr erschließt.« Ein nachdenkenswertes Wort.

Ich weiß, dass alle Verantwortlichen sich Gedanken darüber machen, wie die Kirche der Zukunft bei uns aussehen wird. Ich bilde mir nicht ein, die richtige Lösung gefunden zu haben. Aber es war mir ein Anliegen, Ihnen diese Gedanken mitzuteilen.

In christlicher Verbundenheit grüßt

*Ulrike Mross*

*13.09.1991*

Lieber Vater Abt!

Vielleicht hat Br. Benedikt meinen Brief schon einmal angekündigt; ich hatte vor einigen Wochen auch schon einmal zu schreiben begonnen – aber dann verlor ich den Faden. Und als erst einmal die Schule begann, beschäftigten mich andere Dinge mehr. Ich habe dieses Jahr Schulanfänger, das ist eine völlig neue Situation für mich. Jetzt, in der dritten Woche, fühle ich mich wie ein Nichtschwimmer im offenen Meer, über dem die Wellen zusammenschlagen.

Sie wissen, dass mich das Oblatentum beschäftigt. Mit Br. Benedikt habe ich mich schon mehrfach darüber unterhalten, er hat mir auch das kleine *Handbuch für Oblaten* geschenkt. Mit diesem Brief bitte ich Sie nicht um Aufnahme als Kandidatin; ich möchte einfach schreiben, wie ich zu Ihrem Kloster stehe, wie mein Leben als Christ aussieht – und so möglicherweise einen neuen Weg mit Ihnen beginnen – der im Grunde schon begonnen hat, als ich zum ersten Mal meinen Fuß auf Ihren klösterlichen Boden setzte.

Das war vor einigen Jahren, als ich mit einer Klasse zu einer Führung kam. P. Paulus war der erste Ihrer Mönche, mit dem ich Kontakt aufnahm. Die Führung hat den Schülern und mir so gut gefallen, dass ich im kommenden Jahr mit der nächsten Klasse wiederkommen wollte, diesmal führte uns Br. Benedikt. Diese erste Begegnung mit ihm sollte für mein Leben sehr bedeutsam werden. Die Art, wie er mit den Schülern sprach, wie er zwischen den Zeilen seinen Glauben bekannte, faszinierte mich so, dass ich darüber meinem ehemaligen Lehrer, Prof. Seigel, einen Brief schrieb. Herr Seigel hat Kontakt nach Kellenried und erzählte davon wiederum P. Ambrosius. Und der gab es an P. Paulus weiter. So machte das damals die Runde.

Als ich das nächste Mal nach Wimpfen kam – diesmal zu einem Klausur-Wochenende mit dem Kirchengemeinderat – bat ich P. Paulus um eine Unterredung. Mir war der Gedanke gekommen, Br. Benedikt – und damit dem Kloster – etwas Gutes zu tun (in diesem Fall eine Ausbildungsbeihilfe), und P. Paulus freute sich darüber. In der Folge kam es zu einem kurzen Briefwechsel zwischen P. Paulus und mir, und zu einem zunächst zaghaften, mittlerweile sehr liebevollen, innigen Briefwechsel zwischen Br. Benedikt und mir.

Es dürfte 1988 gewesen sein, als ich mit Sandra zum ersten Mal Weihnachten bei Euch gefeiert habe. Ich erinnere mich, dass ich später in einem Brief an P. Paulus erklärte, ich hätte Weihnachten zum ersten Mal als das Fest begriffen, in dem unser Herr und Erlöser zu uns auf die Erde kommt – und nicht als das Geburtstagsfest eines Babys.

Wenn mir die Liturgie damals an Weihnachten schon so naheging, dann hat sie an Ostern mein Innerstes ganz getroffen. Jede andere Art der Feier von Tod und Auferstehung Jesu kommt mir seither als Verkürzung, ja als oberflächlich vor.

Es war ein Zufall (Pfr. Imhof: »Zufall bedeutet, Gott lässt mir etwas zufallen«), dass eines der Themen der schriftlichen Hausarbeit (von Liturgie im Fernkurs) sich mit der Feier der Osternacht beschäftigte und ich natürlich dieses Thema wählte und auf meine Erfahrungen und Erlebnisse in Wimpfen zurückgreifen konnte. Ein weiterer Zufall war es, dass Br. Benedikt gerade an dem Tag kurz hier in Kirchheim war, als ich mein Zeugnis bekam.

Dass und wie meine Beziehung zum Kloster immer mehr gewachsen ist, lässt sich nicht in kurze Worte fassen. Die Profess von Br. Bernhard, schließlich dieses Jahr seine Priesterweihe und Primiz sind weitere Höhepunkte. P. Paulus habe ich schon erwähnt. P. Odo hat mir einmal geholfen, als ich eine kleine Kirchenchronik schrieb (unsere Pfarreien Bönnigheim und Wimpfen haben seit alters her Verbindungen zueinander). P. Norbert nennt mich liebevoll »Schützling« (von Br. Benedikt); ich mag ihn gern, ebenso seine Schwester. P. Innozenz hat mich einmal auf verbotenen Wegen in den Innenbereich des Kreuzgangs geführt und mir etwas über die verstorbenen Mitbrüder erzählt. Mit Br. Felix stand ich einmal wartend in Heilbronn am Bahnhof. Br. Ernst (meine drei Brüder heißen übrigens Ernst, Bernhard und Michael) hat mir seine besondere Stellung bzw. seinen Aufenthalt außerhalb der Klausur erklärt. Und natürlich das Jungvolk, das mit Br. Benedikt gleichsam eine Einheit bildet. Mit Br. Vinzenz habe ich einmal eine sehr interessante, sehr persönliche Klosterführung mitgemacht, mit Br. Oliver verbinden mich die Bücher von Henri Nouwen (Br. Benedikt bezeichnet ihn als *Nouwen-Fan*) und natürlich gehört auch Waltraud dazu, die jedem mit ihrer Lebensfreude imponiert.

Die Voraussetzung, mich als Oblatin einem bestimmten Benediktinerkloster zugehörig zu fühlen, ist also ohne Frage vorhanden. Aber Oblatin sein bedeutet ja mehr. Da ist das gemeinsame Gebet. Seit Jahren habe ich die kleinen Stundenbücher und bete morgens oft die Laudes und abends (fast) immer die Vesper. Durch diese Stundengebete fühle ich mich mit meiner ganzen Kirche verbunden: mit Priestern, die mir nahestehen, mit unsrem Bischof, den ich sehr schätze, ja, auch mit unserem Papst. In meinem persönlichen Gebet sind Br. Benedikt und seine Mitbrüder seit langem ein fester Bestandteil.

Trotzdem ist das zu Hause (allein) gebetete Stundengebet mit dem in der Gemeinschaft nicht zu vergleichen. Es ist mehr oder weniger eine Notlösung. Oft habe ich den Wunsch, wenigstens ein paar Gleichgesinnte zu finden und in einer kleinen Gruppe zu beten. Aber die Stundengebete sind in der Öffentlichkeit (und im Bewusstsein vieler Priester) doch immer noch das besondere Gebet des Klerus. Deshalb freut es mich immer besonders, wenn irgendwo (in Bildungshäusern etc.) Laudes oder Vesper miteinander gesungen wird. Und natürlich macht es mir in Wimpfen besonders viel Freude.

*Unter der Führung des Evangeliums* ist das kleine Oblatenbüchlein betitelt. Es ist mein brennender Wunsch, mich von Jesus führen zu lassen. Aber oft erkenne ich nicht, wohin er mich führen will. Ich bin unsicher; oft auch schon auf Irrwegen gegangen. Da ist es gut, Weggefährten zu haben. Das gleiche Ziel haben wir alle vor Augen – da müsste man (wenigstens streckenweise) auch gemeinsam gehen können. Darin sehe ich vielleicht den eigentlichen Sinn für ein Leben im Kloster – oder als Oblate.

In meinem Zimmer hängt die Johannes-Minne (die Sie aus Heiligkreuztal kennen). Oftmals bleibt mein Blick auf Johannes haften, der sich an der Schulter Jesu ausruhen darf. Wie gern möchte ich dann mit ihm tauschen. Wie sehr fehlt mir oft diese Schulter zum Anlehnen. Weder gibt es einen Ehepartner noch eine Mutter, die mich in die Arme schließen könnten. Niemanden, der mir hin und wieder übers Haar streicht. Mit Augustinus kann ich sagen: »Unruhig ist unser Herz, bis es ruhet in dir, o Herr.«

Aber ich kann das Leben in der Ehelosigkeit akzeptieren. Ich sehe es auch als ein Zeichen der Solidarität zu Priestern und Ordensleuten. Auch dieser Gedanke kam mir, als ich über eine mögliche Oblation nachdachte: einmal ein bewusstes Ja zu einem Lebensweg zu sagen (öffentlich und vor Zeugen). Eine Entscheidung treffen und darauf aufbauen. Sich dabei von anderen getragen und unterstützt wissen. Über die Situation eines Christen in der heutigen Zeit brauche ich Ihnen sicher nichts zu sagen. In der Familie, in der Nachbarschaft, im Kollegium, ja selbst im KGR wird man bestenfalls ungläubig (im wahrsten Sinne des Wortes) angeschaut, wenn man sich zu seinem Glauben bekennt und sein Tun darauf gründet.

Was müssten Sie noch wissen? Schon länger als nach Wimpfen habe ich Verbindungen nach Heiligkreuztal und betrachte mich auch als Stefanusfreundin (wobei es hier weder eine Aufnahme noch eine Mitgliedschaft gibt). Die Atmosphäre dort kennen Sie aus eigener Anschauung. Es ist mit Wimpfen nicht zu vergleichen – Ihr seid ein lebendiges Kloster, dort ist eine religiöse Bildungsgemeinschaft. Aber auch diese wurde mir im persönlichen Leben wichtig und hilfreich. Ich denke nicht, dass sich beides einander ausschließt: Benediktineroblatin und Stefanusfreundin zu sein. Im Gegenteil: Als Stefanusfreund weiß man sich auch dem Evangelium verpflichtet und bemüht sich, besonders an dem Ort, wo Gott einen hingestellt hat, ein guter Christ zu sein. Als Stefanusfreundin würde ich mich also bemühen, eine besonders gute Oblatin zu sein. Müsste ich mich dennoch entscheiden – Wimpfen läge mir mehr am Herzen.

Und auch dieses will ich nicht verheimlichen: in den Herbstferien fahre ich zu den Franziskanerinnen nach Bonlanden. Dort lasse ich alles hinter mir (nehme auch keine Bücher mit), helfe vormittags den Schwestern bei ihrer Arbeit, nachmittags mache ich lange Spaziergänge. Diese stillen, einsamen Stunden wurden mir sehr wichtig und teuer. Natürlich kennt man mit der Zeit einige Schwestern und spricht auch miteinander, aber so freundschaftliche Kontakte wie nach Wimpfen habe ich hierher nicht.

Das sind, lieber Vater Abt, einmal so meine Gedanken. Sie wissen besser als ich, wer sich als Oblate eignet oder nicht. Sicher müssen persönliche Gespräche diesem Brief folgen, aber der Anfang ist nun einmal gemacht.

Ich freue mich auf Ihre Antwort, auf meinen nächsten Besuch in Wimpfen (ich weiß nicht, ob wir in diesem Jahr noch einmal kommen können), überhaupt über den Kontakt mit Ihnen und Ihren Brüdern. Lassen Sie mich für heute schließen. Geben Sie meinen herzlichen Gruß weiter an alle Ihre Schutzbefohlenen.

*Ulrike Mross*

*11.01.1992*

Liebe Frau Mross,

wie viel Güte steckt in Ihrem Brief. Wie viel Vertrauen. Danke für alles! Sie haben Freude an dem bescheidenen Päckchen. Das tut gut.

Ja, dunkel kann ich mich an Sie erinnern. Sie waren so gut zu mir. Auch an Ihre liebe Sandra kann ich mich erinnern.

Ihre Bitte um ein Foto ehrt mich. Hier ist es »... der Hinhörende, der niemand verurteilt«. Und Sie lassen sich eine Überraschung einfallen, ich freu mich darauf ... Sie sind selbst ein Geschenk.

Danke auch für Ihr Geschenk. In den nächsten Wochen habe ich sehr viel zu tun ... mit Kursen und Besinnungstagen ...

Ich bleibe um Sie und Ihre Tochter herum.

Mit herzl. Gruß

*Ihr N. N.*

12.01.1993

Sehr geehrter Herr Domkapitular!

Darf ich noch einmal meiner Freude darüber Ausdruck verleihen, dass Sie am Sonntag bei uns waren und die hl. Messe mit uns feierten? Gerade den kleinen, abgelegenen Pfarreien, die sich vielleicht manches Mal »von Rottenburg etwas vernachlässigt« fühlen, tut so ein kleines Zeichen der Solidarität gut.

Gefreut habe ich mich auch über den Inhalt Ihrer Predigt; ähnliche Gedanken zur Taufe Jesu hörte ich bei der Tagung in Heiligkreuztal (»Spiritualität des Leibes«). Wie Sie in unserem Januar-Pfarrbrief sehen können, habe ich manches davon an die Leser weitergegeben.

Dem Pfarrbrief können Sie auch entnehmen, dass sich – was die Gottesdienste betrifft – ein Rhythmus eingespielt hat, der vom Pfarrer zu verkraften ist und von den einzelnen Teilorten im Wesentlichen akzeptiert wird. Ob in Zukunft jeweils in den anderen Orten Wortgottesdienste stattfinden sollen, muss im KGR noch grundsätzlich geklärt werden.

Vieles hat sich getan seit unserem Gespräch im Dezember 1991. Ich darf Ihnen sagen: es geht spürbar aufwärts in unserer Pfarrei. In Pfr. H. haben wir einen sehr guten Pfarrer bekommen:
- als Seelsorger ist der Mensch ihm wichtig
- als Gemeindeleiter kann er das Machbare vom Wünschenswerten unterscheiden
- als Verantwortlicher für viele Dienste zeigt er Engagement und Fantasie
- als Liturg versucht er, den Menschen das zu vermitteln, was gefeiert wird
- als Priester der Diözese Rottenburg-Stuttgart fühlt er sich seinem Bischof verbunden
- als Theologe hat er einen Standpunkt.

All diese Eigenschaften bringt ein Priester nicht automatisch mit, wie wir in den vergangenen Jahren schmerzlich erfahren haben. Und was vielleicht im Augenblick und in unserer besonderen Situation am wichtigsten ist: er hat die Verbindung herstellen können zwischen beiden Pfarreien und eine fruchtbare gemeinsame Arbeit begonnen.

Ich denke, bei der vielen Kirchenkritik darf man auch einmal einen solchen Brief schrieben.

Mit einem freundlichen Gruß

*Ulrike Mross*

08.06.1993

Lieber Vater Abt!

Waltraud habe ich von Heiligkreuztal aus schon kurz von meiner Begegnung mit der »Kirche in Not / Ostpriesterhilfe« geschrieben. Aber nun wende ich mich in dieser Angelegenheit auch noch direkt an Sie. Die Organisation ist Ihnen sicher zumindest vom Namen her bekannt. Vielleicht hatten Sie auch schon einmal das Glück, P. Warenfried persönlich kennenzulernen. Sein ganzes Leben ist Dienst am Nächsten und er berichtet so überzeugend von seiner Arbeit, dass man beinahe bereit ist, ihm das letzte Hemd zu geben. Über 22.000 DM hat er an diesem Wochenende gespendet bekommen! Das ist eine imponierende Zahl!

Was hat das aber mit Ihnen zu tun?

Zum einen denke ich, dass jeder Christ bei uns im Westen teilen kann, auch die Klöster leben ja nicht mehr in Armut. Wenn man bedenkt, dass für ein paar Mark von uns viele Christen im Osten und anderswo die Möglichkeit bekommen, religiöse Literatur zu lesen – dann kann man doch nicht anders, als einmal auf diesen oder jenen kleinen Luxus zu verzichten.

Zum andern habe ich bei dieser Tagung den Regens des Priesterseminars aus Telsiai / Litauen kennengelernt. Auch was er erzählte, war tief beeindruckend. Die jungen Männer dort haben eine tiefe Sehnsucht nach Religion und bringen auch die persönliche Bereitschaft zum Priesteramt mit. Achtzig Seminaristen sind z. Zt. in Telsiai im Seminar. Sie leben dort ganz bescheiden – ein Anzug oder ein paar Schuhe kosten drei Monatslöhne. Viele fasten zusätzlich oder stehen nachts auf, um zu beten.

Für 1.000 DM konnte Regens Kauneckas schwarzen Stoff für die Soutanen kaufen. Aber es fehlt noch an vielem: Literatur, Kleidung, Schreibmaschinen etc. Regens

Kauneckas äußerte nun den Wunsch, dass einige seiner Seminaristen die Sommerferien in Deutschland verbringen können, u. a. um ihre Deutschkenntnisse zu vertiefen.

Und da fiel mir »mein« Kloster ein. Wäre es nicht denkbar, dass Sie jedes Jahr zwei Seminaristen in den Sommerferien als Gäste im Kloster aufnehmen? Abgesehen davon, dass das einmal ein sichtbares Zeichen dessen wäre, was wir mit den Lippen verkünden – ganz sicher auch im Sinne des Hl. Benedikt – bin ich auch davon überzeugt, dass diese jungen Seminaristen zum Segen für Euch alle werden.

Bitte denken Sie einmal darüber nach und besprechen es dann im Konvent.

Auf der beiliegenden Karte finden Sie die Anschrift von Regens Kauneckas. Er hält sich vermutlich auch noch bis Ende Juni in Deutschland auf. Über die Zentrale der »Kirche in Not« in München bekommen Sie sicher weitere Auskünfte.

Ich grüße die ganze Hausgemeinschaft
und bleibe im Gebet verbunden

*Ulrike Mross*

18.07.1993

Sehr geehrte Frau Fackler,

nachdem ich P. Warenfried in Heiligkreuztal zum ersten Mal persönlich erlebt habe, war ich davon so beeindruckt, dass ich in der folgenden Kirchengemeinderatssitzung sein Anliegen zur Sprache brachte.

Nun bekam ich vom Pfarrer die Zusage, bei unserer nächsten Sitzung Mitte September dieses Thema auf die Tagesordnung zu nehmen. Dabei möchte ich einen Video-Film zeigen. (Welcher eignet sich am besten für eine erste Information?) Des Weiteren stelle ich mir vor, ins nächste Pfarrblatt ein Informationsblatt (incl. Zahlschein) einzulegen. Zu diesem Zweck sollte ich einige Exemplare für die Kirchengemeinderäte zur Anschauung haben.

Im Oktober werde ich im Stefanuskreis Besigheim etwas zum Rosenkranz sagen (wir haben in Kirchheim einen Rosenkranz-Altar). Bei dieser Gelegenheit könnte ich die Stefanusfreunde mit dem Rosenkranzbüchlein von P. Warenfried bekanntmachen.

Ich möchte Sie also herzlich bitten um die Zusendung
- eines Video-Filmes
- ca. zwanzig Info-Blätter für den KGR
- ca. zwanzig Rosenkranz-Büchlein.

Ich danke für Ihre Mühe und verbleibe mit den besten Wünschen

*Ulrike Mross*

# Stiftung Weltethos

25.03.1996

Sehr geehrte Frau Mross,

herzlichen Dank für Ihr Interesse an unserem Wettbewerb für Unterrichtsversuche zur Vermittlung der Weltethos-Erklärung. Selbstverständlich ist es auch möglich, mit Grundschülern dieses Thema aufzugreifen. Da kommt es eben darauf an, die Dinge so weit zu elementarisieren und vor allem zu konkretisieren, dass auch junge Schulkinder dies verstehen. Aber es gibt ja in der Tat reichlich Anknüpfungspunkte aus dem Alltag, an denen die Relevanz der Weltethos-Erklärung und der damit verbundenen ethischen Forderungen aufgezeigt werden kann. Und wenn Sie dazu noch Klassen mit Angehörigen verschiedener Religionen haben, liegt es nahe, diesen verschiedenen Gruppierungen jenen elementaren Konsens im Ethos zwischen den verschiedenen Religionen aufzuzeigen. Die Idee, die Eltern miteinzubeziehen, finde ich hervorragend.

Anbei erhalten Sie die Ausschreibungsrichtlinie und einen Prospekt der Stiftung. Ein Klassensatz Broschüren mit dem Text der Weltethos-Erklärung zur Verwendung im Unterricht und das von Hans Küng und Karl-Josef Kuschel hrsg. Piper-Bändchen der Erklärung mit zwei hilfreichen Artikeln der Herausgeber geht Ihnen in einigen Tagen mit getrennter Post zu.

Ich wünsche Ihnen eine interessante Zeit beim Entwurf und der Durchführung Ihres Unterrichtsversuches und bin gespannt auf das Ergebnis.

Mit freundlichen Grüßen und allen guten Wünschen, Ihr

*Stephan Schlensog*

## Beitrag zum Wettbewerb (Auszug)

### I  Wie alles begann und was ich mir zunächst vorstellte

*Unsere Arbeit als Erzieher – sowohl der eigenen Kinder als auch der Schüler – ist begleitet von Konflikten und Gewalt, die immer härtere Ausmaße annehmen und bei immer jüngeren Kindern zu beobachten ist. Wenn wir Erzieher dann in der Erwachsenenwelt – in der Ehe, im Kollegium, in der Gemeindearbeit etc. – kein anderes Beispiel vorleben, nimmt das nicht Wunder. Vom Einfluss der Medien mit ihren Gewaltdarstellungen will ich erst gar nicht reden.*

*Als praktizierende und gläubige Katholikin war es mir immer ein Anliegen, das Christsein spürbar und sichtbar zu leben. Ein Priester sagte mir einmal: »Wir können ein Stück vom Reich Gottes auch im Klassenzimmer verwirklichen.« Daran habe ich mich bis heute gehalten. Nicht so leicht war das im Kirchengemeinderat, wo die einzelnen Mitglieder – gleichgültig ob hauptberuflich oder ehrenamtlich – oft sehr unchristlich miteinander umgehen. Und auch nicht so leicht ist es im Lehrerzimmer, wo oft eine Sprache und Einstellung herrscht, die von einer Achtung der uns anvertrauten jungen Menschen nicht viel erkennen lässt.*

*Mit großem Interesse habe ich deshalb immer alle möglichen Friedensinitiativen beobachtet (womit ich nicht Anti-Atom-Demonstrationen und dgl. meine). Von der Deutschen Bischofskonferenz gibt es mehrere Veröffentlichungen zum Thema Frieden; kirchliche Organisationen haben in den letzten Jahren ihre gemeinsame Verantwortung entdeckt und Schritte aufeinander zu getan. Das große Friedensgebet in Assisi im Oktober 1986 ist nur ein Mosaiksteinchen im großen Bild, das seither Konturen annimmt.*

*Eine intensive Lektüre der Schriften von Thomas Merton hat mich auch zum ersten Mal in die Lage versetzt, als Katholikin elementare Gemeinsamkeiten mit anderen Religionen zu erkennen. Unter Ökumene verstehe ich seither auch mehr als einen gemeinsamen Rosenkranz mit evangelischen Frauen (was hier im pietistischen Nordwürttemberg aber schon beachtlich ist) oder Schulgottesdienste (die seit Jahren selbstverständlich sind), sondern auch das Aufspüren der verbindenden Werte und das gemeinsame Handeln danach.*

*Die Weltethos-Erklärung von Prof. Küng kam mir deshalb wie gerufen. Er hat zu Papier gebracht, was viele andere vielleicht auch irgendwie spürten oder erahnten oder nach ihm veröffentlichten (z. B. Rajinder Singh: Visionen für ein neues Jahrtausend, Weltfrieden durch Meditation. Ansprache anlässlich des fünfzigsten Jahrestages der Vereinten Nationen in New York). Und als ich dann in der Zeitung den Hinweis auf den Wettbewerb fand, ließ ich mir die Unterlagen schicken.*

*Ich hatte damals nur einen Lehrauftrag in der ersten Klasse, hielt es aber dennoch für möglich, hier etwas in dieser Richtung zu tun. Gerade auch, weil in dieser Klasse ein Gewaltpotenzial vorhanden ist, wie ich es bei Erstklässlern bisher noch nie erlebt hatte, stellte ich mir vor, hauptsächlich unter Einbeziehung der Eltern die Weltethos-Erklärung aufzugreifen und einen gemeinsamen Konsens ethischer oder moralischer Werte zu finden.*

*Dann bekam ich überraschenderweise im Schuljahr 1996/97 eine neunte Klasse in Geschichte / Gemeinschaftskunde, und da war es für mich sofort klar, mit diesen Jugendlichen das Thema aufzugreifen. Möglicherweise hätte ich in meiner damaligen ersten Klasse Schiffbruch erlitten, weil das Interesse der Eltern an der Schule extrem gering war (zu den Elternabenden kamen nur 50% der Eltern – das ist ungewöhnlich) und weil ich vor allem zu den ausländischen Eltern dieser Klasse wenig Zugang fand.*

*An die neunte Klasse ging ich dann voller Freude und Enthusiasmus. Die Schüler und ich fanden schnell zueinander und ich war oft erstaunt über die Ernsthaftigkeit, mit der sich diese jungen Menschen in andere hineinversetzen können. Mir kam bald der Gedanke, in das Projekt nicht nur die beiden Religionslehrer (ev. und kath.) und den Ethiklehrer miteinzubeziehen, sondern auch die italienische Kollegin sowie den türkischen und den griechischen Kollegen, die an unserer Schule nachmittags muttersprachlichen Unterricht erteilten.*

*Aber es blieb ein Traum für mich. Dass es sich letztendlich so nicht verwirklichen ließ, hatte mehrere Ursachen. Sicher ist eine davon meine eigene Begrenztheit (Energie, vielleicht Motivation blieben irgendwann auf der Strecke). Hinzu kam aber auch eine Referendarin, die zum zweiten Halbjahr in die neunte Klasse einstieg und der ich zwei von drei Wochenstunden abgeben musste. Nicht zuletzt saß mir aber auch die Hauptschulabschlussprüfung im Nacken, auf die ich die Schüler (lehrplankonform) vorbereiten musste.*

# II Tatsächlicher Unterrichtsverlauf

*[...] Das Thema »Frieden« ging wie ein roter Faden durch das ganze Schuljahr und die Jugendlichen waren wirklich sehr aufgeschlossen dafür. Unser erstes Thema zum Schuljahresbeginn war »Gleichberechtigung von Mann und Frau« mit einem Rückblick auf die Entwicklung der gesellschaftlichen bzw. politischen Gegebenheiten. Schon hier war vom Frieden die Rede, Frieden zwischen den Geschlechtern. Ein kroatischer Schüler war der Einzige, der direkt sagte, er wolle eine Frau, die keine eigene Meinung habe, sondern nur ihm zu Willen sei. Inwiefern das seine innerste Überzeugung ist, sei einmal dahingestellt. Für mich war es jedenfalls erstaunlich, wie selbstverständlich sowohl die Mädchen als auch die Jungen von einem partnerschaftlichen Verhalten sowohl in der persönlichen Beziehung (Ehe) als auch in allen anderen gesellschaftlichen Bereichen ausgehen.*

*Die Hausaufgaben (»Frage deine Mutter / Tante / Großmutter / Uroma ... nach ihrer Schulzeit. Hätte sie eine andere Schulbildung erhalten, wenn sie ein Junge gewesen wäre?«) blieben nahezu ergebnislos. Es ist eben auch Realität, die man nicht leugnen kann, dass Schüler mit fünfzehn oder sechzehn Jahren nachmittags die Zeit nur selten mit Hausaufgaben verbringen. Und es ist auch nicht zu leugnen, dass die Ansprüche an der Hauptschule nicht zu hoch angesetzt werden können.*

*Direkt um das Thema »Frieden« (im Sinn von: Gegenteil von Krieg) ging es dann beim Ersten Weltkrieg. Die Fragen: »Wie konnte so ein schrecklicher Krieg stattfinden?« und »Wie kann man in Zukunft solche Kriege verhindern?« beschäftigten und bewegten uns sehr. Allerdings war wieder niemand zu einem Referat über die Friedensbewegung bereit.*

*Auf die Frage »Welche Kriege / bewaffnete Auseinandersetzungen gibt es heute?«, wurden folgende Antworten gefunden:*
*Zypern (Türkei / Griechenland)*
*Irland (Protestanten / Katholiken)*
*Israel (Israelis / Palästinenser)*
*Balkan (Serben / Moslems / Kroaten)*
*Tschetschenien (Tschetschenen / Russen)*
*verschiedene afrikanische Staaten*

*Vor allem der Zypern-Konflikt bewegte die Klasse. Wir sprachen das Thema ganz offen an. Die griechischen Schüler äußerten sich nicht weiter dazu, aber ein türkischer Schüler sagte: »Ja natürlich, wenn jemand unsere Fahne beleidigt, darf ich ihn erschießen.«*
*Während das türkische Mädchen meinte: »Nein, Frieden ist viel wichtiger. Wenn die Griechen die Insel unbedingt haben wollen, dann würde ich sie ihnen halt schenken.«*
*Murat bekam keinen Beifall in der Klasse; Simen erhielt einige Zustimmung.[1] Die Mehrheit der Schüler meinte, es sei Sache der Politiker, hier die richtigen Entscheidungen zu treffen.*
*Für die kommende Stunde bereitete ich einen Fragebogen vor, bei dem die Schüler (anonym) doch ihre Meinung äußern sollten (siehe Anlage). Sie sollten sich einen der im Unterricht genannten Kriege auswählen und die Fragen darauf beziehen. Alle achtzehn Schüler haben vollständig ausgefüllte Fragebögen abgegeben. Wieder war ich angenehm überrascht über die Betroffenheit und Ernsthaftigkeit, mit der die Schüler sich Gedanken machten. Wir besprachen die Ergebnisse und konnten uns aber – im Moment – auf keine weiteren Schritte einigen (z. B. einen Brief an einen Politiker*

---

1 Alle Namen geändert.

*schreiben). Lediglich mit den Religionslehrern wurde vereinbart, den nächsten Schulgottesdienst unter das Thema »Frieden« zu stellen.*

*Vielleicht wäre jetzt der ideale Zeitpunkt zum Einstieg in das Projekt Weltethos gekommen. Aber ich fühlte mich auch dem Lehrplan verpflichtet, musste auch einen Test schreiben (ich brauchte Noten!) und wollte außerdem noch etwas Zeit gewinnen, um mir die Übersetzungen des Weltethos-Textes zu besorgen.*

*In der Zwischenzeit legten wir eine Wandzeitung an, auf der wir Zeitungsauschnitte sammelten zum Thema »Krieg und Gewalt«. Hauptschulrealität: kaum ein Schüler hat eine Tageszeitung daheim. Ich musste sie selbst mitbringen – und so lief auch dieser Teil meiner Idee nur sehr zäh.*

*Eine weitere Enttäuschung erlebte ich, als ich anlässlich des Volkstrauertages eine Idee des VdK aufgriff, wonach eine Klasse (oder auch die ganze Schule) eine Patenschaft für einen Friedensbaum übernehmen kann. Auch hier kam kein Engagement von der Klasse. Auch die Friedenslieder (»How many roads«, »Sag mir wo die Blumen sind«) kamen nicht gut an, es ist wohl nicht mehr der (musikalische) Ausdruck der jungen Generation.*

*Es wurde – aus den o. g. Gründen – schließlich Juni 1997, bis ich endlich die Texte »Erklärung zum Weltethos« im Unterricht einsetzte. Meine einführenden Worte waren etwa folgende: »Wir haben so viel über Friedensorganisationen, Europa, NATO, Verträge etc. gehört. Wer ist denn für den Frieden eigentlich verantwortlich? Kann man Frieden ›machen‹? Oder per Gesetz bestimmen? Gibt es jemanden auf der Welt, der sagt: ›Ab dem 02.06.1997 wird auf der ganzen Welt keine Waffe mehr angerührt‹?«*

*Natürlich kamen die Schüler sehr schnell darauf, dass man Frieden auf diese Art nicht »machen« oder*

*»verordnen« kann. Bei den vielen Diskussionen im Laufe des Schuljahres waren sie doch zu der Erkenntnis gelangt: Frieden fängt bei jedem Einzelnen an.*

*Ich erzählte noch ein Beispiel: »Gestern Abend ging ich noch durch die Felder spazieren und da sah ich von Weitem, wie zwei Frauen und ein Kind sich erst umschauten und dann ins Erdbeerfeld gingen. Sie ließen es sich sichtlich schmecken. Ich nehme an, dass es nicht die Besitzer des Feldes waren.« Wir diskutierten anhand dieses Beispiels kurz den Wert des persönlichen Eigentums und – das fand ich beachtlich – über das Vorbild der Erwachsenen.*

*An dieser Stelle setzte ich die Texte ein. Zunächst versuchten wir den Begriff »Ethik« zu klären, dann natürlich auch »Weltethos«. Ich sagte ein paar Worte zu Hans Küng und zur Entstehung des Textes. Vor allem aber las ich den »Einzug der Delegationen« vor, damit die Schüler sahen, wie weltweit und religionsübergreifend die ganze Sache tatsächlich ist. Wir lasen zunächst gemeinsam und ich bat die Schüler, den ganzen Text daheim zu lesen und wichtige Stellen zu markieren.*

*Leider auch hier wieder die traurige Realität: Bis zur folgenden Stunde hatten die meisten Schüler den Text nicht gelesen. Als ich dann fragte, was von dem Teil, den wir gemeinsam gelesen hatten, am wichtigsten erschien, nannten viele: »Wir müssen andere behandeln, wie wir von ihnen behandelt werden möchten.«*

*Die bevorstehende Prüfung machte es mir leider nicht möglich, länger am Text zu verweilen. Aber wenn am Ende auch nur ein Bruchteil dessen umgesetzt werden konnte, was ich ursprünglich im Sinn hatte, so hat die Beschäftigung doch dazu geführt, dass das Thema »Frieden« und im Zusammenhang damit Menschenwürde und Achtung der Schöpfung wie ein roter Faden durch das ganze Schuljahr lief. Die Schüler hatten auf jeden Fall einen Gewinn dadurch, und wer weiß: vielleicht nimmt der eine oder andere den Text später doch noch einmal zur Hand.*

# Advent 1998

**Erster Advent**

Kellenried. Lebensbesinnung mit der Bibel. Sr. Benedicta: »Dein Wort ist meinem Fuß eine Leuchte«, ein Vers aus Psalm 119. Wir beschäftigen uns sehr intensiv mit diesem Psalm. Ich fühle mich in vielen Aussagen verstanden. »Dein Wort – es ist Fleisch geworden. Das ist unser Grund zum Feiern.«

Vesper am Vorabend. Eine kleine Lichtfeier. Die Äbtissin trägt eine Christuskerze in unsere dunkle Mitte. Später, bei den Fürbitten, dürfen wir daran kleine Kerzen anzünden. Ich spreche eine Fürbitte für den kleinen Konvent in Wimpfen und zünde ein Licht für ihn an. Eine Woche später tritt Br. Michael aus, nach zehn Jahren und ewiger Profess. Er war der fünfte in wenigen Jahren.

Sr. Benedicta sagt, sie möchte im Paradies mit Hitler an einem Tisch sitzen. Ich kann ihr nicht folgen. Ich könnte spontan eine Handvoll Menschen aufzählen, neben denen ich auf keinen Fall am Tisch sitzen möchte; nicht auf Erden und schon gar nicht im Paradies.

Hat diese alte Schwester an Ausstrahlung verloren oder empfinde ich es nur so?

Die Gemeinschaft bei Tisch tut gut. Plötzlich löst sich meine Zunge und ich erzähle meine Familientragödie. Die Frauen am Tisch sind betroffen und hören anteilnehmend zu. Am anderen Morgen sagt mir eine von ihnen, dass sie von mir geträumt hat. Sie wünscht mir alles Gute. Welcher Segen geht immer wieder von solchen Orten aus!

Ein junges Ehepaar nimmt mich in seinem Studentenauto mit zum Bahnhof nach Ravensburg. Die BMW- und anderen Fahrer denken nicht daran. Heimkommen.

Leere Wohnung. Aber immerhin: Sandra hat einen Adventskranz besorgt. Ich feire daheim etwas weiter.

**Zweiter Advent**

Am Samstag fahre ich mit Sandra nach Rottweil. Es ist ihre Geburtsstadt und sie hat in drei Tagen ihren 20. Geburtstag. Ich zeige ihr die Häuser, wo wir früher gewohnt haben. Michaels Schule. Der Platz, wo meine Schule stand (jetzt steht dort die Post). Omas Frisör. Der Supermarkt, wo sie am liebsten einkaufte.

Wir gehen in ein Café an der Ecke in der Stadtmitte, Sandra ist ganz hingerissen von der gemütlichen Atmosphäre. Wir lassen uns Zeit. Stärken und wärmen uns. Beobachten die Menschen.

Dann Bummel über den Weihnachtsmarkt. Am Bücherstand des Eine-Welt-Ladens treffen wir Herrn Bacher, der mich vor lauter Freude umarmt. Später bringen wir ihm einen kleinen Weckenmann. Es schneit ohne Unterlass, alles ist nass und matschig. Vor der Rückfahrt kehren wir nochmal ein – aber dieses Café hat die Atmosphäre eines Wartesaales.

Am Sonntag sind wir bei Angelika zum Tee eingeladen. Mit den drei Buben ist es ziemlich laut und anstrengend, aber später hatten wir doch Ruhe für ein Gespräch. Am Abend fand ich eine Flasche Wein mit einem Zettelchen: *Danke für den schönen Tag gestern.* Das macht mich sehr glücklich.

**Dritter Advent**

Freising. »Licht in der Finsternis« (Jes. 9,1–6). Tage mit Pfr. Ringseisen. Was er zu sagen hat, geht unter die Haut. Tagebücher von Jochen Klepper. Ein Text von Ulrich

Schacht: *Aus dem Gefängnis Bautzen*. Händels *Messias*. Dazu der Text von Stefan Zweig aus seinen *Sternstunden*.

In der stillen Stunde zwischen zwei Einheiten fließt mir plötzlich der Brief an meinen Vater aus der Feder. Ich war regelrecht schwanger gegangen mit ihm. Es war der zwölfte Dezember; mein Vater starb am zwölften Mai – sieben Monate auf den Tag genau. Sein Sterben begann am Karsamstag. Kreuz und Krippe.

In der Messe am Sonntagmorgen kommen mir plötzlich die Tränen. Wie gut und richtig ist das, was Pfr. Ringseisen sagt und tut – wie gern habe ich vieles in meine Gemeinde gebracht – und wurde vom Pfarrer immer gebremst. Warum geht von so vielen Priestern keine Begeisterung aus?

Die Tage in Freising haben mir die Bangigkeit vom kommenden Weihnachtsfest etwas genommen. Ich habe eine mögliche Alternative gefunden: ganz bewusst den Messias anhören und das Textbuch mitlesen. Das könnte richtiger sein als nachts fünf km zur Christmette zu fahren. Wenn ich auch immer wieder an die Aussage von Weihbischof Rieger denke: »Jeder Priester handelt im Auftrag Jesu – auch der schlechteste.« Die Treue zu meiner Kirche hält auch – trotz allem – die Waagschale zu aller Frustration und Enttäuschung.

Ich werde in den nächsten Tagen in die Bücherei gehen und Zweigs *Sternstunden* und Händels *Messias* ausleihen. Kleppers Tagebücher habe ich selbst, aber z. Zt. ausgeliehen. Aus dem hintersten Winkel meines Bücherregals hatte ich mir am Freitag ein Bändchen für unterwegs geschnappt: eine Festschrift für Mario von Gall zum 75. Geburtstag. Darin fand ich ein wunderschönes Bild: wir Christen sollen wie ein entspiegeltes Glas sein. Sehr wertvolle Bilder werden hinter entspiegeltem Glas eingerahmt, damit der Betrachter das Bild in seiner ganzen Schönheit betrachten kann und nicht vom Glas geblendet wird. So sollen wir sein: durch uns soll man die Botschaft glänzen sehen, aber wir selbst sollen dabei überhaupt nicht sichtbar werden. In meiner (boshaften) Art dachte ich sofort an viele hauptamtliche und ehrenamtliche Mitarbeiter in der Kirche, die sich selbst so wichtig nehmen.

# Jahreswechsel 1998/99 auf dem Schönenberg

Weihnachten war geschafft, als verantwortliche Hausfrau und Mutter hatte ich die Feiertage einigermaßen gut hingebracht. Der religiöse Aspekt – nein: der *Sinn* – war viel zu kurz gekommen.

Lichtblick: Ein Teil des Weihnachtsoratoriums in Maulbronn am Sonntag. Aber am selben Abend wieder die Erkältung. Montag im Bett. Kein Fieber.
    Am Dienstag kann ich fahren. Die Fahrt geht gut. Mit der Sonne. Ankunft auf dem Schönenberg. Sr. Berthelma begrüßt uns an der Pforte. Mein kleines Zimmer unter dem Dach: eine gemütliche Mansarde mit Nasszelle und Sofa. Blick in die weite Landschaft. Ich verbringe viel Zeit in diesem Zimmer, zum Spazierengehen bin ich nicht gesund genug. Der Wind ist auch zu kalt.
    Mittagsschlaf im Bett. Lesestunde auf dem Sofa. Äpfel oder Mandarinen gibt es immer aus dem Speisesaal. Lektüre aus dem Lesezimmer: drei entzückende Bändchen von Werner Bergengruen. Durch Pfr. Kner bin auf diesen Dichter gestoßen.
    Nachts kann ich nicht schlafen. Kalte Füße. Vollmond. Verstopfte Nase. Aber was macht das schon!

Vorstellungsrunde am ersten Abend: *Spuren im Sand.*

## Spuren im Sand

*Ich träumte eines Nachts,
ich ginge am Meer entlang
mit meinem Herrn.
Und es entstand vor meinen Augen,
Streiflichtern gleich, mein Leben.
Nachdem das letzte Bild an uns
vorbeigeglitten war, sah ich zurück
und stellte fest,
dass in den schwersten Zeiten
meines Lebens
nur eine Spur zu sehen war.
Das verwirrte mich sehr,
und ich wandte mich an den Herrn:
»Als ich dir damals alles,
was ich hatte, übergab,
um dir zu folgen, da sagtest du,
du würdest immer bei mir sein.
Warum hast du mich verlassen,
als ich dich so verzweifelt brauchte?«
Der Herr nahm meine Hand.
»Geliebtes Kind,
nie ließ ich dich allein,
schon gar nicht
in Zeiten der Angst und Not.
Wo du nur ein Paar Spuren
In dem Sand erkennst,
sei ganz gewiss:
ICH HABE DICH GETRAGEN!«*

Ein bekannter Text. Die CD habe ich mir zu Weihnachten gekauft, aber noch nicht angehört. Jetzt kommt mir Sr. Berthelma zuvor. Auf dem Boden ein großer gelber Stern. Darum herum ein Weg aus Tannenzweigen. Wir Frauen legen Sterne und Steine auf den Weg. Viele Frauen legen große, schwere Steine hin. Jede hat Schweres hinter sich. Jede ist allein. Viele verwitwet.

Wir singen.

Die bedrückte Stimmung löst sich – von Tag zu Tag zieht mehr Fröhlichkeit in die Runde. Ein Text von Andrea Schwarz. Auch diese Autorin sagt mir zu. Die Tiere auf dem Boden erinnern mich an Sr. Benedicta in Kellenried. So viele Impulse, die mich ansprechen, als wären sie eigens für mich ins Programm aufgenommen.

Von Tag zu Tag wächst das Ensemble auf dem Boden. Eine Gemeinschaft wächst. Auch unter uns Frauen. Wir tanzen. Wir basteln. Mahlgemeinschaft.

Manche Frauen vermissen die priesterliche Begleitung, aber ich habe nie das Empfinden, dass eine in ein Loch fällt.

»Der Herr ist mein Hirte.« Wir singen den Psalm. Eine ganz einfache Melodie, aber sehr schön. Noch steht das Paar mit dem Kind abseits. Erst zum Höhepunkt unseres Kurses, an Silvester, nehmen wir es in unsere Mitte, aber es war immer da. *Er* war immer da. Bei Gesprächen bei Tisch. In der Hauskapelle. Im Fahrstuhl (im Laufe der Tage habe ich meine Angst überwunden und bin damit gefahren). Im Meditationsraum. In der Pforte bei Sr. Christa. In der Kirche. In der Basilika. Im Seminarraum. Auf den Gängen.

Das ganze Haus strahlt so eine angenehme Atmosphäre aus. Das Foyer: viel Licht, weiße Gartenmöbel, Tageszeitung, Kaffeeautomat – und jetzt zusätzlich Christbaum und Krippe. Wie hübsch alles hergerichtet ist!

Tannenzweige in Bodenvasen. Blattpflanzen, die gerade zu blühen beginnen.

Der gemütliche Lesesaal. Nein, hier kann man nicht lange in gedrückter Stimmung bleiben.

Jahresschlussmesse bei den Combonis. Eine moderne Betonkirche, wie ich sie sonst nicht so mag – aber diese nimmt mich sofort für sich ein. Im Altarraum eine wunderschöne Krippe, mit lebendigen Palmen. Ich gehe hin, schaue sie mir genau an und ich entschließe mich, ein kleines Album mit Fotos von Krippen anzulegen (habe aber meinen Apparat nicht dabei).

Modernes Liedgut. Eine kleine Band. Die Menschen singen mit, feiern mit. Wirkliche Gemeinschaft. Ich verliere Zeit und Raum, gehöre einfach dazu. Nachher fällt es mir schwer zu gehen. Auch P. Baumann habe ich nicht getroffen. Das Bild am Ende des Gottesdienstes macht mir Angst: die Tür ins neue Jahr führt ins Schwarze, Dunkle. Bedeutet das neues Leiden? Krankheit? Tod?

Gemütliches Beisammensein. Wir feiern Silvester. Punsch. Gebäck. Lieder. Dann ein Video: *Ein Schweinchen namens Babe*. Tiere mit sehr menschlichen Eigenschaften. Nett gemacht, beinahe philosophisch.

Wir lachen. Das tut gut.

Meine Nebensitzerin erwähnt, dass sie gestern eigentlich heimfahren wollte. Sie hatte andere Erwartungen gehabt. Und dann dieser abstoßende Text aus dem Begleitbuch zu *Spuren im Sand*. Auch mir war es so ergangen. Etwas aufreißerisch. Typisch amerikanisch. Aber die Teilnehmerin blieb. Ich auch. Und das ist gut so. Noch ein kleiner Snack zur Stärkung. Manche hauen tüchtig rein. Andere können nichts mehr essen.

Der Abend ist schnell vergangen. Mitternacht in der Basilika. Eine Jugendgruppe ist da. Sie sprechen Gebete.

Stille. Dann plötzlich: die Orgel setzt ein. Glocken. Ein bewegender Augenblick.

»Großer Gott, wir loben dich.« Ich kann nicht mitsingen. Mir kommen die Tränen. Ich trauere um meinen Vater. Wer wird ihm als nächstes folgen? Glückwünsche. Alle gehen aufeinander zu. Es tut gut.

Neujahr. Gottesdienst in der Basilika. Wie ein roter Faden geht unser Thema aus dem Kurs hier weiter. Eine kleine Krippe im Altarraum. Blühende Zweige. Wie wunderbar! Die Sieger-Köder-Krippe auf der Empore. Aus dem Reis sprießt die weiße Rose. Es bleibt nicht dunkel. Ich verliere meine Angst.

Schlussrunde. Ein Bild von Sieger Köder. Es erinnert mich sofort an die kleine Figur von Dorothee Steigerwald, die ich Benedikt zur Profess geschenkt habe: »Bleib sein Kind.« Was ist daraus geworden? Hat er sie mit in sein neues Leben genommen?

Pfr. Kner sagt: »Ich bin um Sie herum.« Ich gebe Sr. Berthelma einen Gruß für ihn mit.

# Pfingstsonntag 1999

Bischofsabschied – Abschied vom Bischof? Oder Abschied des Bischofs? Verabschiedet er sich von uns, oder wird er von uns verabschiedet? Wer ist der aktive, wer der passive Teil?

Ist das wichtig? Nein. Am Vorabend bete ich die erste Vesper von Pfingsten und schließe mit den Worten: »Locke mich, Heiliger Geist, wenn du mich morgen in Stuttgart dabeihaben willst. Wecke mich rechtzeitig, dass ich in Ruhe fahren kann.« Zum ersten Mal geweckt wurde ich um halb fünf: da fingen die Vögel an zu zwitschern. Aber da war ich noch zu müde, drehte mich nochmal um und schlief noch eine Runde. Das zweite Mal geweckt wurde ich um halb sieben, da war ich richtig wach und bei vollem Bewusstsein. Nichts hinderte mich daran, aufzustehen. Ich fand auch keine Argumente, die fürs Liegenbleiben sprachen – also stand ich auf. Ich konnte in Ruhe Haare waschen und frühstücken.

Mein Zug fuhr um 08:09 Uhr. Er kam pünktlich, war nicht voll und eine halbe Stunde später war ich schon in Stuttgart. Ich schlenderte gemütlich durch die Königsstraße. Gleich zu Beginn sah ich Prälat Mühlbacher zusammen mit einer Dame. Sie kamen aus dem Durchlass, der zum Park-Café führt. Die Königstraße war noch ungewohnt leer. Vor St. Eberhardt sah ich noch keine Menschenmenge – es war ja auch noch über eine halbe Stunde Zeit.

Vor zehn Jahren war ich hier, um unsren neuen Bischof zu begrüßen. Da war die Kirche vor dem Gottesdienst geschlossen, und eine große Menschenmenge hatte sich vor den Toren versammelt. Es war heiß gewesen, und eine Taube hatte mir aufs Haupt gesch… Auch beim Requiem für Bischof Moser war ich hier gewesen und dazwischen, als Weihbischof Kuhnle bekanntgab: »Wir haben einen neuen Bischof!« Ich habe seine Stimme noch im Ohr. Und auch dies sagte er: »Stuttgart – wie liebte er diese Stadt mit ihrem pulsierenden Leben.« Gemeint war Bischof Georg Moser. Kamen beide Aussagen im selben Gottesdienst vor? Ich weiß es nicht mehr. Aber offensichtlich hatte auch schon Bischof Moser eine große Vorliebe für Stuttgart gehabt.

Nun, an der Großstadtatmosphäre wird es Bischof Kasper in Zukunft nicht fehlen. Bleibt ein Bischof Bischof, wenn er das Amt abgibt und ein neues übernimmt? Die Weihe hat ewige Gültigkeit. Aber was ist mit Benedikt, der ewige Profess abgelegt hat und von Bischof Lehmann zum Priester geweiht worden ist? Er hat alles aufgegeben ... Bleibt ein Priester Priester, wenn er in die Wissenschaft geht? Von Professor Reinhardt wusste ich bis zu seinem siebzigsten Geburtstag nicht, dass er Priester ist.

Doch zurück nach Stuttgart. Vor dem Eingang zu St. Eberhardt hatte Renovabis einen Stand aufgestellt. Außer verschiedenen Schriften hatten sie auch Luftballons mit ihrem Emblem. Ist das richtig, dass dafür Geld ausgegeben wird? Spendengelder von Menschen, die dafür die Not im Osten lindern wollten? Aus der Kirche kommt Orgelmusik. Die Frühmesse ist noch nicht zu Ende. Ich unterhalte mich ein wenig mit der Dame von Renovabis. Aber immer mehr Leute kommen und warten nicht. Gehen hinein, um sich einen guten Platz zu sichern. Es gibt keine reservierten Plätze. Das finde ich immerhin gut. Damals vor zehn Jahren, als ich eine Stunde in der Hitze warten musste, bekam ich gerade noch einen Platz in der letzten Reihe, weil fast alle Bänke reserviert waren. Wie ärgerlich, auch wie enttäuschend muss das für Menschen sein, die jahraus, jahrein treu am Sonntag in die Kirche kommen, auch wenn kein Bischof da und die Kirche halb leer ist? Und jetzt müssen diese Treuen ihre Plätze denen abtreten, die sonst durch Abwesenheit glänzen.

Schließlich schleiche ich auch hinein. Die Bänke sind nur halb gefüllt. Der Priester spricht schon das Schlussgebet. Die Menschen verlassen die Kirche; die Wartenden strömen in die Bänke. Ich stehe im rechten Gang. Einen Moment ist fast alles leer. Freie Auswahl. Ich gehe in die fünfte Reihe. Das halte ich nicht für zu unbescheiden. Die treuen alten Mütterlein haben davor noch Platz und es besteht auch nicht die Gefahr, dass Ehrengäste noch einen Platz brauchen und ich meinen in der fünften Reihe räumen muss.

Vor mir sitzt eine Frau, die schon vorher da war. Vielleicht hat sie die Frühmesse schon mitgefeiert? Ich kenne in Kirchheim auch Frauen, die am Sonntag ohne Weiteres zwei Messen mitfeiern.

Wir sitzen etwa in der Mitte; von links und rechts kommen Leute nach. Jeweils von beiden Seiten will man uns zum Aufrutschen drängen – aber die Frau bleibt fest auf ihrem Platz sitzen. Was hat es auch für einen Sinn, nach rechts zu rutschen, wenn nachher wieder jemand von rechts kommt und alle wieder nach links rutschen sollten?

Die Kirche füllt sich nicht so schnell wie ich dachte. Vorn auf der rechten Seite postieren sich zwei junge Männer vom SWR mit ihren Kameras. Später kommt noch eine Frau eines anderen Senders. Beide bewegen sich mit ihren Kameras während des Gottesdienstes, aber relativ diskret. In den Altarraum geht niemand.

Auf der rechten Empore sammeln sich die Musiker und stimmen ihre Instrumente. Es sind Mitglieder des Staatsorchesters Stuttgart, außerdem Domschola und -Chor. Ein Bischof kommt ganz bescheiden in den Chorraum, macht eine ehrfürchtige Kniebeuge und setzt sich auf einen Hocker an der Seite. Dort verharrt er lange im stillen Gebet. Ich weiß sofort, dass es Bischof Werth ist, obwohl ich ihn noch nie gesehen habe.

Sicher war es ihm in der Sakristei zu lebhaft.

Schließlich geht er zurück. Der Mesner hat das Mikrofon an die richtige Stelle gerückt. Dann ist es 10:00 Uhr, der Festgottesdienst beginnt. Großer Einzug durch den Mittelgang. Bischof Walter Kasper und Bischof Josef Werth. Der Kroaten-Seelsorger von Stuttgart und P. Hillengass sowie Dekan Bernhard Kah als Gastgeber und sein Vikar (nehme ich an). Dazu ein junger Mann im Chorrock, der – ganz unauffällig und behutsam – Anweisungen gibt, Mitteilungen weitergibt …

Nach dem Einzug verlässt die Frau neben mir plötzlich die Kirche. Sie sagt nur noch: »So, jetzt hab ich's gesehen.« Eine andere Frau freut sich über den frei gewordenen Platz.

Der Cantus Gregorianus sang den Introitus vom Pfingstfest. Nur wenige Grußworte. Kurze Hinweise zur Renovabis-Aktion. Gemeinde und Chor singen das *Taizé-Adoramus in Domine*. Der Chor Haydns *Kyrie* und *Gloria*. Sehr festlich. Sehr schön. Das Herz erfreut sich. *Wie gut ist es, dass du mich geweckt hast, Heiliger Geist. Dass du mich hierhergelockt hast.*

Eine Lektorin trägt die Lesungen vor. Ich kenne diesen Text mit den vielen fremden Namen der Völker. Wie oft habe ich ihn früher schon selbst vorgetragen, als ich noch liturgische Dienste tat? Die Frau liest nicht gut. Ob sie nicht geübt hat? Oder ob es die Aufregung vor diesen hohen Gästen ist? Sie wäre nicht die erste Lektorin, die auf dem Standpunkt steht: »Ich kann doch gut lesen – wieso sollte ich das üben?«

Der junge Vikar holt sich vom Bischof den Segen und trägt das Evangelium vor. Bischof Josef Werth predigt. Ich weiß nicht, ob er Deutsch kann. Sein Name ist deutsch, aber wie käme ein Deutscher als Bischof nach Nowosibirsk? Er spricht tatsächlich Deutsch, aber man hört den östlichen Zungenschlag. In einfachen Worten erzählt er: seine Eltern wurden nach Sibirien verschleppt, nach Kasachstan. Von 30.000 haben nur 12.000 überlebt.

Mit nichts – keine Werkzeuge, keine Lebensmittel, gar nichts – mussten sie dort versuchen zu überleben, gruben Erdlöcher und schliefen wie Wölfe. So etwas steht in keinem Geschichtsbuch. Dieser Mann wurde Bischof. Und ist ein Mann aus dem Volk geblieben. Er hat kein Ordinariat; es gibt kein Volksbegehren in seiner Kirche. Die Menschen beten Rosenkranz. Auch die Männer sind dort fromm. War es eine Fügung des Heiligen Geistes, dass gerade an diesem Tag diese beiden Bischöfe zusammentrafen?

Nach der Gabenbereitung spielt der Organist *Offertoire* von Olivier Messiaen. Die Gabenprozession gibt ein schönes Bild: Paare (drei Erwachsene und ein Kinderpaar) bringen Geschenke: Brot und Salz; ein großes Foto einer Kirche in Kroatien; einen Geschenkkorb – für welchen der Bischöfe?

Das Orgelspiel geht entsetzlich lang – und es klingt fürchterlich, überhaupt nicht sakral. Immer wieder hofft man, jetzt ist es endlich aus – aber dann macht der Organist doch wieder weiter. Schließlich spricht der Bischof einfach die Präfation in eine kurze Pause hinein – aber danach macht der Organist trotzdem weiter! Ich überlege mir, ob das nachher Ärger gibt. Wer ist dafür verantwortlich?

Beide Bischöfe teilen die Kommunion aus; aber ich bekomme sie von einer Schwester. *Deine Liebe, o Herr, ist mir geschenkt – aus welcher Hand auch immer.*

Nach dem Schlussgebet noch einmal Olivier Messiaen. Und dann die Schlussworte. Zuerst der Pater, der nur kurz zu Renovabis spricht. Dann Domdekan Kah, der den »lieben Bischof Walter« mit Du anspricht. Er blickt auf zehn Jahre zurück, wie die Stuttgarter mit ihrem Bischof immer verbunden waren. Und dann sagt er: »Ein Papst wird wohl nie nach Stuttgart kommen; da sind Köln, Berlin und München wichtiger. Aber ein Kardinal könnte einmal nach Stuttgart kommen, weil er hier verwurzelt ist ...« Die Gemeinde applaudiert. Sie hat es vorher schon getan, als der Dekan das Hirtenwort zu den Wiederverheirateten Geschiedenen ansprach. Dann kommt der Bischof noch einmal an den Ambo. Auch er blickt auf zehn Jahre zurück; wie wichtig ihm Stuttgart immer war. Und für seinen Nachfolger sind die Weichen für Stuttgart gestellt. Das darf der Rest der Diözese aber nicht hören!

Ziemlich genau um 12:00 Uhr ist die Festmesse zu Ende. Ich bleibe sitzen, bis die Orgel ausgeklungen ist. Es dauert eine Weile, bis alle Leute draußen sind. Ich habe es nicht eilig. Die Leute bleiben auf der Treppe stehen. Dann entdecke ich den Grund dafür: Es gibt Wein. Ja, auf den Bischof einen Schluck trinken – da sage ich nicht nein. Ich finde den Weg zum Tisch, lange ein Glas Rotwein, gieße viel Sprudel nach und suche nach etwas zu beißen. Vorhin sah ich jemanden mit einem Brotkorb. Mädchen mit leeren Körben gehen den Gang nach hinten. Dort stelle ich mich hin und warte auf ein Stück Brot zum Wein. Aber es kommen keine vollen Körbe zurück.

Stattdessen die Bischöfe. Erst der eine, dann der andere. Bischof Kasper ist gut gelaunt. Er spricht einige Sätze italienisch, gibt Autogramme, nimmt ein Bad in der Menge. Die junge Frau, die ihn in der Kirche gefilmt hat, will noch ein Interview. Bischof Werth wird auch umlagert. Die Leute kommen ins Gespräch mit ihm. Es sind andere Gespräche, andere Leute, ein anderer Bischof.

Es gibt kein Brot mehr, also trinke ich den Wein so. Gehe zurück auf die Treppe. Die ganze Königsstraße feiert mit. Es ist eine großartige Stimmung. Das polnische Paar, das Gaben zum Altar gebracht hat, musiziert jetzt. Ein Mann fängt auf der Straße zu tanzen an, ein älterer Herr im Anzug und Krawatte. Sofort bildet sich ein Kreis um ihn, schaut zu, fängt an zu klatschen. Dann nimmt der Mann sich eine Dame und sie tanzen zu zweit. Ich lasse mich von der Stimmung anstecken. Wie lange war ich nicht mehr so heiter, so gänzlich frei von irgendwelchen

Bedrückungen? *O, Heiliger Geist, wie gut, dass du mich gelockt hast. Ich danke dir.*

Eine Dame stellt sich zu mir. Wir kommen ins Gespräch. Sie hat kein Bildchen bekommen, das nach dem Gottesdienst ausgeteilt wurde. Ein Bild unseres Bischofs, dazu ein Gebet für ihn. Ich will die Dame vertrösten und meine, dass es bestimmt noch ganz viele solcher Bildchen gibt, die in den Kirchen der Diözese verteilt würden. Aber sie will sich darauf nicht verlassen, sondern spricht den jungen Mann, den Sekretär des Bischofs (?) an. Der hat zwar auch keine mehr, weiß aber, wer noch welche hat, und macht sich auf die Suche. Mit einem ganzen Stapel Bildchen kommt er zurück. Die Dame nimmt sich zwei und ist zufrieden. »Sehen Sie, es lohnt sich, wenn man hartnäckig ist«, sagt sie zu mir.

Ich muss an meine Tochter denken, die gerade vor wenigen Tagen das Gegenteil behauptet (und erfahren) hat: es löst sich immer alles von selbst. Andere schreiben achtzig Bewerbungen, sie bekommt eine Arbeitsstelle durch Zufall. Ihre Probleme lösen sich immer in Luft auf.

Der Herr tanzt jetzt mit einer anderen Dame. Ich schaue zu und freue mich. Links neben mir steht der Akademiedirektor Fürst; rechts Ordinariatsrätin Wieland mit einem Herrn. Die ganze Königsstraße feiert mit.

Jetzt wird doch noch Brot gebracht. Keine Brötchen mehr, sondern Scheiben eines großen Laibes. Es wird doch nicht der sein, der vorhin im Gottesdienst dem Bischof überreicht worden ist?

Ich nehme mir ein Stück. Mein Wein ist schon lange leer, aber das Brot schmeckt auch jetzt noch gut.

Langsam löst sich die Menge auf. Ich gehe noch ins Lindenmuseum und schaue mir die Buddha-Ausstellung an.

# 150 Jahre Bonifatiuswerk der deutschen Katholiken Festveranstaltung am Samstag, 29. Mai 1999 im Hohen Dom zu Paderborn

Schon zu Beginn des Jahres 1999 bekam ich eine Einladung des Bonifatiuswerkes zum 150-jährigen Jubiläum nach Paderborn, das am 29. Mai stattfinden sollte. Ein kurzer Blick auf die Karte zeigte: Paderborn ist viel zu weit weg, um für eine Feier hinfahren zu können. Also wurde dieses undurchführbare Vorhaben erst gar nicht in den Bereich des Möglichen gelassen und die Einladung verschwand in der Versenkung.

Viele Wochen später bekam ich Bescheid von der Krankenkasse: Ich durfte zur Kur, und zwar nach Bad Pyrmont. Bad Pyrmont, wo liegt denn das? Da wollte ich doch gar nicht hin – ich wollte wieder in den Schwarzwald, wo mir die Umgebung vertraut war und mich Freunde und Verwandte hätten besuchen können. Bad Pyrmont war mir fremd. Ich holte den Atals und suchte diesen Ort. Ganz oben, in Norddeutschland. Nein, da wollte ich eigentlich nicht hin. Das war eine ganze Tagesreise von hier entfernt. Aber dann entdeckte ich: Paderborn ist gar nicht weit. Und das Jubiläumsfest des Bonifatiuswerkes fiel genau in die Zeit meiner Kur. Wenn *das* keine Fügung war!

Auf jeden Fall tröstete mich der Gedanke, dass ich eventuell an diesem Fest teilnehmen könnte, und ich stimmte der Kur zu. Sie begann am Mittwoch, dem 26. Juni. In diesem Sanatorium läuft alles nach Plan und Mittwoch ist der Anreisetag. Mit mir kamen viele, viele andere Patienten an und wir wurden in zwei (Sport-)

Gruppen eingeteilt. In meiner Gruppe war auch ein Ehepaar aus der ehemaligen DDR, der Mann war Musiker im Ostberliner Symphonieorchester gewesen. Ich hörte ihm gern zu, wenn er von seinen vielen Gastspielen erzählte, die ihn bis nach Japan geführt hatten. Dieses Ehepaar war mit dem Auto da. Wenn ich am Samstag nach Paderborn fahren wollte, müsste ich um 08:30 Uhr am Bahnhof sein. Der Bahnhof liegt weit außerhalb der Stadt, am entgegengesetzten Ende des Sanatoriums. Ich schätzte, zu Fuß würde ich mindestens vierzig Minuten brauchen. Wie sollte ich das schaffen?

Ich fragte einfach den Musiker: Ja, selbstverständlich, er wollte mich gern nach dem Frühstück zum Bahnhof bringen. Zwar hat er sich dann einmal verfahren, aber ich kam doch am Bahnhof an. Ich brauchte noch die Fahrkarte. Der Schalter war geöffnet; zwei Kunden standen vor mir, aber es ging nicht vorwärts. Ich schaute nach, ob es einen Automaten gäbe, fand aber keinen. Also musste ich weiter in der Schlange anstehen. Schließlich bekam ich meine Fahrkarte; gerade noch rechtzeitig, ehe der Zug kam. Es war ein Bummelzug, der in jedem Dorf hielt, und es dauerte lang, bis ich in Paderborn ankam.

Ich war noch nie in Paderborn gewesen, kannte mich nicht aus. Ich wollte am Bahnhof eine Infotafel suchen und mich orientieren. Wäre der Dom sehr weit vom Bahnhof entfernt, würde ich ein Taxi nehmen. Statt der Infotafel mit Stadtplan erwartete mich auf dem Bahnhofsvorplatz ein Infostand des Bonifatiuswerkes. Voller Freude ging ich auf die junge Dame zu und fragte, wie ich zum Dom käme. Da lud sie mich ein, mit dem Bulli zu fahren, der schon abfahrtbereit an der Straße stand. Das war ja fantastisch! Ich stieg ein – ich war in dem Fall die erste. Aber wir warteten und dann kamen noch weitere Fahrgäste.

In wenigen Minuten waren wir am Dom. Der Gottesdienst hatte schon begonnen. Ich rechnete damit, irgendwo hinten einen Stehplatz zu bekommen. Der Fahrer zeigte uns, welchen Eingang wie nehmen sollten. Der Dom liegt weit oben, mächtig, trutzig. Ich stieg die Treppe hinauf, öffnete die schwere Tür – und plötzlich stand ich in dieser großen Kirche. Ich sah viele leere Stühle – man hatte für genügend Sitzplätze gesorgt. Ich ging weiter nach vorn und setzte mich, allerdings hinter eine Säule, sodass ich nur ein Eckchen des Chorraumes sehen konnte. Aber was machte das schon? Ich war da, das war die Hauptsache. Und ich hatte einen Sitzplatz – was wollte ich mehr?

Auf jedem Platz lag ein eigens für das Fest hergestelltes Liedheftchen. So konnte ich aus Herzenslust mitsingen. Durch den Lautsprecher verstand ich auch alles, was gesprochen wurde. Ich durfte zur Kommunion gehen. Auch das war gut geplant und organisiert. Es war wunderschön.

Erst als der Gottesdienst beendet war, schaute ich mich etwas um, empfand die Größe des Domes, sah, wie viele Menschen mitgefeiert hatten, und ich sah beim Auszug die vielen geistlichen Würdenträger; so viele Purpurträger hatte ich noch nie auf einmal gesehen. Die Festgemeinde versammelte sich vorerst auf dem Platz vor dem Dom. Es war furchtbar heiß, die Sonne schien aus Leibeskräften und ich suchte einen Schattenplatz. Die waren rar, ich versteckte mich hinter einem Auto. Die Blasmusik spielte. Viele Gruppen standen zusammen. Menschen begrüßten und umarmten sich.

Aber hier auf dem Domplatz sollte gar kein Fest stattfinden, sondern in der Paderhalle. Dorthin bewegte sich allmählich die ganze Gesellschaft, voran die Blasmusik. Ich brauchte mich dem Zug nur anzuschließen. Der nette Bulli-Fahrer hatte mir erklärt, dass später die Bullis von der Paderhalle auch wieder zum Bahnhof fahren würden. Wir kamen an einem Antiquariat vorbei: wunderschöne alte Bücher waren im Fenster ausgestellt. Vor dem Laden ein Büchertisch, der zum Durchstöbern einlud. Vielleicht würde ich diesen Laden auf dem Rückweg wiederfinden?

Die Paderhalle war nicht weit weg. Sie ist ein großes Gebäude mit einem entsprechenden Festsaal. Dort fand der Festvortrag mit Bischof Lehmann statt. Im Foyer war eine Ausstellung aufgebaut. Es gab auch Kaffee zur Stärkung. Ich hatte allerdings jetzt noch nicht genügend Muße, um mir alles anzuschauen. Lieber wollte ich mir im Festsaal einen guten Platz sichern, den fand ich auch. Der Saal war wirklich groß genug, niemand musste stehen. In der ersten Reihe nahmen wieder die Würdenträger Platz. Viele begrüßten und umarmten sich, wie alte Freunde eben.

Grußworte wurden gesprochen. Ein Überblick über die Geschichte des Bonifatiuswerkes wurde gegeben. Für mich war es interessant, die Entstehungsgeschichte zu hören, im Zusammenhang mit der deutschen Geschichte, mit der Sozialgeschichte, mit den politischen Verhältnissen dazumal. Ja, das Werk kann heute schon stolz sein und hat allen Grund zu feiern.

Bischof Lehmann hielt den Festvortrag. Dann trat eine Gruppe junger Männer auf: *Voxaccord*, allesamt ehemalige Dresdner Sängerknaben. Sie hatten ein gemischtes Programm, geistliche Lieder, aber auch Opernmelodien. Sehr gut. Nicht nur mir hat dieses kleine Konzert gefallen.

Später sah ich diese jungen Männer im Foyer, wo sie mit Kindern plauderten. Auch die Geistlichen mischten sich unters Volk; jeder konnte mit jedem sprechen. Jetzt schaute ich mir die Ausstellung in Ruhe an. An einem Stand durfte ich eine Ausgabe von *Lebendiges Zeugnis* mitnehmen, eine Zeitlang hatte ich diese Zeitschrift abonniert, aber dann musste ich sie, wie manche andere auch, wieder abbestellen, weil ich einfach nicht dazu kam, das alles zu lesen. An einem anderen Stand bekam ich wunderschöne Kunstkarten. Und plötzlich entdeckte ich Fotos vom »fliegenden Pater«. In der Stadtbücherei Heilbronn hatte ich vor Jahren einmal zwei Bücher von ihm für je fünfzig Pfennige erworben. Das eine beschrieb die Mission in Afrika, das andere die bei den Eskimos[2]. Beide Bücher waren ungeheuer interessant, obwohl mir auch der Stil dieses Paters manchmal zu schnoddrig war. Die Bücher hatte ich später weiterverschenkt.

Allmählich bekam ich Hunger. Draußen auf der Wiese vor der Paderhalle stand ein großes Zelt. Hier gibt es Mittagessen. Vor dem Zelt waren weitere Stände aufgebaut, von Diözesen aus dem Osten. Es gab viel interessantes Infomaterial, aber ich wollte mich nicht so vollpacken. Ganz in Ruhe und mit offenen Augen schlenderte ich über den Platz und dann ins Zelt. Ich stellte mich an, holte den Teller Eintopf ab, suchte mir einen Platz und ließ es mir schmecken. Ich kannte niemanden, aber ich fühlte mich nicht fremd. Uns verband alle eines: die Zugehörigkeit zum Bonifatiuswerk. Oder mehr noch: der Glaube.

Um 14:00 Uhr gab es einen Tanz des Sorbischen National-Ensembles, später Ausklang des Festes bei Kaffee und Kuchen. Beides hätte mich gelockt, aber ich musste wieder ans Zurückfahren denken. Zum Abendessen musste ich im Sanatorium sein. Vom Mittagessen hatte ich mich abgemeldet, die Vorstellungsrunde am Vormittag einfach geschwänzt. Wenn ich beim Abendessen fehlte, würde das sicher Ärger geben.

Ich entschloss mich, allein zu Fuß den Weg zum Bahnhof zurückzulegen. Bis zum Dom würde ich finden und von dort aus könnte ich fragen. Also machte ich mich auf den Rückweg. Ich fand das Antiquariat wieder, (aber es war jetzt geschlossen), dann den Dom. Den konnte ich jetzt in Ruhe anschauen. Wie still war es hier plötzlich,

---

2 Begriff heutzutage nicht mehr in Gebrauch.

nur wenige Stunden nach dem Festgottesdienst! Ich durchschritt den Dom der ganzen Länge nach und kam an ein Tor, das mich in den Kreuzgang führte, dort hing ein Hinweis zum »Hasenfenster«. Einige Besucher waren offensichtlich wegen dieses Fensters hergekommen. Ich wurde neugierig und schaute es mir an: drei Hasen, in Stein gehauen, deren Ohren zusammengewachsen sind. Ich verstand den Sinngehalt nicht, aber das machte auch nichts. Ich spürte den brennenden Wunsch, noch ein zweites Mal nach Paderborn zu kommen, mich zuvor über die Geschichte des Ortes, des Domes zu informieren und mir dann alles noch einmal anzuschauen, vor allem die Kaiserpfalz. Die war dieses Jahr sowieso in aller Munde und es würde eine große Ausstellung zum 900-jährigen Jubiläum des Zusammentreffens zwischen Karl d. Gr. und Papst Leo III. geben – leider erst nach dem Ende meiner Kur.

Für das Museum hatte ich keine Zeit mehr. Aber eine Buchhandlung in der Nähe des Domes hatte noch offen, dort stöberte ich ein wenig, kaufte ein paar Karten und ein Büchlein der Familie Mann. Ich fragte nach dem Weg zum Bahnhof und fand ihn auch bald. Viel früher, als mein Zug fuhr, war ich dort. So ging ich noch einmal ein Stück zurück, um mir ein Eis zu kaufen. Ich stellte mich vor dem Eiscafé in die Schlange und wartete, bis ich an die Reihe kam. Ein junges Mädchen füllte riesengroße Kugeln in die Waffeltüten. Das sah sehr gut aus. Gerade als ich an die Reihe kam, nahm der Chef ihr den Portionierer aus der Hand und zeigte ihr, wie man kleinere Kugeln formte. Pech für mich. Aber es schmeckte trotzdem.

Etwas müde, aber dankbar für das Mitfeiern-Dürfen, kam ich nach Bad Pyrmont zurück. Dort nahm ich ein Taxi und stieg in der Nähe des Sanatoriums aus. Dem netten Musiker schenkte ich eine der Kunstkarten.

Inzwischen ist ein Jahr vergangen. Die Ausstellung zu Karl d. Gr. ist abgelaufen, aber ich war nicht mehr dort. Alles geht eben nicht. Aber dieses Fest des Bonifatiuswerkes war für meine Kur der besondere Lichtblick.

# Briefe IV

Am 27. September 1999 schrieb mir Kardinal Kasper aus Rom. Er bedankte sich für die Gedanken, die ich zu seiner Verabschiedung in Stuttgart geschrieben und ihm geschickt hatte. Er erinnerte sich gern an viele Gemeindebesuche und Begegnungen als Bischof. Er dankte für die guten Wünsche zur neuen Aufgabe in Rom, die eine große Umstellung, gleichzeitig eine große Herausforderung beim Arbeiten für die Ökumene für ihn bedeutete.

Mit dem Wunsch nach Gottes reichem Segen schloss er seinen Brief.

# Memento Mori: Gedanken zur Ausstellung »Archiv der Gesichter: Toten- und Lebendmasken aus dem Schiller-Nationalmuseum in der Alexanderkirche Marbach« am Sonntag, 21. November 1999

Es war der letzte Ausstellungstag. Spontan hatte ich mich am Morgen beim Aufstehen entschlossen, nach Marbach zu fahren, im Schiller-Nationalmuseum die Sonderausstellung »Aus der Hand oder: Was mit den Büchern geschieht« und dann die Totenmasken in der Alexanderkirche anzuschauen. Die Kirche war wegen Renovierungen jahrelang geschlossen gewesen; noch nie hatte ich sie von innen gesehen.

Sonntagnachmittag, 15:00 Uhr. Herrlicher Sonnenschein, bittere Kälte. Der Weg zur Kirche geht durch ein Tor, ein Durchgang in die Vergangenheit. Die Kirche wirkt wie eine Festung über der Stadt. Die linke Seitentür ist geöffnet, eine Frau sitzt an einem kleinen Tischchen und kassiert den Eintritt.

Die Masken stehen alle hinter Glas, auf hölzernen Quadern. In Reih' und Glied. Schön geordnet. Alle gleich, keine herausgehoben. Die Vitrinen nehmen den Platz des ganzen Kirchenschiffes ein. Es gibt keine Stühle. Sehr viele Menschen sind da, viele Paare. Manche unterhalten sich. Machen sich gegenseitig auf etwas aufmerksam. Aber alles ist sehr ruhig. Pietätvoll.

Ich beginne meinen Gang durch die Reihen. Jede Maske ist beschriftet mit Namen und wenigen biographischen Angaben der Person. Gleich zu Beginn fällt mir auf, dass der Gesichtsausdruck der meisten Toten gespannt ist. Keine Spur von Erlösung. Viele haben die Stirn gerunzelt; die Mundwinkel herabgezogen oder gar verzerrt. Zwei oder drei haben den Mund geöffnet. Manche der Männer sehen im Tod aus wie eine Frau. Es sind nur ganz wenige Frauen unter den Masken.

Sehr viele Dichter und Schriftsteller, Musiker, Philosophen, Politiker. Von Goethe gibt es zwei Lebendmasken, die zweite aus dem Jahr 1816. Da war er schon ein älterer Herr, ein reifer Mann. Das Gesicht, vor allem der Mund, wirkt auf mich sehr männlich. Wieland sieht vergrämt aus. Beethoven hat bei der Lebendmaske von 1812 einen Schmollmund; die Totenmaske sieht gespenstisch aus. Königin Luise von Preußen ist aufgedunsen. Großherzog Carl August von Sachsen-Weimar blickt sehr verkniffen. Carl Maria von Weber wirkt auch im Tod noch aristokratisch. Adalbert Stifter hat feine Gesichtszüge. Eine unbekannte Selbstmörderin lächelt.

Helene Weigel würde ich für einen Mann halten ohne das Namensschild. Ich finde Verleger: Eugen Claassen und Eugen Diederichs. Hugo Ball ist zierlich, er hat auffallend lange Wimpern. Von Nietzsche gibt es zwei Totenmasken, völlig verschieden voneinander.

Ich finde Hesse. Ich würde ihn nicht erkennen.

Alle anderen auch nicht. Im Tod sind sie verändert. Fremd. Vielleicht so, wie Gott sie geschaffen oder gedacht hat – nicht wie die Rollen, die sie gespielt haben.

Wie werde ich im Tod aussehen? Es wird keine Maske geben. Irgendwann sind wir alle Staub. Von derselben Erde. Vermischt. Dichter und Leser, Komponist und Geiger, König und Untertan, Mörder und Opfer – alles derselbe Staub.

Ich verlasse die Kirche. Es fängt schon an zu dämmern. Trotzdem stehe ich plötzlich wieder im Leben. Bin lebendig. Von der S-Bahn aus sehe ich am Horizont die glutrote Sonne untergehen. Ich fühle mich wohl. Gesund. Jung. Wie lange nicht mehr.

Daheim packe ich meine Schätze aus: Literatur und Karten aus dem Museum. Ich trinke ein Gläschen Trollinger. Spät gehe ich zu Bett und kann lange nicht einschlafen. Bin ich zu lebendig?

# Jahrtausendwechsel am Bodensee

Vor zwei Jahren, als wir uns zwischen Weihnachten und Neujahr beim Vater trafen, verabredeten wir: den Jahrtausendwechsel feiern wie alle zusammen in Berlin, der neuen Bundeshauptstadt. Gleichzeitig Ernsts fünfzigsten Geburtstag. Ein großes Geburtstags-Familien-Silvester-Neujahrsfest sollte es werden.

Dann starb Vater. Der fünfzigste Geburtstag meines großen Bruders wurde trotzdem in Berlin gefeiert – aber das ursprünglich große Fest war nicht mehr geplant. So hatte ich die Möglichkeit, den Jahrtausendwechsel in einer mir passenden Umgebung zu feiern.

Ich schrieb nach Hegne. Dorthin drängte es mich, an den Bodensee.

Hegne war mir nicht fremd. In den Sommerferien letztes Jahr war ich von Gaienhofen aus einmal hergefahren. Vom Namen her war mir das Kloster schon von klein auf bekannt. Im Kindergarten in Singen hing ein großes Portrait von Sr. Ulrika, das ich täglich gesehen habe. Ihr Gesicht ist mir ganz vertraut. Ob sie für meinen Namen verantwortlich ist? Es gibt in unserer Verwandtschaft sonst keine Ulrike, allerdings zwei Ulrichs. Meine Eltern kann ich nicht mehr fragen. Vielleicht weiß es meine Patentante?

Ich nahm das Prospekt zur Hand und wählte den Kurs für junge Erwachsene im Haus Franziskus. Doch dann stellte sich schnell heraus, dass ich altersmäßig nicht mehr in diese Gruppe passe. Sr. Maria Magdalena war aber sehr nett am Telefon und stellte mir »stille Tage im Haus Hildegard« in Aussicht. Sie gab mir die Telefonnummer von Sr. Gertrud Pia, die dafür zuständig ist. Ich rief gleich an. Auch Sr. Gertrud Pia war sehr nett und mit ihr traf ich gleich die entsprechende Vereinbarung: Vom

29. Dezember bis zum 02. Januar konnte ich kommen, als Einzelgast und Selbstversorger im Haus Hildegard.

Am 28. Dezember kam ich aus Berlin zurück. Abends las ich in der Zeitung von dem furchtbaren Sturm in Süddeutschland. In Berlin war davon nichts zu spüren gewesen, und Nachrichten hatte ich in den drei Tagen keine gehört.

Am 29. Dezember fuhr ich an den Bodensee. Von Stuttgart geht es nach Singen mit dem IC, die neue Generation: mit Neigetechnik. Davon bin ich nicht sonderlich begeistert. Es ist gut, dass ich einen Platz reserviert hatte. Der Zug wurde ziemlich voll. Er fuhr bis Zürich. Kurz nach Stuttgart kam eine Durchsage: Zwischen Tuttlingen und Singen sei wegen des Sturmes die Strecke blockiert, es werden deshalb Schienen-Ersatzbusse eingesetzt. Der Schaffner wiederholte diese Erklärung bei jedem einzelnen Fahrgast, der eine entsprechende Fahrkarte hatte.

In Tuttlingen standen die Busse schon bereit. Ich stieg in den ersten, und sobald er voll war, fuhr der Fahrer los. Ganz unbürokratisch, niemand musste seine Fahrkarte vorzeigen. Natürlich brauchte der Bus länger als der Zug, aber in Singen kamen gleich die entsprechenden Durchsagen, sodass jeder wusste, was er zu tun hatte. Ich hätte in Singen sowieso umsteigen müssen. Ich schaute auf dem Fahrplan nach dem »Seehas« nach Konstanz. Nur ein paar Minuten musste ich warten, dann kam mein Zug. Ich wusste auch, dass man bei Haltebedarf auf den Knopf drücken muss. Der Zugbegleiter sagte die nächste Station jeweils laut und deutlich an. Ich konnte meinen Ausstieg nicht verfehlen. Außer mir stieg noch ein anderer Fahrgast in Hegne aus.

Ich wusste den Weg zum Kloster; man kann ihn auch gar nicht verfehlen. Die Anlage liegt ja groß und unübersehbar vor einem. Meine Reisetasche war an und für sich nicht schwer, aber nun war ich doch etwas erschöpft und der kurze Weg schien immer länger zu werden. Ich hatte auch vergessen, wie mein Haus hieß.

Zuerst kam ich am Haus Ulrika vorbei, das war es nicht. Dann kam Haus Elisabeth. Das könnte es sein. Auch den Namen der Schwester hatte ich jetzt plötzlich vergessen. Aber die Schwester an der Pforte von Haus Elisabeth war so freundlich wie die anderen und erklärte mir, ich gehöre ins Haus Hildegard und zu Sr. Gertrud Pia. Sie versuchte, diese zu erreichen, schaffte es aber nicht. »Wissen Sie, wir haben eine neue Telefonanlage mit lauter neuen Nummern, da klappt auch nicht alles.« Sie bot mir an, die Reisetasche abzustellen und an die Klosterpforte zu gehen. Dort könne man Sr. Gertrud Pia eher erreichen, oder vielleicht hätte sie dort den Schlüssel für mich hinterlegt. Ich war froh, die Reisetasche abstellen zu können, und ging die paar Meter zur Klosterpforte.

Wieder sagte ich mein Sprüchlein auf. Wieder versuchte die Schwester, Sr. Gertrud Pia telefonisch zu erreichen. Wieder ohne Erfolg. »Wissen Sie, wir haben eine neue Telefonanlage, und da klappt noch nicht alles.«

»Ja, ich weiß.«

Inzwischen hatte ich mitbekommen, dass das junge Mädchen, das vor mir an der Pforte war, auch im Haus Hildegard wohnte. Ich sprach sie an. »Ja, Sie können mit mir gehen. Ich zeige Ihnen den Weg.« Aber das hätte mir nicht viel genützt, solange ich noch kein Zimmer und keinen Schlüssel hatte. Stattdessen bot mir die Schwester Pförtnerin an, in ein Sprechzimmer zu kommen und dort auf Sr. Gertrud Pia zu warten. Das junge Mädchen begleitete mich. Wir kamen ins Gespräch: sie war gestern angereist und hatte eine ganz abenteuerliche Fahrt hinter sich. Auch sie kam von Strecken, die wegen des Sturmes unbefahrbar waren. Aber niemand hatte vorher darüber informiert; erst nach langem Warten kam ein Bus, der Busfahrer wusste gar nicht Bescheid. In Dunkelheit und Kälte hatte das Mädchen stundenlang warten müssen, schließlich war sie aber doch angekommen.

Endlich kam Sr. Gertrud Pia. Sie begrüßte mich herzlich und freute sich, dass wir beide, das Mädchen und ich, schon Kontakt miteinander aufgenommen hatten. Dagmar – so hieß das junge Mädchen – hatte ihr Zimmer im oberen Stockwerk und ging hinauf. Mich führte Sr. Gertrud Pia ins Zimmer 12. Ein schönes, helles Zimmer, auf dem Tisch standen frische Blumen, dazu eine hübsche Willkommenskarte, ein Teelicht und ein paar Stückchen Schokolade. So ein liebevoller Empfang!

Dann zeigte sie mir die Küche: Komplett eingerichtet mit Kühlschrank, Kaffeemaschine, Herd, Geschirr und Töpfen. Eine gemütliche Essecke. Diese Küche würden wir gemeinsam benützen; Dagmar und ich und zwei junge Damen, die noch erwartet wurden. Auch Dusche und WC zeigte mir Sr. Gertrud Pia, und dann verabschiedete sie sich fürs erste.

Ich packte meine Tasche aus. Für heute Abend hatte ich den Rest Brot von daheim mitgenommen, dazu Butter und ein Glas *Mixed Pickles* aus dem Geschenkkorb, den ich von meiner Klasse zu Weihnachten bekommen hatte. Als alles verstaut war, machte ich einen ersten Entdeckungsgang durchs Dorf. Ein kleiner Fußweg führt vom Haus Hildegard direkt zur Dorfmitte. Auf der anderen Straßenseite eine Sparkasse, daneben eine kleine Kapelle auf halber Höhe. Ringsherum Baustelle, offensichtlich wird die Außenanlage gerade frisch hergerichtet. Es ist nicht möglich, zur Tür der Kapelle zu gelangen, also ging ich weiter die Straße hinauf. Ich kam an einem Getränke-Abholmarkt vorbei, das war gut, da könnte ich auf dem Rückweg ein Fläschchen Wein für die Kloster-Abende mitnehmen. Sehr schnell hatte ich das Ende des Dorfes erreicht. Am Waldrand steht ein Gasthaus. Aber keine weiteren Geschäfte, kein Bäcker oder Metzger. Ich kehrte um und schlug den Weg in die obere Dorfhälfte ein. Viele

Neubauten. Vielleicht waren hier die Bauplätze noch bezahlbar. Sie liegen ja auch nicht direkt am See. Alles ruhig. Keine spielenden Kinder auf der Straße. Es wurde auch schon dämmrig.

Ich ging zurück, kam wieder am Getränkemarkt vorbei. Er hatte geschlossen. An der Tür hing ein Schild mit etwa folgendem Text: »*Wir öffnen um 07:00 Uhr oder 08:00 Uhr. Manchmal auch erst um 10:00 Uhr oder 11:00 Uhr. Wir haben geöffnet bis 23.00 Uhr oder schließen um 17:00 Uhr oder 18:00 Uhr.*« Ich schaute durchs Fenster. Wein hatten sie hier, Bier und alkoholfreie Getränke. Dazu eine kleine Auswahl an Knabbereien, weitere Lebensmittel wohl nicht. Sicher auch keinen Brotverkauf vom Bäcker aus dem Nachbardorf. Da werde ich doch morgen nach Radolfzell fahren müssen.

Ich ging jetzt an der anderen Seite zum Dorf heraus, Richtung Kloster. Da kam ich an der Post vorbei, neben der Gemeindeverwaltung. Einer der Parkplätze war für Lehrer reserviert. Gab es hier denn eine Schule? Ja, tatsächlich, ein richtiges Schulhaus. Und dann das Kloster mit all seinen Nebengebäuden.

Um 17:30 Uhr war Vesper. Einige Schwestern saßen schon im Kirchenschiff verteilt. Die Klosterkirche ist auch Pfarrkirche. Nur wenige Gemeindeglieder oder Gäste suchten sich vorn einen Platz. Auch ich setzte mich zunächst in eine der hinteren Bänke, bis Sr. Gertrud Pia kam und mich einlud, weiter nach vorn zu kommen. Sie zeigte mir, auf welcher Seite ich das Buch aufschlagen sollte.

Die Schwestern sangen schön. Es gibt eine Vorsängerin und eine kleine Schola. Ich sang mit. Die Psalmodie ist mir bekannt. Sr. Gertrud Pia staunte, dass ich das Magnifikat so gut konnte. Ich verriet ihr, dass ich Benediktiner-Oblatin sei und auch daheim regelmäßig (oder zumindest oft) die Vesper bete.

Am nächsten Morgen ging ich um 08:00 Uhr zur Eucharistiefeier. Ein schon etwas gebrechlich wirkender Geistlicher feierte sie mit einigen Schwestern und ein paar Gästen. Der Hauptgottesdienst für die Schwestern hatte schon früher stattgefunden. Beim Frühstück traf ich Dagmar in der Küche. Wir kamen ins Gespräch und stellten fest, dass sie so alt ist wie meine Sandra. Sie bot mir das »Du« an, und wir hatten während der ganzen Zeit einen schönen Kontakt miteinander. Dagmar studiert Medizin in Freiburg und möchte später gern in den Entwicklungsdienst gehen.

Später am Vormittag machte ich mich auf den Weg nach Radolfzell. Einen Fahrplan hatte ich von daheim mitgebracht. Radolfzell kenne ich nun schon gut, nachdem wir letztes Jahr unser Geschwistertreffen dort hatten und ich in den Sommerferien noch eine Woche mit Sandra hier war. Ich hatte es nicht eilig, bummelte etwas durch die Straßen, kaufte in einem kleinen Laden ein paar Postkarten, kam natürlich auch hier nicht an der Buchhandlung vorbei, kaufte mir ein Insel-Bändchen mit Bodensee-Geschichten und bekam ein hübsches Lesezeichen dazu. Im Bauernlädle kaufte ich ein schönes frisches Bauernbrot, eine große dicke Schneckennudel und zwei Äpfel. Außerdem im Supermarkt einen halben Liter Rotwein. Jetzt war ich eingedeckt für die folgenden Tage. Ich überlegte, ob ich irgendwo einkehren und eine Kleinigkeit essen oder einen Kaffee trinken sollte. Nein, ich hatte doch Klostertage und jetzt so leckere Sachen in der Tasche. Aber ein paar Schritte am See entlang, das musste noch sein. Es war ein herrlicher Sonnentag und trotz der Kälte saß ich ein paar Minuten auf einer Bank, schrieb zwei Karten und steckte sie noch in den Briefkasten.

Zurück in Hegne fand ich vor meiner Tür einen Gruß von Sr. Gertrud Pia. Immer wieder schaute sie nach ihren Schutzbefohlenen, immer brachte sie eine kleine Aufmerksamkeit: eine hübsche Karte, eine dekorative

Serviette, ein Zettelchen mit einem Gruß ... Ich machte mir eine gemütliche Teestunde in meinem Zimmer: Kerzenlicht, Lebkuchen und Plätzchen (von daheim), dazu Bodenseegeschichten. Mußestunden, Balsam für Leib und Seele.

Dann wieder ein großer Spaziergang. Ich klingelte beim Pfarrer. Sr. Gertrud Pia hatte mir ein Beichtgespräch vermittelt, und jetzt musste ich einen Termin ausmachen. Ich erwartete den alten Herrn von heute früh und war erstaunt, einen anderen Geistlichen zu treffen: einen Mann in den besten Jahren mit dem mir vertrauten alemannischen Zungenschlag. Er lud mich für den folgenden Nachmittag ein: an Silvester, am letzten Tag des Jahres, des Jahrtausends durfte ich noch zur Beichte gehen. Welch ein Geschenk!

Voller Freude spazierte ich am Kloster vorbei zum Wald; kehrte dann aber wieder um wegen der Gefahr des Waldbruchs. Der Sturm hatte auch hier am Bodensee ziemlich schlimm gewütet. Am Waldrand entlang ging ich den Hügel hinauf und dann von oben ins Dorf. Ein wunderschöner Blick aufs Kloster und den dahinterliegenden See.

Am Abend wieder die Vesper mit den Schwestern, dann Abendessen mit Dagmar und die stillen Lese- und Schreibabende auf meinem Zimmer. In Nummer 13 wohnte ein Mann, der den Kurs im Haus Franziskus mitmachte. Ich sah ihn nie; er war tagsüber selten da, aber wenn er sein Zimmer betrat, war es nicht zu überhören. Er seufzte jedes Mal, sprach ein paar Worte mit sich selbst. Aber dann war es wieder ruhig. Erst als Zimmer 11 belegt wurde, musste ich nachts Schnarchgeräusche hinnehmen. Die Frau, die ich auch zwei- oder drei Mal in der Kirche traf, machte einen sehr müden Eindruck. Auch war sie sehr nervös und hatte vermutlich einige Probleme. Unsere letzte Mitbewohnerin kam erst an Silvester und reiste an Neujahr wieder ab. Sie hab ich nur flüchtig gesehen.

Am Freitagabend wurde im Haus Ulrika zu einem Konzert bzw. Liederabend eingeladen. Im Dorf hatte ich ein entsprechendes Plakat gesehen. Auch Dagmar hatte davon gehört, und so entschlossen wir uns, gemeinsam hinzugehen. Auf diese Art kam ich auch einmal ins Haus Ulrika. Es ist sozusagen das Pilgerhaus. Die Pilger, vor allem die Gruppen, die zu Sr. Ulrikas Grab kommen, haben hier die Anlauf- und Informationsstelle. Es gibt auch eine Dia-Show, aber ich habe sie nicht gesehen.

Das Konzert fand in einem großen Saal statt. Viele Leute waren schon da, alle Altersgruppen, auch Familien mit kleinen Kindern. Eine ältere Dame begrüßte uns und moderierte. Ein älterer Herr spielte auf der Heimorgel, dazu spielten junge Leute Flöte und Geige. Die Musikstücke waren ganz nett; auch die Lieder, die wir gemeinsam sangen.

Dazwischen legten Menschen Bekenntnisse ab, wie sie vor kurzem Gottes Hilfe erfahren hatten. Das klang mehr nach Sekte. Im Lauf des Abends stellte sich heraus, dass die betreffenden Leute durchaus nicht spontan ans Mikrofon kamen, sondern dass das alles ganz genau geplant war. Schließlich wurde jeder Anwesende aufgefordert, seinem Nebensitzer zu erzählen, wofür er Gott dankbar sei. Nun, da gibt es vieles, aber so auf Knopfdruck teile ich mich wildfremdem Menschen doch nicht so gern mit. Aber ich machte gute Miene zum bösen Spiel und harrte aus. Wäre ich nicht gerade im Haus Ulrika gewesen, hätte ich vermutlich den Raum zwischendrin verlassen.

Als die Veranstaltung dann endlich zu Ende war, gingen Dagmar und ich als erste aus dem Saal. Zuerst schauten wir uns nur an; dann äußerten wir unsere Meinung und stellten fest, dass uns beiden die Geschichte gleich unangenehm war. Das hatte nicht viel mit Glaube und Dankbarkeit, sondern eher mit Selbstdarstellung zu tun.

Der letzte Tag des Jahres. Des Jahrhunderts. Des *Jahrtausends!*

Am Vormittag hielt ich mich eine Weile am See auf. Auch im Winter hat er durchaus seinen Reiz. Die Schwestern haben hier ein Grundstück. Es gibt aber auch einen öffentlichen Strand, einen Uferweg, der wohl an der einen Seite bis Radolfzell und an der anderen Seite bis Konstanz führt.

Umgeknickte Bäume und heruntergebrochene Äste auch hier. Trotzdem strahlte dieses Bild nicht Zerstörung, sondern Stille aus. Der stille See; die gleichmäßigen, ruhigen Wellen. Man sieht von hier aus die Reichenau, kann das Münster gut erkennen. Es gibt keine Bänke, sonst hätte ich mich sicher eine Weile hingesetzt und den stillen See auf mich wirken lassen.

Dagmar hatte Besuch: ihr Bruder war gekommen. Ebenso sympathisch wie sie. Wir trafen uns wie üblich in der Küche, zur Kaffeezeit. Ich spendierte von meinem Lebkuchen, aber die beiden waren sehr bescheiden.

Dann der Weg zum Pfarrhaus. Wäre ich Pfarrer, würde ich mich hier wohlfühlen. Ein hübsches kleines Häuschen in direkter Nachbarschaft zum Kloster. Kleiner Vorgarten, alles sehr sauber und gepflegt. Auch die Kombination von Gemeindeleiter und Spiritual des Klosters würde mir zusagen.

Der Pfarrer empfing mich mit Freude, führte mich in ein hübsches Wohnzimmerchen, legte seine Stola um und schenkte mir seine ganze Aufmerksamkeit. Wann hat mir zum letzten Mal ein Priester so viel Zeit geschenkt? Wir kamen miteinander ins Gespräch. Ich spürte die Freude, die dieser Mann an seinem Dienst hat. Ein Geistlicher mit einer echten Berufung. Es war eine gute Stunde. Beim Abschied lud er mich ein, wiederzukommen, wenn ich wieder einmal in Hegne sei.

Um 21:45 Uhr Eucharistiefeier mit Jahresrückblick. Sr. Gertud Pia hatte uns den Verlauf kurz erklärt und jedem ein Kerzlein gebracht. Das bräuchten wir heute Abend. Ich hatte mich nach dem Abendessen etwas hingelegt und vorsichtshalber den Wecker gestellt. Aber ich schlief nicht ein, ruhte nur etwas aus. Eine Weile schaute ich aus dem Fenster. Es schneite. Vor meinem Zimmerfenster stand eine Straßenlaterne. So schaute ich nie ins Dunkle. Beizeiten ging ich zur Kirche. Das Kerzlein nahm ich mit. Die Kirche wurde voll. Alle Schwestern kamen. Und viele Leute aus dem Dorf.

Auf der Empore wurde musiziert. Ich hörte außer der Orgel eine Laute und eine Gitarre. Wunderschön. Ein sehr schöner Gottesdienst. Auf eine besondere Art feierlich, dem Anlass angemessen. Die Schwester Oberin gab einen Rückblick über die letzten hundert Jahre Klostergeschichte. Eine interessante Sache.

Der Pfarrer berichtete über den Wechsel im Pfarrhaus; seine guten Erfahrungen seither in Hegne. Die gute Mitarbeit vieler Gemeindeglieder. Das harmonische Zusammenspiel von Kloster und Gemeinde.

Der Gottesdienst dauerte etwa eineinhalb Stunden. Danach wurden die Lichter gelöscht. Die Gemeinde saß im Dunkeln, in der Stille. Dann wurden alle mitgebrachten Kerzen am Jerusalem-Licht entzündet. Wer keine Kerze dabei hatte, bekam eine. Die Schwestern hatten zwei große Körbe voll bereitgestellt. Rechtzeitig vor Mitternacht zog man in einer großen Prozession singend und von Instrumenten begleitet auf den Klosterhof.

Es herrschte eine wunderbare Atmosphäre. Der Schnee hatte alles weiß bepudert. Hunderte Lichter brannten. Sehr viele Schwestern und in bunter Mischung dazwischen die Gäste bildeten einen Kreis. Langsam und bedächtig bewegte sich dieser. Die Musikanten gingen ins Haus; über Lautsprecher wurde die Musik auf den Hof übertragen. Zwischen den Liedern immer wieder der Satz: »Christus gestern – Christus heute – Christus in Ewigkeit.«

Kurz vor Mitternacht ging der Pfarrer ans Mikrofon. Er sprach ein Gebet und den Segen. Der zweite Segen für mich heute. Stille. Der Zeiger der Klosteruhr ging auf die Zwölf. Wir sangen: »Großer Gott wir loben dich!« Mir liefen die Tränen über das Gesicht. Wie hatte Vater sich auf dieses Ereignis gefreut! Jetzt hatte er es nicht mehr erleben können. 24:00 Uhr. Mitternacht. Jahrtausendwechsel. Die Glocken läuteten. Läuteten das neue Jahr ein. Oder Jahrtausend. Mit der gebührenden Lautstärke. Rings um den See von vielen Kirchtürmen. »Gottes Segen im neuen Jahr!« Viele Schwestern gaben mir die Hand und diesen Gruß. Dagmar musste ich umarmen. Lange stand ich auf diesem Hof. Dann ging ich ein Stück hinters Haus. Ich wollte den See und das Schweizer Ufer sehen, konnte es aber nicht. Dafür Feuerwerk aus Hegne. Schön. Allmählich löste sich die Menge auf. Ich war noch gerührt. Tief bewegt. Dankbar, dass ich hier sein durfte. An keinem anderen Ort auf der Welt hätte ich in diesem Augenblick, an diesem Abend sein mögen.

Als ich schon gehen wollte, kam Sr. Gertrud Pia und lud uns noch zu einer kleinen Feier ins Schloss ein. Das Schloss ist ein Teil des Klosters, aber wirklich ein Schloss. Hier stand ein kleiner Imbiss bereit: Körbe voller Brötchen und Sekt und Orangensaft zum Anstoßen. Das tat jetzt gut. Meine Stimmung wurde schnell heiter; wieder wünschten mir viele Schwestern Gottes Segen im neuen Jahr, stießen mit mir an. Es herrschte eine fröhliche Atmosphäre. Eine Schwester führte mich durchs Haus: es hat wunderschöne Winkelchen; hier könnte ich mich wohlfühlen. Ich sollte unbedingt auch die Krippe am nächsten Tag anschauen. Die Schwester erzählte mir von der Geschichte des Hauses: dass die Fürstbischöfe von Konstanz hier einst ihre Residenz hatten.

Gegen 01:00 Uhr am Morgen machte ich mich auf den Weg in mein Zimmer. Mein Kerzlein, das ich bis dahin brennen gelassen hatte, ging jetzt auf dem Hof in der

Kälte plötzlich aus. In meinem Zimmer erwartete mich tiefer Frieden. So hat das Jahr gut angefangen.

Am Neujahrsmorgen war die Eucharistiefeier wieder besonders festlich. Dagmar spielte Querflöte. Sehr schön.

Nach dem Gottesdienst fuhr ich nach Radolfzell. Um 12:00 Uhr war ich mit Tante Hildegard verabredet. Ich wartete am Bahnhof auf sie. Sie kam wenige Minuten nach mir an. Sie hat sich von einem Verwandten im Auto herbringen lassen, weil am Feiertag die Busse nicht fahren.

Tante Hildegard wollte mich zum Mittagessen einladen, aber es war nicht so einfach, ein Restaurant zu finden. Die meisten hatten geschlossen; wahrscheinlich hatten sie bis in die frühen Morgenstunden Betrieb gehabt. In eine billige Eckkneipe wollten wir auch nicht gerade. Da fiel Tante Hildegard der Scheffelhof ein, dorthin führte sie mich. Von außen machte das Lokal keinen guten Eindruck auf mich, es sah eher wie ein Kino aus. Aber innen sah es geradezu fein aus. Die Tische waren gut gedeckt, mit Servietten. Gemütliche Nischen, viele Pflanzen.

Der junge Kellner wies uns einen Platz am Fenster zu und brachte die Speisekarte. Die Auswahl war nicht sehr üppig, aber mir fiel die Wahl doch schwer zwischen einem Fleischgericht oder Fisch. Wenn schon Mittagessen am Bodensee, dann Felchen. Wir bekamen beide die kleine Portion; das genügte zum Sattwerden. Zum Aufwärmen nach dem langen Suchen in der kalten Stadt gab es zuvor noch eine Suppe, denn der Fisch gehörte zum Menü. Und sogar noch ein Nachtisch. Wir saßen lang, gleich bis zum Kaffee, und hatten uns viel zu erzählen. Nachdem wir uns über Jahrzehnte aus den Augen verloren hatten, haben wir jetzt große Freude aneinander. Und wir hatten beide ein Geschenk: Tante Hildegard Schweizer Schokolade für Sandra und mich; ich für sie ein Büchlein aus dem Tessin.

Das Lokal leerte sich. Die Chefin kam und begrüßte uns. Der junge Kellner war ihr Sohn. Einen Moment überlegten wir, ob wie noch in ein Café gehen sollten, aber dann entschlossen wir uns, hier noch einen Kaffee zu trinken. Ich musste bald ans Zurückfahren denken und wir saßen hier wirklich gut. Tante Hildegard bestellte sich eine Tasse Kaffee, ich einen Espresso. Diesmal wollte ich sie einladen, aber sie bestand darauf, dass ich heute ihr Gast war. Ich ließ es gern geschehen.

Am Bahnhof stellte sich heraus, dass auch der Bus in die andere Richtung heute nicht fuhr. Aber Tante Hildegard wusste die Lösung: mit dem Zug bis Stahringen fahren und dort Verwandte besuchen, die sie dann später heimfahren konnten. Also ließ ich sie allein und fuhr nach Hegne zurück.

Ich ging gleich in die Kirche, aber die Vesper war schon zu Ende. Nach einer Weile kam der Pfarrer im Chormantel zurück. Eine Schwester erklärte mir, dass die Madonna heute wieder an ihren angestammten Platz zurückgekommen wäre, in einer feierlichen Prozession. Mitschwestern hätten getanzt. Es muss sehr schön gewesen sein. Aber ich war mit Tante Hildegard zusammen gewesen, das hatte heute für mich Priorität.

Jetzt saß ich ganz allein in der stillen Kirche. Ließ mir den Weihrauch in die Nase steigen. Die Sakristei-Schwester ließ extra für mich die Kirche noch eine halbe Stunde länger auf. Gibt es etwas Beruhigenderes als allein in einer stillen Kirche zu sitzen? Schließlich ging ich ins Haus Hildegard zurück. Es war schon dunkel und es schneite auch wieder. In der Küche war eine neue Tischdecke aufgelegt worden. Ein Teller mit Brezeln und Kuchen stand bereit; sicher schon seit dem Nachmittag für einen Neujahrskaffee. Ich machte mir noch einen Tee und aß eine Brezel.

Dann der letzte Abend. Die letzte Nacht.

Der 02. Januar war ein Sonntag. Mittags musste ich abfahren, es fiel mir schwer. Ich hatte mich wohlgefühlt, war unendlich dankbar dafür, dass ich gerade an diesem Ort diesen Jahreswechsel mitfeiern durfte. Nach dem Gottesdienst wartete Sr. Gertrud Pia auf mich. Sie wollte mich mittags gern zum Bahnhof begleiten, konnte aber nicht versprechen, dass sie bis dahin mit dem Mittagessen fertig sein würde, also verabschiedeten wir uns jetzt.

Ich ging noch einmal in die Krypta, empfahl mich der seligen Schwester Ulrika an. Ein letztes Mal der Weg zum Haus Hildegard. Am Pfarrhaus vorbei. Koffer packen. In der Küche traf ich noch einmal Dagmar. Ihr Bruder wollte sie am Nachmittag abholen.

Schließlich war es Zeit für mich zu gehen. In Oberndorf traf ich mich noch mit Bernd und Ilona zum Kaffee. Ich schenkte den beiden mein Teelicht. Möge es ihnen auch etwas vom Licht des menschgewordenen Gottes schenken.

Dann die letzte Strecke. Sandra holte mich am Bahnhof ab. Möge der Segen, den ich so vielfältig empfangen habe, auf sie ausstrahlen.

# Pallottifest in Stuttgart-Hohenheim 23. Januar 2000

Lange habe ich nicht so unruhig geschlafen wie in dieser Nacht. Vieles ging mir durch den Kopf. Vor allem fand ich mich in Gedanken wieder in Tennenbronn, in meiner Kindheit. Hier hatte ich 1969 die Primiz von P. Kunz miterlebt. Einige Primizfeiern fielen in die Zeit von 1964–1970, die wir in Tennenbronn wohnten. Davor habe ich nie welche erlebt und danach auch lange nicht. Ja, ich hatte den Begriff »Primiz« nicht einmal gekannt. Ob aus Tennenbronn überproportional viele Priester hervorgegangen sind, kann ich nicht sagen. Auch nicht, ob es heute noch Primizfeiern dort gibt.

Aber für mich als junges Mädchen hinterließen diese religiösen Feste starke Eindrücke. Sie passten mehr zu meinem Wesen als Tanzveranstaltungen oder andere Zusammenkünfte, die damals für Jugendliche angeboten wurden. Ich ging lieber im Wald spazieren, stundenlang, ganz allein. Manchmal ging ich über den Friedhof, obwohl dort keine Angehörigen oder Bekannten von uns lagen. Und ganz viel saß ich über meinen Büchern, damals schon. All das war ungewöhnlich für ein vierzehnjähriges Mädchen und im Spott sagten die Geschwister manchmal: »Die Uli geht doch mal ins Kloster!« Zur Ordensfrau bin ich nicht bestimmt, aber in viele Klöster hat mein Leben mich im Laufe der Jahre doch geführt. Die wichtigsten Begegnungen, die wertvollsten Freundschaften begannen unter dem Dach der Kirche (im weitesten Sinn). Einen feierlichen Gottesdienst würde ich einer weltlichen Veranstaltung immer vorziehen.

Tennenbronn. Ob dort mein religiöser Weg begann? Erstkommunion und Firmung fanden dort statt. Meine Brüder ministrierten. Es gab eine Zeit, da ging ich im

Pfarrhaus ein und aus, hatte Kontakt mit der Pfarrhaushälterin, half beim Putzen.

Getauft wurde ich in Singen, die Kirche ist mir noch im Gedächtnis. Als ich vor zwei Jahren dort war und die Glocken von St. Josef hörte, kam es mir vor wie ein Ur-Klang, der in meinem tiefsten Inneren ein Echo fand. Aber ich habe keine Erinnerungen an Begegnungen, an Gottesdienste. Nur dieses sonderbare Wort »Betsingmesse« ist geblieben, das ich damals nicht verstand und für »Betzi-Messe« hielt. Betzi war ein kleiner Bär aus einem Kinderbuch. All das war plötzlich wieder da, am Vorabend dieses Festes. Schon als ich das Jahresprogramm bekam, machte ich eine Notiz im Kalender. Aber ich war noch nicht sicher, ob ich hingehen würde. Doch als ich einen Bericht im Katholischen Sonntagsblatt las, sozusagen eine öffentliche Einladung, da entschloss ich mich, auch hinzugehen.

Ich rief dann im Christkönigsheim an und fragte nach dem Bus (nachdem wir den Irrtum mit dem falschen Datum geklärt hatten). Die U-Bahn-Linien hatte ich noch einigermaßen im Kopf.

Dann studierte ich den Fahrplan und stellte fest, dass ich am Sonntag schon um 07:09 Uhr hier abfahren müsste, um pünktlich um 09:30 Uhr in Birkach zu sein. Das behagte mir nicht sonderlich, halb in der Nacht aufzustehen und in der Dunkelheit zum Bahnhof zu müssen. Eine Weile überlegte ich mir, ob ich schon am Samstag anreisen und im Christkönigsheim übernachten sollte, aber das wollte mir nicht so recht zusagen. Schließlich studierte ich den Fahrplan noch einmal und entschloss mich, erst um 8:09 Uhr hier abzufahren. In eineinhalb Stunden müsste ich das auch schaffen, und wenn ich ein paar Minuten zu spät käme, müsste ich das eben in Kauf nehmen.

So stellte ich am Samstagabend den Wecker auf 07:00 Uhr. Lange konnte ich nicht einschlafen. Immer wieder wurde ich wach. Nicht zuletzt machte mich auch die bevorstehende U-Bahn-Fahrt nervös – obwohl es dafür eigentlich keinen Grund gab. Aber mit den Ängsten ist das eben so.

An diesem Sonntagmorgen verlief dann aber alles glatt. Mein Zug kam pünktlich; es standen schon erstaunlich viele Menschen am Bahnhof. In Stuttgart fand ich mich gleich zurecht, wusste, wo die U6 und die U7 abfuhren. Diese Bahn kam auch nach wenigen Minuten. In Möhringen umsteigen, das wusste ich auch noch. Dort stand die andere Bahn schon bereit. Hier fuhren nur wenige Fahrgäste mit. Ich beobachtete sie und fragte mich bei manchen, ob sie wohl auch zum Fest der Pallottiner fahren würden. Aber die meisten stiegen schon vorher aus.

In Plieningen stieg vor mir ein älterer Herr aus. Er ging geradewegs auf einen Bus zu, der an der Ecke stand, schaute zuerst auf das Schild und fragte den Fahrer: »Fahren Sie nach Birkach?«

Der wusste schon Bescheid: »Zur Vinzenz-Pallotti-Kirche, ja.« Das war ja großartig! Ich ging hinterher.

»Da möchte ich auch hin. Sagen Sie es an?« Ja, natürlich.

Es schneite. Und es war noch nicht einmal 09:30 Uhr. Dass ich so schnell vorwärtskommen würde, hätte ich nicht gedacht. Womöglich würde ich doch noch einen Sitzplatz finden. Ein paar Stationen, und wir waren am Ziel.

Ein Gemeindezentrum. Betonbau aus den Sechzigerjahren. Kein Kirchturm. Auf Anhieb hätte ich die Kirche nicht erkannt. Aber etliche Leute waren noch unterwegs, alle hatten dasselbe Ziel. Noch ein oder zwei Minuten fehlten zum Gottesdienstbeginn. Da könnte ich ja noch pünktlich kommen! Ich überholte ein paar ältere Damen – und betrat eine kaum zur Hälfte gefüllte Kirche.

Nanu – hatte ich mich in der Zeit geirrt? Ich schaute mich kurz um, genau und in Ruhe würde ich mir die Kirche nachher ansehen. Ich legte eine Hostie ein, nahm mir ein Gotteslob und suchte mir einen Platz in der dritten Reihe. Die beiden Bänke davor waren leer. Vielleicht kämen bestimmte Ehrengäste noch dorthin?

Oder vielleicht brauchte man den Platz für Ministranten oder Konzelebranten? Ich dachte an die Festmesse in Paderborn. Da waren rund ein Dutzend Purpurträger und noch einmal so viele Priester dabei gewesen. Und natürlich ganz viele Ministranten. Dorthin war ich damals zu spät gekommen und hatte einen Sitzplatz ganz hinten hinter einer Säule gefunden. Deshalb war ich jetzt geradezu glücklich, einen guten Platz in den vorderen Reihen gefunden zu haben. Dass sich nachher noch andere (größere!) Menschen vor mich setzten, schmälerte dieses Glück kaum.

Dann endlich begann der Gottesdienst. Aus der Sakristei kamen nach zwei Ministranten drei Priester – mehr nicht. Ich schaute alle drei an und wusste, welcher P. Kunz war. Auf dem Foto im Kath. Sonntagsblatt hatte er ganz anders ausgesehen. Aber hier, in natura, erkannte ich ihn wieder. Natürlich war er nicht mehr der junge Mann, den der Fotograf damals auf dem Primizbild festgehalten hatte. Ich war ja auch nicht mehr die vierzehnjährige Schülerin. Aber er war es.

Der Pfarrer der Vinzenz-Pallotti-Kirche leitete den Gottesdienst. Pater Kunz und ein weiterer Priester konzelebrierten. Der Pfarrer begrüßte die Gemeinde und die Gäste und eröffnete den Gottesdienst. Der Chor begann zu singen. Kyrie. Mir kamen die Tränen.

*Herr, du hast mich hierhergeführt, an diesem frühen Morgen. Ohne Komplikationen. Alles klappte wie am Schnürchen. Ich kam sogar pünktlich an und musste kein Taxi nehmen. Hier willst du mich haben. Ganz nah bei dir. In der Kirche. Was willst du, Herr, von mir?*

*Wohin willst du mich führen? Habe ich meine Berufung verfehlt? Hättest du mich im kirchlichen Dienst gebrauchen wollen?*

Ich dachte an mein Kind, an meine verstorbenen Eltern. Haben sie mir den Glauben geschenkt? Warum nur mir, nicht den anderen Geschwistern? Oder ist Glaube doch Gnade? Hat Gott die anderen nicht berufen? Oder haben sie seinen Ruf ignoriert?

Nach dem Tagesgebet, während die Gemeinde sitzenblieb, sang der Chor das *Gloria.* Ich fand meine Fassung wieder. P. Kunz hielt die Festpredigt. Er gab einen Überblick über den Lebensweg Vinzenz Pallottis. Woher kannte ich die Pallottiner? Damals in Tennenbronn war mir der Name kein Begriff gewesen. Ich hatte nicht gewusst, dass P. Kunz Pallottiner war. Später lernte ich Zeitschriften kennen. P. Wallhoff war manchmal im Radio zitiert worden. Wann war ich zum ersten Mal ins Christkönigsheim gekommen? Ich weiß es nicht mehr.

P. Kunz sprach vom Apostolat. Mitarbeit der Laien. Vielleicht wäre ich eine gute Pallottinerin geworden. Er zitierte Christa Wolff. Ich muss doch mal was von ihr lesen.

P. Kunz machte als Prediger einen sympathischen Eindruck, nicht den eines Profis, der vor dem Spiegel die Gestik einstudiert. Auch in kirchlichen Bildungshäusern wird heute schwerpunktmäßig Rhetorik gelehrt. Doch was nützt Rhetorik, wenn der Sprecher kein glaubwürdiger Zeuge dessen ist, was er verkündet?

Die Eucharistiefeier begann. Die Gemeinde sang Lieder aus dem Gotteslob, aber auch der Chor erfreute immer wieder durch seinen Gesang. Frauen aus der Gemeinde taten den Dienst der Kommunionhelfer. P. Kunz und seine Mitbrüder durften zuschauen. Ist das pallottinisches Pastoral?

Wieder kam mir die Zeit in Tennenbronn in den Sinn. Die Frage der Handkommunion wurde damals diskutiert.

Ich erinnere mich, wie sehr ich mich gegen die Handkommunion gesträubt hatte. Zu groß war die Ehrfurcht vor diesem Brot gewordenen Heiland in mir, als dass ich ihn hätte in meine Hände nehmen können. Von einer theologischen Diskussion bekam ich nichts mit, hätte sie wohl auch nicht verstanden.

Der Kirchenneubau in Tennenbronn erhitzte zusätzlich die Gemüter. Wie weh tat es mir, dieses schöne Gotteshaus abgerissen werden zu sehen! Michael, damals vielleicht eineinhalb Jahre alt, sah mit uns zusammen vom Wohnzimmerfenster aus zu, wie der Kirchturm gesprengt wurde. Lange war »Kirchturm putt« ein aufgeregtes Wort von ihm. Das Schauspiel hatte ihn nachhaltig beeindruckt.

Die neue Kirche kam. Ich hatte sogar einen Teil meines Taschengeldes gespendet. Ich erinnere mich noch wie ich den Pfarrer damals überraschte und wie er voller Freude sagte: »Das ist ja mindestens das Dreifache wert. Das wird für den neuen Kelch verwendet.«

Dann zogen wir um. In Rottweil fand ich keinen Zugang zur Kirchengemeinde, ging aber gern in die Ruhe-Christi-Kirche, am Sonntagmorgen, wenn alle anderen aus der Familie noch schliefen. Die Liturgiereform hat sich durchgesetzt. Später setzte ich mich inhaltlich damit auseinander. Lernte vieles zu verstehen. Fand mich in meiner Kirche wieder. Als mündiges Glied. Nicht als Feministin.

Der Gottesdienst ging zu Ende. Der Pfarrer lud alle Anwesenden ein, zu einem kleinen Imbiss in die Krypta zu kommen. Ich blieb noch lange sitzen, hörte der Orgel zu. Dann folgte ich den anderen in die Kellerräume. Überall standen Leute in kleinen Gruppen zusammen und unterhielten sich. Ich kannte niemanden. Ganz am Ende des Ganges wurde in einem Saal der kleine Imbiss gereicht. Es war sehr warm, ich hatte dummerweise meinen Mantel anbehalten.

P. Kunz schien alle Menschen zu kennen. Er begrüßte jeden einzelnen. Ich nannte meinen Namen. Ach ja, Tennenbronn. Er wusste sogleich Bescheid, aber dann musste er auch schon weiter. Viele Hände wollten noch geschüttelt werden. Ich nahm mir ein Glas Orangensaft und eine halbe Butterbrezel, stellte mich in eine Ecke, um niemandem im Weg zu stehen. Es ergab sich kein Gespräch, also stellte ich mein leeres Glas ab und suchte den Ausgang. Draußen begegnete ich dem Herrn aus dem Bus. Auch er wollte nicht länger bleiben. Wir grüßten uns kurz, und dann ging er schon. Ich wollte mir in Ruhe die Kirche anschauen, aber die Tür, aus der ich vorhin gekommen war, war nun verschlossen. Also zurück, um die ganze Kirche herum und zum Haupteingang herein. Ein junger Mann saß bei der Maria, sonst war die Kirche ganz leer, dunkel und still. Es roch noch nach Weihrauch – wunderbar. Ich setzte mich, blieb eine Weile still sitzen, kam zur Ruhe.

*Danke Herr, dass du mich heute hierhergeführt hast.*

Dann ging ich einmal durch das ganze Kirchenschiff. Sehr viel gab es nicht zu sehen, aber für barocke Üppigkeit bin ich ja auch nicht gerade. Schließlich ging ich zum Bus. Einen Sonderbus sah ich nicht, davon war auch vorhin nichts gesagt worden, also suchte ich die reguläre Haltestelle und wieder musste ich nicht lange warten. Zwei oder drei Stationen später stieg der nette Herr wieder ein. Er erkannte mich und setzte sich zu mir. Jetzt kamen wir miteinander ins Gespräch.

In Plieningen stiegen wir aus und gingen gemeinsam zum Christkönigsheim. Er erzählte mir, dass er bei den Leichtathletik-Seniorenmeisterschaften teilnimmt. Schon bei vielen internationalen Wettkämpfen hat er teilgenommen. Ein interessantes Thema, ein interessanter Mensch. Auch heute hat er etwas Sport gebraucht und war deshalb die zwei Stationen zu Fuß gegangen.

Im Christkönigsheim hatten wir bis zum Mittagessen noch Zeit. Der Speisesaal war noch geschlossen. Ich schaute mich am Schriftenstand um, nahm eine Zeitschrift heraus und begann zu lesen. Ein paar ältere Damen saßen um das Tischchen und unterhielten sich. Mein nun schon Bekannter nahm auch Platz. Ich setzte mich neben ihn und wir setzten unsere Unterhaltung fort. Über den Neubau der Akademie sprachen wir, ich müsste ihn mir unbedingt anschauen. Ja, das hatte ich sowieso vorgehabt. Und wieder das Thema Sport.

Als sich herumsprach, dass der Speisesaal geöffnet war, gingen wir hinunter. Ich war jetzt in Begleitung, das war mir angenehm. Wir wählten einen Tisch am Fenster, der Herr bot mir den Platz an, setzte sich mir gegenüber, und jetzt dehnte sich unser Gespräch auf Schule, Politik und asketische Lebensführung aus. Dabei genossen wir schon den ersten Schluck Trollinger.

Der Saal füllte sich langsam. P. Kunz kam herein und ging von Tisch zu Tisch, sprach wieder jeden Einzelnen an, und schließlich wurde das Essen serviert. Zuerst eine sehr würzige Käse-Suppe(?), dann ein Gulasch-Gericht mit Bratkartoffeln bzw. Nudeln, Salat. Und zum Nachtisch Rote Grütze. Alles sehr gut. Wir bekamen noch Nachbarn an unseren Tisch: Ein Ehepaar, das sich unserem Gespräch gleich anschloss. Sie fragten, ob ich zum Haus gehöre. Nein. Wie ich denn hierherkäme?

»Ich kenne Pater Kunz von früher.«

»Von wann früher?« Die wollten es aber genau wissen!

»Ich war als Schulmädchen bei seiner Primiz.«

»Ach!« Ja, wann und wo das denn gewesen sei. Ich gab Auskunft, sie waren zufrieden.

Sie kannten P. Kunz auch von früher, aber nicht von *so* früh, sondern von seiner Kaplanszeit in Birkach. Tennenbronn war ihnen auch ein Begriff; sie kamen aus Villingen. Ich fühlte mich sehr wohl in dieser

Tischgemeinschaft. Wieder empfand ich dankbar, dass ich an diesem Tag hier sein durfte.

Nach dem Essen verließen mich die drei. Der Sportler wollte noch zur CMT auf den Killesberg, das Ehepaar nach Hause.

Allein wollte ich nicht am Tisch sitzenblieben, so verließ auch ich den Saal und ging hinüber in die Akademie, auch hier zuerst an den Zeitschriftenstand. Das *Literaturblatt* hatte ich mir gewünscht und fand es auch. Dazu Veranstaltungshinweise vom Haus. Ich durchschritt die Halle. Die Pforte war nicht besetzt. Kein Mensch weit und breit. Wo war die neue Hauskapelle?

Ein Blick durchs Fenster nach außen: so kahl wie innen. Vielleicht wird es im Sommer etwas grün. Die Treppe führt zu den Schlafräumen. Ich fand eine Tür zu einem Raum, der Elemente einer Kapelle hat (Altar, Kreuz), aber sonst eher wie ein Hörsaal aussah. Vor allem hatte er keine Bänke oder Stühle. Merkwürdig. Ich fühlte mich deplatziert. Ein Ort des Gebets war das jedenfalls nicht.

Also verließ ich die Akademie wieder und machte mich, trotz des beginnenden Schneiens, auf den Weg in den Botanischen Garten. Auch hier hatte der Orkan an Weihnachten gewütet. Manche Wege waren noch abgesperrt, weil umgestürzte Bäume dort lagen. Ich kam an einen großen Baum, der samt seinen mächtigen Wurzeln aus dem Erdreich gezogen worden war. Welche Gewalt hatte dieser Sturm gezeigt! Steckte eine Botschaft dahinter? »*Wie klein bist du, Mensch! Auch an der Schwelle zum neuen Jahrtausend, um die du so einen Wirbel machst. Schau dir diesen Baum-Riesen an; ein Hauch von mir, und er ist dahin!*« Haben die Menschen je darüber nachgedacht?

Die Bewegung an der frischen Luft tat mir gut. Schade, dass es so unfreundlich war. Im Sommer hätte der Spaziergang mehr Freude gemacht.

Dann ging ich zurück ins Christkönigsheim, in den Speisesaal zum Kaffee. Er war nun fast leer. An einem langen Tisch saßen drei ältere Damen und ich fragte, ob ich mich dazusetzen dürfe. Ja, selbstverständlich.

Aber ich kam nicht ins Gespräch mit ihnen. Sie unterhielten sich über ihre Krankheiten und Gebrechen von gemeinsamen Bekannten (in allen Details), und ich bereute beinahe, mich dorthin gesetzt zu haben.

Nach einer Weile kam ein anderer Pater im Habit. Ich wusste nicht, dass die Pallottiner einen Habit tragen; sie sind meines Wissens doch kein Orden. Sie leben nicht im Kloster. Auch dieser Pater ging auf alle Gäste zu und begrüßte jeden Einzelnen. Wir wechselten ein paar Worte und ich nannte den Namen »Wimpfen«. Er machte mich auf ein nettes Kirchenfenster mit einer ganz außergewöhnlichen Christus-Maria-Darstellung dort aufmerksam: Maria ist böse auf den Sohn, der weggelaufen war. Mir ist das Fenster nicht bekannt, ich nahm mir vor, es bei Gelegenheit anzuschauen. Der Pater ging weiter, die Damen vertieften sich wieder in ihr Gespräch und ich verließ den Saal.

Oben auf dem kleinen Tischchen lagen Büchlein über Vinzenz Pallotti. Ich legte Geld in das Körbchen und nahm mir eines. Dann verließ ich das Haus und ging in die Kirche. Sie war ausführlich renoviert worden, war lange geschlossen gewesen. Ein sehr großer Raum. Ein riesiges abstraktes Bild an der Chorwand.

Der Christbaum stand noch dort. Hier störte er mich nicht. Hier war noch etwas vom weihnachtlichen Glanz übriggeblieben, strahlte in den Alltag hinein. Überhaupt war der ganze Tag wie eine Oase für mich. Mitten im Alltag. Der Brunnen in der Wüste. Ich schaute mir das Kripplein an. Machte ein Foto für mein Krippen-Album. Dann setzte ich mich in die erste Reihe. Sehr viele Gäste würden zur Vesper wohl nicht mehr kommen.

Der Pater von vorhin verhandelte mit dem Mesner. Den Anwesenden wurden Liedblätter mit dem Pallotti-Lied ausgeteilt. Ich schaute die Noten an: Es kam mir einfach vor, ich würde wohl mitsingen können.

Die Vesper begann, nach der Vorlage der Sonntagsvesper im Gotteslob. Einfach der Reihe nach durchgesungen. Es kam mir etwas lieblos vor. Es fehlte die Feierlichkeit. Keine Ministranten, kein Weihrauch, keine Orgel, der Pater allein. Da ist jede *gewöhnliche* Sonntagsvesper in Wimpfen feierlicher. Aber ich habe nicht das Recht, Maßstäbe zu setzen.

Nach der Vesper wollte ich schnell nach Hause. Es war nun doch ein langer Tag gewesen. P. Kunz stand vor der Kirchentür und verabschiedete jeden Gast. Ich hatte gar nicht bemerkt, dass er in der Vesper gewesen war. Wir gaben uns noch einmal die Hand. Dann ging ich zur Haltestelle und konnte genauso zügig und unkompliziert zurückfahren, wie ich am Morgen hergekommen war. Es war schon dunkel, als ich nach Hause kam. Ich machte es mir noch etwas auf dem Sofa gemütlich, blätterte die mitgebrachten Hefte durch, ließ den Tag noch einmal Revue passieren.

Ganz zum Schluss schaute ich noch einmal die Primiz-Fotos an: der Pater hier links auf dem Foto, das könnte der von heute Nachmittag gewesen sein. Damals – bei der Primiz – hätte sicher niemand daran gedacht, dass P. Kunz einmal Rektor des Christkönigsheimes werden würde.

Aber das weiß niemand, welche Wendungen die Lebenswege noch bringen.

# Oblatentreffen in Bad Cannstatt

*21.10.2000*

Manfred hatte mir die Einladung geschickt. Ich war noch nie dabei gewesen, kannte außer Manfred und Veronika niemanden. Cannstatt ist für mich auch eine Hesse-Stadt. Ich kenne mich ein klein wenig aus. Aber wo das Kolpinghaus ist, wusste ich nicht. Ich hoffte, es auf dem Stadtplan zu finden – aber dem war nicht so. Ein Taxi stand am Sonntagmorgen auch nicht am Bahnhof, aber die Verkäuferin am Bahnhofsbäcker konnte mir den Weg erklären.

Es war nicht schwer zu finden. Jedenfalls das Haus. Aber *im* Haus landete ich zuerst bei den Briefmarkensammlern. Nirgends fand ich ein Schild, auf dem »Oblatentreffen« stand. Da sah ich eine Frau um die Ecke verschwinden, und ich folgte ihr in einen kleinen Saal. Dort war ich richtig. Ein älterer Herr begrüßte mich gleich sehr freundlich – im ersten Moment dachte ich, das sei P. Coelestin. Doch der kam kurz darauf zur Tür herein, unverkennbar durch sein Habit. Manfred hatte mich schon angekündigt, sodass man über mein Erscheinen nicht ganz überrascht war. Ich fühlte mich wohl in dieser Gemeinschaft. Auch hier war ich die Jüngste, aber gerade das freute die Älteren.

Wir beteten die Laudes miteinander, später feierten wir die Eucharistie in der Hauskapelle. Vor uns waren kroatische Christen dort und überließen uns ihren Weihrauchduft.

P. Coelestin predigte über den Jüngling, der so vorbildlich lebte und doch nicht ins Himmelreich konnte. Ist das wirklich so schwer? Was müssen / dürfen wir alles hergeben, was wir als Ballast mitschleppen?

Gemeinsames Mittagessen in der Kantine des Kolpinghauses. Auch junge Leute aßen dort, vermutlich

Internatsschüler, die übers Wochenende nicht heimfahren. Ob sie kein gemütliches Zuhause haben, dass sie diesen unpersönlichen Speisesaal dem heimischen Mittagstisch vorziehen?

Nach dem Essen mache ich einen kleinen Spaziergang. Von Weitem sehe ich eine Kirche und schlage die Richtung nach dort ein. Es ist die ev. Lutherkirche, geschlossen. Von dort aus sehe ich noch eine, auch dort gehe ich hin: Liebfrauenkirche. Sie ist geöffnet, aber es findet gerade ein Gottesdienst statt, sodass ich sie nicht anschauen kann. Im Saal neben der Kirche wird applaudiert. Hat nicht vorhin jemand gesagt, der Bischof sei heute in Stuttgart? Vielleicht wird er gerade von dieser Gemeinde begrüßt?

Ein Mann mit einer Videokamera kommt heraus. Ich gehe weiter und entdecke die weiße Limousine. In einem Mercedes hängt ein Rosenkranz am Spiegel, aber kein Hoheitszeichen, keine Merkmale, die auf einen besonderen Besitzer hinweisen.

Bischof Gebhard. P. Coelestin hatte diesen Namen in der Messfeier richtig genannt – obwohl er gar nicht sein Bischof ist. Beuron liegt in der Erzdiözese Freiburg.

Hinter dem Gemeindesaal liegt der Friedhof. Friedhöfe ziehen mich immer an, egal, wo ich bin. Also gehe ich auch hier durch die Gräberreihen. Mitten in der Stadt, direkt neben der Hauptstraße und der Straßenbahn, diese kleine Oase der Ruhe, ein Ort des Friedens.

Ich lese die Inschriften. Manche stammen aus dem (vor-)letzten Jahrhundert. Ob hier Menschen begraben liegen, die seinerzeit mit Hesse in Kontakt waren? Ich versuche mich zu besinnen, aber mir fällt kein Name ein. Es kommt mir auch keiner der hier gefundenen bekannt vor. Schön, dass Gräber so lange bestehen dürfen. Wo ich einmal meine letzte Ruhestätte haben werde?

Ich gehe zurück zum Kolpinghaus. Erst jetzt entdecke ich am Eingang einen wunderschönen blühenden Hibiskus. Manche Blüten sind schon ganz geöffnet, manche Knospen noch ganz zart und klein.

Ich treffe Frau L. im Innenhof. Wir kennen uns aus Wimpfen und es ist doch schön, noch ein weiteres bekanntes Gesicht zu entdecken.

P. Coelestin gibt uns noch Erklärungen zur Benediktsregel. Um die Treue geht es, und um die Demut. P. Coelestin sagt, dass Demut in Wirklichkeit frei macht. Darüber denke ich nach. Es fällt mir ein Beispiel ein, und ich muss zugeben: Ja, in diesem Fall hätte ich mir viel Ärger erspart, wenn ich gleich demütig eine bestimmte Aufgabe übernommen hätte – wenn diese auch ungerecht verteilt war. Aber die Gerechtigkeit ist nicht unsere Sache. Wir sind bekanntlich nicht die Richter. Das sage ich als Oblatin. Aber in mir regte sich eine Stimme des mündigen Menschen. Vielleicht auch die Stimme der Demokratin.

P. Coelestin berichtet von Besuchen bei kranken und sterbenden Oblaten. Obwohl ich keinen von ihnen kenne, bin ich tief bewegt. Wenn das gelebte Demut ist, dann braucht man darüber nicht zu diskutieren. Das ist Dienst am Nächsten, wie Jesus es vorgelebt hat.

Ich empfinde tiefe Dankbarkeit, dass ich in dieser Gemeinschaft so liebevoll aufgenommen wurde.

Es gibt noch Kaffee; zwei Damen haben sehr feinen Kuchen gebacken. Und sogar eine Rose bekommt jeder zum Abschied mit nach Hause. Ich denke an Rilke. Rilke und die Rose. Meine Rose steht hier am Tisch. Sie ist wunderschön aufgeblüht. Sie schafft die Verbindung vom Gestern zum Heute.

Bringt Duft und Licht in den Alltag.

# Tag der Entscheidung?

*12.11.2000*

Am Montag sollte der Abtpräses nach Wimpfen kommen. Dass im November die Entscheidung über die Zukunft des Klosters getroffen werden würde, hatte uns P. Odo schon bei den Exerzitien im August mitgeteilt. Als ich an Allerheiligen dort war, erfuhr ich den Tag: diesen Montag sollte es sein.

Obwohl ich eigentlich müde war und das Wetter ganz und gar nicht zum Wegfahren lockte, entschloss ich mich am Nachmittag, nach Wimpfen zu fahren. Im Regen stieg ich aus dem Zug, es war halb fünf. Ich mochte nicht gleich runter ins Tal gehen und eineinhalb Stunden in der kalten Kirche sitzen. Ins Café gehen wollte ich erst recht nicht. Also ging ich zunächst ohne bestimmtes Ziel Richtung Stadtmitte. In einer Bäckerei kaufte ich mir eine Brezel, falls ich am Abend auf der Heimfahrt Hunger bekäme. Dann konnte ich wieder mal nicht der Buchhandlung widerstehen. Sie heißt *Lesefutter* und der junge Buchhändler ist zwar nicht sehr gesprächig, aber er hat mir vor Jahren mal ein paar sehr schöne Poster fürs Klassenzimmer geschenkt. Heute hatte er auf der Treppe mehrere Kisten mit Büchern zum halben Preis stehen. Da stöberte ich etwas und fand ein Adventskalenderbuch zum Vorlesen und Ausschneiden für die Schule. Das nahm ich, ging in den Laden und bezahlte. Dann warf ich noch einen Blick auf das Regal, wo Hesse steht. Hier stehen immer mehrere Titel, was mich sehr freut. Heute u. a. *Zarathustras Wiederkehr* als grünes Suhrkamp Taschenbuch. Das kaufte ich auch noch, das fehlte mir noch in meiner Sammlung.

Ich verließ den Laden, trat auf die Straße – und blieb wie angewurzelt stehen: der Blaue Turm strahlte golden, wie ich ihn noch nie gesehen habe. Dahinter der Himmel tiefschwarz. Die untergehende Sonne warf ihre letzten Strahlen in einer ganz ungewöhnlichen Intensität und Färbung auf diesen Turm. Ein grandioses Schauspiel! Ich ging auf den Turm zu und entdeckte jetzt auch noch einen *Regenbogen.* Der Regenbogen – Sinnbild des Bundes zwischen Gott und den Menschen. Auch heute. Die Mönche haben einen Bund – den Bund fürs Leben – mit Gott geschlossen. Gott lässt sie nicht im Stich. Auch nicht in dieser prekären Situation.

Meine Beklemmung, meine Sorgen waren plötzlich weggewischt. Voller Zuversicht, beinahe jubelnd ging ich weiter, nach dem Blauen Turm die Treppe hinunter zum Neckar. Dort stand ein Mann und schaute auch den Regenbogen an. »Wunderbar«, sagte ich.

»Ach, jetzt sieht man ja fast gar nichts mehr. Vorhin war der viel schöner. Und doppelt. So einen Regenbogen gab es noch nie.« Der Mann hatte eine Pudelmütze auf, Stoppelbart, die Plastiktüte auf der Bank abgestellt. Wir teilten diese überwältigende Freude. Ich blieb einen Moment bei ihm stehen. Er wiederholte seine Worte. Es gelang mir schwer, weiterzugehen. Er wollte reden, ich sollte zuhören. Aber ich hatte heute noch eine andere Mission.

Ich wollte diesen kleinen Konvent heute im Gebet begleiten. Meine Füße fanden den Weg zum Kloster ganz allein. Wie oft bin ich ihn schon gegangen? Wie oft werde ich ihn noch gehen dürfen?

Der Klosterladen war schon geschlossen. Ich ging gleich in die Kirche, zum rechten Seitenaltar. Ich warf Geld in die Kasse und legte zwei Kerzen zurecht (P. Paulus will nicht, dass man sie selbst anzündet – dabei ist das doch gerade für den Beter so eine wichtige Geste: ich zünde ein Licht an, bringe Licht in mein Dunkel – lasse mein Gebet nicht nur klingen, sondern auch leuchten) und setzte mich in die Bank.

So sitze ich lange Zeit. Im Dunkeln. Im Kalten. In der Stille. »*Herr, Du kennst mein wortloses Gebet. Meine*

*Nähe, meine Treue, meine Solidarität. Mehr kann ich den Mönchen nicht geben. Aber wenigstens das will ich heute zum Ausdruck bringen.«*

Um 18:00 Uhr beginnt das Konventamt. Schlicht und einfach. Ohne Orgel (der Organist ist krank). Etwa zwanzig Gläubige. Br. Gregor ist extra aus Salzburg gekommen. Und ein fremder Priester – das muss der Abtpräses sein. P. Odo: ein versteinertes Gesicht. Eiskalt. Unbeweglich. Den anderen Mönchen sehe ich nichts an.

Im Evangelium ist vom gegenseitigen Annehmen die Rede. Gerade daran mangelte es in diesem Konvent am meisten. Ein halbes Dutzend ausgezeichneter, feiner junger Männer hat in den letzten Jahren dieses Kloster wieder verlassen – darunter zwei nach der Priesterweihe.

Zum Schluss sind nur noch drei Mönche übriggeblieben (plus Br. Gregor, der die ewige Profess seit Jahren hinausschiebt).

Beim Friedensgruß umarmten sich Br. Michael und der Abtpräses freudestrahlend.

Nach dem Gottesdienst kommt Br. Gregor kurz zu mir. Er wundert sich, warum ich hier bin, und bedankt sich für mein Kommen. Auch er macht einen frohen Eindruck.

Erleichtert verlasse ich die Kirche. Jetzt bin ich froh um die Brezel. Ich verspeise sie auf dem Weg zum Bahnhof. Dort muss ich fast eine Stunde auf den Zug warten. Ziemlich müde und durchgefroren komm ich gegen 21:00 Uhr nach Hause und gehe gleich ins Bett.

Ob die Grippe, die mich zwei Tage später umwarf, in Wimpfen ihren Ursprung hat, ist nicht wichtig.

# Zum Tod von Pater Innozenz

*7.12.2000*

Seinen neunzigsten Geburtstag habe ich am Schluss vergessen – obwohl ich zuvor immer nachgefragt hatte, ob und wie man dieses Fest im Kloster feiern würde. Es wurde ein Fest geplant, das Konventamt auf den Vormittag verlegt – aber der Jubilar war nicht transportfähig. Ein Besuch im Heim wäre also auch nicht ratsam gewesen. Vielleicht hätte man gar nicht ins Zimmer dürfen.

Zweimal habe ich P. Innozenz im Heim besucht. Das erste Mal habe ich ihm ein kleines Blechkübelchen mit Strohblumen und einer kleinen Holzraupe mitgebracht. Er fand das ganz lustig und hat sich sehr darüber gefreut. Auch anderer Besuch kam an diesem Tag – wie er überhaupt offensichtlich immer viel Besuch hatte. Sodass der Arzt (?) sich genötigt sah, an der Tür ein Zettelchen anzubringen mit dem Hinweis, dass die Besucher mit Rücksicht auf das hohe Alter des Patienten nicht länger als eine Viertelstunde im Zimmer bleiben sollten.

Ich sprach P. Innozenz daraufhin an: Ach, das gelte hauptsächlich für die Mitbewohner, die aus Langeweile seine Gesellschaft suchen. Ich solle ruhig noch ein Weilchen bleiben …

P. Innozenz zeigte mir eine Liste mit den Namen aller Schwestern, als aber eine ins Zimmer kam, verwechselte er sie. Trotzdem fand ich, das ist eine gute Gedächtnisübung. Und für die Schwestern sicher auch ein Zeichen von persönlicher Annahme.

Als ich das Haus verließ, musste ich an der Tür das Datum des Tages eintippen, erst dann öffnete sie sich. Einen kurzen Augenblick lang erschrak ich – eingesperrt zu sein löst bei mir Panik aus. Aber dann atmete ich tief durch, tippte die richtige Zahlen ein und dann war ich frei. Ob das eine gute Möglichkeit ist, verwirrte Patienten am Abhauen zu hindern? Ich kann mir denken, dass es viele gibt, die sich zwar das Datum nicht mehr merken können – und sicher noch viel mehr, die so eine Tastatur nicht bedienen können – die aber durchaus in der Lage sind, sich im Straßenverkehr zu orientieren. Ist es recht, diese Menschen nicht mal allein ein paar Schritte vors Haus gehen zu lassen? Aber ich bin nicht vom Fach – ich darf mir kein Urteil erlauben.

Bei meinem zweiten Besuch kam gerade der Masseur zu P. Innozenz. Ich wollte mich diskret zurückziehen, aber beide Männer meinten, ich solle ruhig dableiben. Also nahm ich Anteil an den Strapazen, denen man diesen alten Mann aussetzte. Tapfer machte er alle Bewegungen mit, die der Therapeut von ihm verlangte. Aber manchmal verzog sich sein Gesicht schmerzhaft. Trotzdem – diese Übungen waren sicherlich notwendig, um seine Beweglichkeit noch einigermaßen zu erhalten.

Das letzte Mal gesehen habe ich P. Innozenz im August bei den Oblatenexerzitien. Er stand am Sonntag nach der Messe noch ein paar Minuten auf dem Parkplatz, ehe die Krankenpfleger ihn samt dem Rollstuhl wieder in den Transporter schoben. Er war gerührt über die Begegnung mit der kleinen Oblatengemeinschaft und ermahnte uns, auch weiterhin treu zum Kloster zu halten. Sicher ahnten manche von uns, dass dies die letzte Begegnung mit ihm war.

Von weitem gesehen habe ich ihn dann noch einmal an Allerheiligen. Wie an jedem Sonn- und Feiertag wurde er ins Tal gefahren, um mit seinen Mitbrüdern das Konventamt zu feiern. Und an den Wochentagen brachte ihm jemand vom Kloster die Kommunion.

Nun ist auch das vorbei. Wieder einer weniger.

Die Beerdigung: Ich hätte mir eine größere Trauergemeinde vorgestellt. Am Altarraum waren nur drei zusätzliche Geistliche und auch das Kirchenschiff war nicht voll. Aber vielleicht sind bei einem Neunzigjährigen eben auch schon viele Bekannte gestorben, und von den Jungen kennen ihn nicht mehr viele. Überhaupt hat die Gottesdienstgemeinde im Kloster sehr nachgelassen, ist geschrumpft. Die Ereignisse hinter den Kulissen machen sich auch in der Öffentlichkeit bemerkbar.

Um 14:00 Uhr beginnt das Requiem. P. Odo hält die Predigt: Wir dürfen nicht trauern, denn wir wissen ja, dass der Tote jetzt bei Gott ist.

Aber Trauer ist eine wichtige und menschliche Regung. Man darf sie nicht unterdrücken. Unsere Gesellschaft ist auch deshalb so kalt, weil der Tod tabuisiert wird, Trauer nicht mehr gesellschaftsfähig ist.

Die Männer vom Beerdigungsinstitut fahren den Sarg zum Friedhof. Die Mitbrüder geben ihm nicht das Geleit. Das macht mich traurig, denn es ist ja wahrlich kein weiter Weg von der Kirche zum Friedhof. Die Trauergäste marschieren plaudernd hinterher. Zum Schluss kommen die Mönche mit den Autos. Am Grab herrscht der übliche Ablauf. Das Weihwasser fehlt. Es sind auch keine Blumen da. Ich habe eine weiße Lilie mitgebracht, es ist vielleicht die einzige Blume, die mit ins Grab kommt. Ein Mann ergreift das Wort: Er ist ein Vertreter der Grüssauer Pfarrgemeinde. Er ist sehr gerührt, denn mit P. Innozenz starb der letzte der Grüssauer Seelsorger.

Wir sind auch noch zum Kaffee ins Gästehaus eingeladen. Am kleinen Tisch an der Ecke lasse ich mich mit Br. Michael, Br. Gregor, Manfred und Veronika nieder. Später kommt noch Rudolf dazu. Es wird eine nette Kaffeestunde, und ich denke daran, dass es ganz bestimmt in P. Innozenz' Sinne ist, dass wir uns hier versammeln und guter Dinge sind.

Das fehlt so in diesem Konvent: das Zusammensein.

Br. Felix studiert den Fahrplan: er bleibt nicht mal über Nacht. Gregor wird auch morgen wieder nach Salzburg fahren. Dann sind sie im Chor nur noch zu dritt.

# 3. Advent 2000

Dass ich ein Adventswochenende in Freising verbringe, ist schon Tradition. Aber in den letzten Wochen ging es mir so schlecht, dass ich fürchten musste, nicht hinfahren zu können. Umso größer wurde der Wunsch danach. Schon den erleuchteten Domberg vom Zug aus sehen zu können, erschien mir wie der Beginn einer Erholung, eines Ausstiegs aus dem Alltag.

Nun hat es also geklappt, ich konnte fahren, gleich am Freitag nach der Schule. Die Fahrt ging problemlos. In München bekam ich einen schnelleren Anschlusszug als mein Vordruck zeigte, und um 17:00 Uhr war ich schon in Freising. Kurzer Abstecher zum Abraxas-Buchladen. Dort kaufte ich mir eine CD (Vivaldi, Friedrich d. Gr., Marcello, Manfredini und Mozart), in der Apotheke nebenan ein Päckchen Salbei-Bonbons. Die braucht man um diese Jahreszeit immer.

Und dann der Aufstieg auf den Berg. Es ist gar nicht weit, wenn man den Weg kennt. Und mit dem kleinen Köfferchen ist es auch nicht zu anstrengend. Ich bekam meinen Zimmerschlüssel, konnte in Ruhe auspacken und ging Richtung Speisesaal. Dort war auch der Schriftenstand. Ich schaute mir die Bücher und Prospekte an: Ach, der neue Band »Tagzeitenliturgie« ist fertig, für Advent und Weihnachten! Und da kam auch schon Pfr. Ringseisen und begrüßte seine Gäste.

Zum Abendessen eine kleine Enttäuschung: Obwohl ich kein Freund von Buffets in den Bildungshäusern bin, liebte ich das Abendessenbuffet in Freising immer ganz besonders wegen der Fischvielfalt, dem frischen Gemüse und weil alles immer so appetitlich angerichtet ist. Aber heute kam ein Auflauf. Nun, das war natürlich auch nicht schlecht, zumal ich auch kein richtiges Mittagessen gehabt hatte.

Die erste Einheit im Korbianssaal. Es geht um den Morgenstern in dieser Tagung. Texte von Philipp Nicolai und Jochen Klepper. Eine kurze Komplet zum Abschluss des Tages, und um 21:00 Uhr falle ich ziemlich müde ins Bett.

Samstag, 07:45 Uhr Laudes. Wir haben schon eine kleine Schola. Das ist so ein Merkmal von Pfr. Ringseisen und Frau Brunnhuber: Sie schaffen es, auch fremde Menschen in kürzester Zeit in der Musik zusammenzubringen. Wir singen ein Benedictus-Lied, mehrstimmige Antwortgesänge ... eine sehr würdige und stimmungsvolle Einstimmung in den Tag. Beim Frühstück ärgere ich mich wieder über das Buffet, denn wegen einer Semmel und einem Stück Butter muss ich so lange anstehen. Bis 75 Leute versorgt sind, dauert es seine Zeit.

Der Vortrag am Samstagvormittag erschließt uns Leben und Werk Jochen Kleppers. Er war in den vergangenen Jahren schon öfter Thema. Aber seine Person ist so beispielhaft, seine Lieder so bewegend, dass es sich lohnt, sie immer wieder zu erschließen. Mich beeindruckt das Schicksal dieses Mannes sehr, es macht mich mehr betroffen als gestern Abend die Geschichte von Philipp Nicolai, der ja auch durch die Pest und die Verfolgung durch die Spanier genügend Dunkles erlebt hat. Vielleicht trifft es mich weniger, weil es schon so lange zurückliegt. Ich weiß es nicht.

Wir bekommen einen Text zum Meditieren mit aufs Zimmer. Gestern Abend gelang mir das leicht mit »*Wie schön leuchtet der Morgenstern*«. Auch jetzt habe ich den guten Willen und setze mich in mein Zimmer an den Tisch. Aber plötzlich breche ich in Tränen aus. Ich kann diese Aussage nicht mitsprechen: »*Jesus, du mein Bräutigam. Nur nach dir sehnt sich mein Herz.*« Ich habe eine andere Sehnsucht ... Es dauert eine Weile, bis ich mich wieder beruhigen kann. Dann mache ich mich an meine Aufgabe und versuche trotzdem, mir den Text zu erschließen. Nachher bei der Auswertung schweige ich. Solche Gemütsregungen sind nicht für andere bestimmt.

In vielen anderen Texten kommt das Motiv des Morgensterns auch vor; Pfr. Ringseisen ist sehr fündig geworden. Texte von Huub Oosterhuis und Angelus Silesius bekommen wir auch, jedes Mal mit vielen Hintergrundinformationen, die uns den Dichter und seine Beweggründe erschließen helfen. Man kann mit solchem Wissen die Lieder wirklich anders singen.

In der Mittagspause gehe ich zuerst kurz zu Frau Brunnhubers Bazar. Der Erlös dieser Bastelarbeiten geht in ein Kinderprojekt nach Rumänien. Ich kaufe mir eine sehr schöne, lange rote Kerze mit goldenen Sternen drauf. Es ist die einzige rote, es gibt sonst nur noch blaue und grüne. Ein paar Spruchkarten, zwei Lebkuchen und zwei schöne Karten mit gepressten Blumen, die die Schwester bzw. Mutter von Pfr. Ringseisen gemacht haben.

Dann ein Gang in die Stadt. Auch darauf hatte ich mich die letzten Wochen so sehr gefreut: einmal über einen kleinen Weihnachtsmarkt zu bummeln – nicht durch Stuttgart oder Heilbronn, wo man nur geschoben wird. Aber auch dorthin war ich dieses Jahr noch gar nicht gekommen. Ich kenne die kleinen Schleichpfade den Domberg hinunter. Zuerst schlug ich den Weg nach rechts ein. Ich wollte mir für den Abend ein Viertelliterfläschchen Rotwein kaufen. Und richtig fand ich eine kleine Weinhandlung. Aber die hatten überhaupt nur eine Sorte in dieser Größe, und das war ein sehr teurer Franzose, außerdem mit Korken verschlossen, das nützte mir im Zimmer nichts. Aber ein paar Schritte weiter fand ich Tengelmann und richtig: Darin ein Fläschchen Tiroler Rotwein. Das kaufte ich und ging freudig weiter. Die Hypobank hatte Tag der offenen Tür. Auch dort schaute ich hinein, bekam ein Glas Orangesaft und ein

Lebkuchenherz und machte außerdem bei einer Verlosung mit. Dafür sollte ich einen Spruch auf eine Karte schreiben. Na, wer weiß, vielleicht gewinne ich noch was.

Als nächstes die Marktbuden. Es fing gerade leicht zu schneien an – also die richtige Stimmung für einen Bummel durch den Weihnachtsmarkt. Es gab viel zu sehen und viele gute Düfte: Keramik, Lederwaren, Gestricktes, Holzspielzeug und ähnliches mehr. Ich kaufte mir einen hübschen kleinen Kerzenhalter aus Metall, für Teelichter, auch rot und golden bespritzt. Den will ich mit nach Hegne nehmen, damit ich nicht wieder einen Fleck auf das Tischtuch mache. An einem Stand kaufte ich ein Los: Eine Niete. Ich schaue mir die CDs an, kaufe aber nichts. Das hatte ich ja auch nicht vor. Aber in die Buchhandlung musste ich noch: ich habe meinen Schülern versprochen, dass ich nach Lesezeichen und Aufklebern schaue. Ich bin eine richtige Mitbringsel-Lehrerin und vor allem in Buchhandlungen suche ich immer. Auch diese Buchhandlung kannte ich von meinen früheren Besuchen. Ich schaute mich in Ruhe um und fand ganz am Schluss, als ich schon wieder gehen wollte, auf dem Boden unter einem Regal zwei Holzkisten mit Prospekten. Da nahm ich mir einige heraus, für die Kinder und für mich.

Auf der anderen Straßenseite sah ich eine weitere Buchhandlung – die war mir neu. Ein Schnäppchen-Laden. Einen Blick könnte ich ja riskieren. Gleich am Eingang fand ich den Bildband über Humboldt, die teure Calwer Ausgabe, ursprünglicher Preis 148 DM, jetzt nur noch 49,95 DM. Ich blättere ihn durch: wunderschöne zeitgenössische Bilder, Zeichnungen und natürlich die Berichte Humboldts von seinen Reisen und Expeditionen. Erst vor Kurzem war über ihn im Fernsehen ein mehrteiliger Bericht gekommen. Das wäre was, aber bevor ich mich zum Kauf entschließe, wollte ich mir erst den Rest des Ladens anschauen. Ich fand aber nichts Besonderes mehr, sodass ich mich zum Kauf dieses schönen Buches entschloss. Ein Weihnachtsgeschenk für mich selbst, wenn man so will. Ich stellte mir vor, dass ich an den Feiertagen mal einen Nachmittag oder Abend mit Humboldt auf Reisen gehen werde ...

Langsam wurde es schon wieder Zeit zur Rückkehr. Es gab noch Kaffee, bis wir uns wieder dem Morgenstern zuwandten. Am Abend eine wunderschöne Lichterfeier. Warum gibt es so wenige Priester, die mit ihren Gemeinden so Liturgie feiern? Es wäre doch für alle, am meisten für sie selbst, ein Gewinn.

Ich bleibe noch eine Weile in der stillen Kirche sitzen. Manchmal wundert es mich, dass die Leute nach einer solchen Feier ohne Pause direkt zum Biertrinken gehen können. Aber die Kommunikation braucht natürlich auch ihre Ausdrucksform. Trotzdem – immer wieder stellte sich mir gerade auch an diesem Wochenende die Frage nach dem Unterschied zwischen den Krautbauern und den Teilnehmern, die es nicht schaffen, trotz des ausdrücklichen Hinweises, im Vortragssaal zu schweigen. Die auch in der Kapelle nicht schweigen können. Die bei Tisch damit prahlen, was sie alles über Pfr. Ringseisen und Frau Brunnhuber oder über den Weihbischof, über den Prälaten usw. wissen. Während man sich einen Bissen Schinken in den Mund schiebt, erzählt man sich, wie schmerzhaft die Gesichtslähmung von Pfr. R. sei etc.

Aber ich darf mich nicht überheben.

In meinem Zimmer mache ich es mir gemütlich: Feierabend! Nach einer anstrengenden Woche, nach einer langen Fahrt, nach einem schönen Samstag, nach einer wunderschönen Lichterfeier. Ich schenke mir den Wein ein, ein paar Plätzchen habe ich von daheim mitgebracht. Dazu einen der Lebkuchen. Ich schaue die Buchprospekte durch, schreibe drei Weihnachtskarten und habe Musik. Jemand hat Geburtstag, es wird musiziert, und obwohl man uns extra Zimmer in der unteren Etage gegeben hat, dringt die Musik bis in die Gänge. Aber ich empfinde es durchaus nicht als störend, im Gegenteil: Klassische Musik an diesem Abend ist gerade noch schön. Es muss ein kleines Orchester dort oben in der Aula sein; jedenfalls höre ich immer wieder den Kontrabass heraus. Auch ein Chor singt immer wieder.

Am nächsten Tag frage ich nach: Es war der 58. Geburtstag des Kirchenmusikdirektors, da ist es klar, dass die Musik eine große Rolle spielt.

Am Sonntag wieder eine schöne Laudes.

Im Vortragssaal kommt Pfr. Ringseisen auf mich zu: Ob ich nachher eine Lesung übernehme. Er gibt mir gleich das Lektionar in die Hand. Natürlich schlage ich ein solches Anliegen nicht aus, und einem solchen Menschen schon gleich gar nicht. Aber würde ich das heute können: Den Jubel des Sonntags Laetare verkünden?

Ich übte laut in meinem Zimmer – das zumindest wollte ich gut machen. Aber den Rest hatte ich nicht in der Hand. Ein wenig Herzklopfen hatte ich nachher in der Kapelle. Es ist lange her, seit ich zum letzten Mal eine Lesung vorgetragen habe. Es war in der Osternacht in Wimpfen. Auch dort zum ersten Mal. Und damals war ich furchtbar aufgeregt. Es war die Zeit als ich ohne Medikamente zu leben versuchte und mich die geringsten Anforderungen in tiefe Aufregungen und Ängste stürzten.

Aber es war doch gut gegangen, und heute würde es auch gut gehen. Und es ging auch gut. Ich sprach aus Überzeugung. In dem Moment, als mir die Worte über die Lippen kamen, glaubte ich an ihre Wahrheit.

Nach der Messe blieb keine Zeit zum stillen Verweilen in der Kapelle, denn dann gab es Mittagessen, und danach war schon Abschied. Der war wie üblich nicht ganz leicht – das Ankommen ist immer schöner. Aber ich vertraue darauf, dass ich nächstes Jahr wieder hier sein darf, darum ist es nicht so schlimm. Vielleicht komme ich auch schon in der Fastenzeit her. Noch weiß niemand, ob ich Ostern noch einmal in Wimpfen sein kann.

Auch die Heimfahrt klappte wieder ganz problemlos. Während ich durch Eching fuhr, hoffte ich, dass Wolfgang nicht einsteigt. Aber ich sprach auch ein kleines Gebet für ihn.

In München am Bahnhof kaufte ich mir die Samstagsausgabe der Neuen Zürcher Zeitung.

Dann kam auch schon mein EC nach Stuttgart. Ich hatte keinen Platz reserviert, fand aber einen guten Platz an einem Tischchen. Da könnte ich später die Orange essen, die ich von Freising mitgenommen habe.

Auch in Stuttgart erwischte ich wieder einen früheren Zug als geplant und war um 17:15 Uhr in Kirchheim. Ein Auto hielt neben mir. Ich öffnete die Tür: wer will mich denn da mitnehmen? Es war meine Tochter. Wunderbar!

Daheim packte ich mein Köfferchen aus und machte mir einen Tee. Als ich kaum am Tisch saß, läutete das Telefon. Meine Patentante hatte das ganze Wochenende vergeblich versucht, mich zu erreichen, und sich Sorgen gemacht. Sonderbar: wochenlang kam ich nicht aus dem Haus, da hat sich kein Mensch gemeldet. Und kaum bin ich ein Wochenende weg, werde ich schon vermisst. Am selben Abend riefen nämlich noch meine älteste Schwester und Tante Hildegard an, alle mit derselben Feststellung, sie hätten das ganze Wochenende vergeblich versucht, mich zu erreichen.

Wie lange kann ich den Glanz des Morgensterns noch erhalten? Mitten im Alltag wird sein Glanz doch allmählich verblassen.

# 31.03.–02.04.2001

Hoffnung und Zuversicht – Angst und Resignation – Anklage und Fanatismus – alles auf dem Weg nach Ostern.

Freitag / Samstag in Freising: ein »Täglein« nur, aber so voller (Vor-)Freude und Zuversicht. Anhand von Psalm 84 machten wir uns auf den Weg. Pilger oder Wallfahrer auf dem Weg zum Osterfest. Auch auf dem Weg zu unserer eigenen Auferstehung.

Pfr. Ringseisen verstand es, uns in die Lage der alttestamentlichen Wallfahrer zu versetzen. Ich konnte mir den Tempel gut vorstellen, die Schwalbennester. Das Verlangen, immer in der Nähe des Tempels verweilen zu dürfen. Die Wüste wird zum Quellgrund. Was für ein Bild! Obwohl ich noch nie in Jerusalem war (und wegen meiner Flugangst wohl auch nie dorthin kommen werde), kann ich mir auch dieses Bild gut vorstellen.

Wir hörten die Stimme von Martin Buber. Was für ein Mensch! Und wir sangen diese frohen Lieder. Festliche Morgen- und Abendgebete. Wie könnte es anders sein? Am Samstag in der Vesper bekamen wir die Postkarte mit dem Bild von Rembrandt: »*Die Heimkehr des verlorenen Sohnes.*« Ich bin glücklich, dass ich bis zum Schluss bleiben kann und auf der langen Zugfahrt nicht nur das Bild in Händen, sondern auch das schöne Schlusslied im Ohr habe.

Sonntagnachmittag. Oblatentreffen in Bad Cannstatt. P. Coelestin wollte eigentlich absagen, weil er gerade zu verschiedenen Untersuchungen im Marienhospital weilte, aber er konnte die entsprechenden Leute nicht erreichen, sodass er sich vom Arzt für ein paar Stunden beurlauben ließ und doch zu uns kam. Aber man merkte, dass es ihm nicht gut ging. Der ganze Nachmittag war irgendwie bedrückt. Da war viel von kranken und sterbenden

Mitbrüdern die Rede. Die Eucharistiefeier auch etwas tot, trotz der Oblation eines Ehepaares, das uns allen aber leider fremd ist.

Ich bin froh, dass ich gestern die Worte von Pfr. Ringseisen zum Evangelium hörte; P. Coelestin ist ein ganz lieber Mensch. Ich bin erst zum zweiten Mal dabei (bei den Beuroner Oblaten – weil wir Wimpfener ganz vergessen sind!); aber er ist kein begeisterter Liturg, teilt an alle Mundkommunion aus, und heute kam eben auch noch sein schlechtes Befinden dazu. Und doch war auch dies ein guter Tag: Eine Begegnung von Gläubigen, die miteinander auf dem Weg sind.

Montagabend. Der Stefanuskreis hat zu einem Vortragsabend mit Dr. Ortkemper eingeladen. Thema: »*Was wir von Jesus wissen können*«. Dr. Ortkemper ist der Leiter des Kath. Bibelwerkes in Stuttgart. Ein quicklebendiger Mensch, ein Mann voller Lebensfreude. Sicher hat er auch Freude in und aus dem Glauben. Er verstand es, sein Wissen in einfachen Worten wiederzugeben. Eine wertvolle Eigenschaft, die nicht viele kluge Menschen besitzen.

Eine Stunde lang erfahren wir, wie sich Jesusforschung entwickelt hat. Für mich war das hochinteressant. Da bekomme ich Lust, nach fünfzehn Jahren den Aufbaukurs von »*Theologie im Fernkurs*« endlich zu packen.

Nach einer Stunde und einer kleinen Pause bekommen die Zuhörer die Gelegenheit, Fragen zu stellen oder ihre Meinung zu sagen. Leider schafft es ein Teilnehmer auch diesmal wieder, den Rest des Abends zu blockieren. Er macht dem Referenten Vorhaltungen: Wenn das, was in der Bibel steht, nicht Wort für Wort wahr wäre, dann wäre Gott doch ein Lügner, und er würde auf der Stelle im Himmelreich Kehrt machen. Dr. Ortkemper lässt sich nicht aus der Ruhe bringen. Mit viel Gelassenheit (und sicher auch der Annahme der Andersdenkenden) versucht er noch einmal an einem Beispiel zu erklären, dass selbst die Evangelien nicht alle vier denselben Wortlaut hätten. Aber wie es bei Fanatikern üblich ist, ist auch dieser Mann für Argumente nicht zugänglich. Noch einmal betont er, er hielte Gott für einen Lügner, wenn auf dem Berg Tabor nicht drei, sondern zwei oder vier Jünger bei Jesus waren. Und in diesem Stil geht es weiter. Andere Teilnehmer haben keine Chance, diesen Redefluss zu unterbrechen. Selbst Reinhold, der die Diskussionsleitung übernehmen wollte, schafft das nicht.

So waren wir froh und erleichtert, als der Pfarrer schließlich aufstand und sagte, es sei 22:00 Uhr und er müsse Dr. Ortkemper jetzt zur S-Bahn bringen.

Drei Tage – drei Möglichkeiten, mit der Bibel umzugehen. Drei Gruppierungen, drei Möglichkeiten den Glauben miteinander zu teilen. Alle katholisch. Alle auf dem Weg der Jesusnachfolge.

# Briefe V

Im Dezember 2003 bekam ich von P. Paulus eine Einladung zum Goldenen Professjubiläum.

Der Abt von Neuburg, Franziskus Heereman würde als Administrator des Klosters die Erneuerung der Ordensprofess entgegennehmen und der Pfarrer von Bad Wimpfen, Herr Weihbischof Dr. Franziskus Eisenbach, die Festpredigt halten.

Außer zur Mitfeier dieses Gottesdienstes um 9:00 Uhr in St. Peter zu Bad Wimpfen im Tal wurde ich auch zum anschließenden Stehempfang im Gästehaus des Klosters sowie im Anschluss an die Mittagshore circa 12:15 Uhr auch zum Mittagessen im Refektorium eingeladen.

Ich bin dieser Einladung natürlich gern gefolgt und durfte wieder einmal Gast einer herzlichen Glaubensgemeinschaft sein.

# Gedanken zum Tod des Papstes

09.04.2005

Eine Woche ist es her: Samstagabend, ich war gerade ins Bett gegangen, da hörte ich die Kirchenglocken läuten, und ich ahnte es: Der Papst ist gestorben. Ich schaltete das Radio ein, aber nicht SWR 2 oder Deutschlandradio, sondern einer der Unterhaltungssender hatte sein Programm unterbrochen und diese Mitteilung gemacht. Dazu gleich Berichte und Interviews. Alles sehr sachlich, betroffen – nicht aufreißerisch oder sensationshungrig.

Etwas ganz Besonderes verbindet mich mit diesem Papst: das Jahr 1978. Ich war damals schwanger. Erst einige Wochen im Schuldienst, als L. z. A., d. h. »Lehrerin zur Anstellung«, also noch nicht einmal Beamtin auf Probe. Völlig ungewisse Zukunft, das Kind nicht geplant.

Aber als der Arzt mir sagte: »Sie sind guter Hoffnung« – da konnte ich das Kind nicht nur annehmen, sondern es tatsächlich als Hoffnungsschimmer in meinem Leben sehen. So wurde die Schwangerschaft eine Zeit der Ungewissheit, aber auch eine Zeit, in der ich ungeahnte Energien entwickelte, mein Leben ganz neu in die Hand nahm, Verantwortung für das Kind und mich entwickelte.

In dieser Zeit starb Paul VI. Die nachkonziliare Zeit ging zu Ende. Ein tiefer Einschnitt in der katholischen Kirche. Papst Johannes Paul I wurde gewählt – und starb nach wenigen Wochen. Es hat mich seltsam berührt mit dem kleinen Lebewesen in meinem Bauch. Der neue Papst wurde gewählt. Johannes Paul II. Wenige Wochen später kam meine Tochter zur Welt.

26 Jahre ist das her.

Einmal bin ich zu ihm gefahren: Im Mai 1987, zur Seligsprechung von Pater Rupert Mayer. Sandra kam mit.

Damals habe ich keine Beklemmungen oder Angstzustände bekommen, mit 60.000 Menschen im Olympiastadion in München.

Sonst habe ich mich nicht sehr viel mit ihm beschäftigt. Wie mein Ortspfarrer mit mir umgeht – davon hängt mein Wohlbefinden als Glied dieser Kirche viel mehr ab. Und Weisungen aus Rottenburg treffen mich auch direkter als die aus Rom.

Die Nachricht des Todes hat mich dann letzten Samstag nicht erschüttert. Nicht einmal traurig gemacht. Eher war ich – wie zuletzt beim Tod meines Vaters – etwas erleichtert, dass dieses Leid nun ein Ende hat. Die Menschen wurden von der Nachricht nicht überrascht; es war in den Tagen davor offiziell bekanntgegeben worden, dass man mit dem Tod des Papstes rechnen müsse.

Mehr bewegt haben mich dann die Bilder im Fernsehen in den folgenden Tagen. Hunderttausende von Menschen kamen, um sich zu verabschieden. Am Tag der Beerdigung kamen vier Millionen Menschen nach Rom. Keine Schaulustigen. Keine Gaffer. Sondern einfach Menschen, die Sympathie für diesen Mann empfunden haben. Und die ihm im wahrsten Sinne des Wortes die letzte Ehre erweisen wollten. Das schafft kein Politiker, auch kein Popstar.

Beschämend fand ich, wie aber einige Kirchenleute – unter ihnen Frau Schavan – noch nicht einmal 24 Stunden nach dem Tod des Papstes öffentlich die Reizwörter *»Frau in der Kirche«* und *»Zölibat«* in die Mikrofone stießen, so, als sei das wiederholte Bekanntgeben ihrer persönlichen Meinung in diesen Tagen wichtiger als die Trauer von Millionen Menschen auf der ganzen Welt.

Papst Johannes Paul II: 1978–2005. 1978 war ich schwanger. 2005 stirbt auch vieles in mir ab (der Traum von den ausgefallenen Zähnen symbolisiert das ganz deutlich!). Im Sommer verlasse ich die Schule – wenn auch zunächst nur für ein Jahr. Aber ich spüre, dass sich in mir ganz viel bewegt. Dass Neues geboren werden will.

Ich spüre Lebendigkeit. Auch ein klein wenig Mut. Es hat mich traurig gemacht, als Sandra vor wenigen Tagen sagte: »Es ist nicht schön, 26 zu sein.«

Ich kann sagen: »Es ist schön, fünfzig zu sein.« Die zweite Hälfte kann besser werden. Vielleicht kann ich bewusster leben. Mehr eigene Schritte tun. Näher zu meinem eigenen Weg, meinem eigenen Ziel finden.

# Papst Benedikt XVI

*20.04.2005*

Dienstags ist bei uns um 18:00 Uhr Abendmesse. Ein kleines Grüppchen Frauen hat sich versammelt und eine bringt die Neuigkeit mit: Weißer Rauch ist aufgestiegen. Vorhin hat sie es in den Nachrichten gehört. Der Pfarrer geht kurz darauf ein: vielleicht bedauern wir jetzt, nicht am Bildschirm zu sitzen.

Aber eigentlich ist die Kirche doch der richtige Ort, diese Nachricht aufzunehmen, ins Herz zu lassen. Auch wenn wir den Namen des neuen Papstes noch gar nicht kennen.

Am Ende des Gottesdienstes singen wir drei Strophen von »Großer Gott wir loben dich«, und danach läuten fünfzehn Minuten die Glocken. Es ist schon sehr bewegend, auf diese Art am Geschehen teilzuhaben. Im Gebet mit den wählenden Kardinälen in Verbindung zu sein. Zu der weltweiten Gemeinschaft der Gläubigen zu gehören, die in diesen Tagen und Stunden miteinander verbunden sind. Teilzuhaben an einem historischen Augenblick.

Wieder daheim schalte ich natürlich doch gleich den Fernseher ein und ich erfahre: Kardinal Ratzinger wurde zum Papst gewählt. Es überrascht mich – eine bestimmte Meinung habe ich zunächst nicht, spüre auch noch keine Emotionen.

Dann bleibe ich aber den ganzen Abend am Fernsehgerät sitzen (zwischendrin muss ich noch die Religionsstunde für den folgenden Tag vorbereiten, aber das Geschirr bleibt ungespült stehen). Immer wieder werden die Bilder gezeigt: der neue Papst wird angekündigt, dann kommt er selbst auf die Loggia, begrüßt die wartende Menge und spendet den Segen.

Jetzt berührt es mich doch. Die Kirche hat einen neuen Papst. In relativ kurzer Zeit hat sich das Konklave geeinigt; Kardinal Ratzinger hat also die Gewissheit, von einer großen Mehrheit seiner Kardinalskollegen akzeptiert zu sein. Ich hole eine Flasche Wein aus dem Keller, zünde eine Kerze an und feire ein kleines Fest.

Experten kommen zu Wort. Wieder Bischof Huber, der sich auch nach dem Tod von Johannes Paul II geäußert hat. Ein sehr angesehener Mensch. Ohne Vorurteile. Vor Jahren habe ich ihn einmal in Stuttgart erlebt. Schon damals wirkte er auf mich glaubwürdig. Integer.

Politiker und Kirchenleute werden befragt, aber auch Menschen aus dem Volk. Die Kameras sind ja überall: auf dem Petersplatz, in Regensburg, in München, im Geburtsort des neuen Papstes ... Das Deutsche Fernsehen hat den Vorteil, in den eigenen Archiven fündig zu werden. Da haben es die Berichterstatter in anderen Ländern schwerer.

Natürlich hört man sofort auch wieder kritische Stimmen: *Sexualität, Zölibat, Frau in der Kirche, Amtsverständnis ...* Manche äußern diese Kritik wenigstens sachlich, aber bei vielen ist auch sofort Klischeedenken sichtbar.

Vieles geht mir durch den Kopf. Ich will diese Gedanken etwas sortieren:

Ich bin Benediktiner-Oblatin. Der Name hat für mich eine besondere Bedeutung. Benedikt gilt als der Vater des abendländischen Mönchtums. Auch als Patron Europas.

Der kleine Konvent in Wimpfen hat existenzielle Probleme. Dass der neue Papst sich den Namen Benedikt wählt, macht mir Hoffnung. Mönchtum hat ganz viel mit Kultur zu tun. Vielleicht kann das Christentum (in Europa) überhaupt nur überleben, wenn wir wieder von einer Konsum- zu einer Kulturgemeinschaft werden. Das verbinde ich spontan mit diesem Namen.

Und auch an meinen Freund Benedikt denke ich, den es nicht mehr gibt. Möge er seine wahre Berufung finden.

# Briefe VI

Am 28.4.2007 bekomme ich eine Spruchkarte von Pierre Stutz mit einem persönlichen Segenswort. Wir sind uns auf verschiedenen Tagungen schon mehrmals begegnet und seither in losem Briefkontakt.

*Zum Segen berührt*
*in meinen Händen,*
*deine Segenskraft spüren,*
*die zum tatkräftigen Handeln bestärkt.*
*In meinen Füßen*
*deine Auferstehungskraft erfahren,*
*die zum weltweiten Friedensweg ermutigt.*
*In meinem Herzen*
*deine Liebeskraft erahnen,*
*die zum staunenden Mitsein berührt.*
*Zwischen Erde und Himmel*
*der Verheißung trauen*
*gesegnet zu sein vor allem Tun.*

*Pierre Stutz*

*25.11.07*

Sehr geehrte Damen und Herren,

immer wieder einmal bekomme ich eine Ausgabe Ihrer Zeitschrift *Zeitzeichen* und lese sie jedes Mal mit Interesse und Gewinn. So auch jetzt die aktuelle Ausgabe vom November mit dem Thema »Angst«.

Besonders überzeugt hat mich der Artikel von Hans-Joachim Maaz, wo ich bestätigt finde, was ich als Lehrerin schon seit vielen Jahren erlebe: dass Kinder krank werden, wenn wir nur noch Leistung von ihnen fordern. Dieser Trend, für alles und jedes ein Ranking zu machen, war mir von Anfang an suspekt, ohne dass ich es recht begründen konnte. Jetzt drückt H. Maaz aus, was ich unbewusst schon immer gespürt habe: durch das ständige Verglichenwerden bin ich immer im Stress. Das Schlagwort »Stillstand bedeutet Rückschritt« suggeriert: jeder Mensch / jeder Betrieb / jede Institution müsste ständig die Leistung steigern. Wohin das im Sport geführt hat, zeigen die aktuellen Doping-Skandale ganz augenscheinlich. Aber auch für jeden anderen Menschen gilt: »Nach einer Anstrengung brauche ich eine Pause.«

Der Text von Sabine Bode hat mich an ein Buch erinnert, das im April d. J. herauskam: *Die Psyche der Deutschen* von Klaus-Uwe Adam. Ich lege Ihnen eine Rezension bei; vielleicht möchten Sie es lesen. Schon beim Vorwort spürt man, welche Liebe zu den Menschen der Autor hat.

Zu der Thematik »Humanes Sterben« schließlich, die auch bei Frau Bode angeschnitten wird, will ich Sie auf die November-Ausgabe der Zeitschrift *Universitas* vom Hirzel-Verlag in Stuttgart aufmerksam machen. Auch hier werden Sie Ihre Position bestätigt finden.

Danke also für dieses wichtige, sehr gute Heft.
Mit den besten Wünschen für Ihre weitere Arbeit

*Ulrike Mross*

# Sitzung des Diözesanrates im Kloster Schöntal 20./21. Mai 2011

Als Anerkennung für meine Teilnahme am Literaturwettbewerb zur KGR-Wahl letztes Jahr war ich vom Diözesanrat eingeladen worden, an einer seiner Sitzungen teilzunehmen. Ich entschied mich für Schöntal, und so war ich gestern und heute dort. Ich bin noch ganz erfüllt von meinen Eindrücken und will sie gleich zu Papier bringen.

Wie gut, dass ich freitags schon nach der dritten Stunde Schulschluss habe, so konnte ich um 12:17 Uhr losfahren und war pünktlich um 14:00 Uhr zum Kaffee dort. In Möckmühl, wo ich in den Bus einsteigen musste, fanden sich gleich zwei weitere Teilnehmer, und denen konnte ich mich dann anschließen. Sie gingen schnurstracks auf das richtige Gebäude zu. Ein wenig bange war mir allerdings, als sie sich darüber unterhielten, dass oft die Schlafplätze für alle Teilnehmer nicht ausreichten und manche in ein Hotel im Nachbarort ausweichen müssten. Das wäre mir ohne Auto ja gar nicht möglich, und ich entschloss mich sofort, in diesem Fall gleich wieder umzudrehen und nach Hause zu fahren.

Aber was hätte ich versäumt! Und wie aufmerksam und liebevoll hat man sich um mich gekümmert! Nein, diese Sorge war ganz und gar unangebracht. Ich wurde an der Rezeption herzlich empfangen, bekam den Schlüssel für das Zimmer 435 im »Haus der Stille«, ein Nebengebäude wenige Schritte vom Hauptgebäude entfernt. Also eigentlich ideal, denn die Nebengebäude sind immer viel ruhiger.

Ich stellte meine Tasche ab, machte mich etwas frisch und ging dann zurück. An der Rezeption erklärte man mir, dass unsere Tagung im Festsaal im zweiten Stock stattfindet, und dorthin ging ich über die hintere Treppe. Viele Menschen standen dort im Gang beim Kaffee und Gespräch. Ich machte mir einen Tee, nahm ein Stück Kuchen und schaute mich um. Die meisten hatten ein Namensschild an der Kleidung; ich suchte, ob die irgendwo lagen und vielleicht auch mein Name irgendwo stünde, aber ich fand nichts. Schließlich schaute ich in den Festsaal: ein wunderschöner Raum, zwei Stockwerke hoch, mit Empore außen herum (wobei ich nicht sicher bin, ob sie wirklich begehbar ist oder nur eine optische Täuschung). Auf dem Podium saß schon eine Dame und ich sprach sie einfach an. Ja, sie wusste Bescheid, begrüßte mich herzlich und begleitete mich zu Frau Branz. Auch diese wusste sofort, wer ich bin, begrüßte mich herzlich und machte sich mit mir auf die Suche nach Frau Fröhlich, die die Sitzordnung im Saal festgelegt hatte und somit wusste, wo mein Platz war. Wir fanden Frau Fröhlich draußen im Gang, sofort kam sie zu mir und zeigte mir, wo ich die kommenden eineinhalb Tage sitzen durfte: ein Tisch in der Ecke, direkt am Fenster, den ich mit zwei Ordensschwestern teilen durfte, die ebenfalls für ihre Teilnahme am Wettbewerb eingeladen worden waren. Die beiden Schwestern kamen auch bald darauf: Ich sollte an die Wand, hatte somit den meisten Platz am Tisch und auch den besten Überblick. Wir drei bildeten auf eine gewisse Art eine nette Tischgemeinschaft.

Der Saal füllte sich bald – über hundert Mitglieder gehören dem Diözesanrat an. Jeder hat seinen bestimmten Platz. Es ist die dritte Sitzung dieses Gremiums, d. h. die meisten kennen sich schon. Später fand ich an der Tür die Sitzordnung und konnte der entnehmen, dass die Teilnehmer nach Herkunft, also nach Dekanat und Wohnort eingeteilt sind.

Auch unser Bischof war da; er saß mit auf dem Podium, und die beiden Weihbischöfe Renz und Kreidler. Weihbischof Renz begrüßte mich mit Handschlag, wir sind uns schon öfter begegnet, zuletzt in Hoheneck (bei Sr. Ediths Professjubiläum – oder zur Seligsprechung der Stifterin?), aber er kennt mich nicht namentlich.

Der Bischof eröffnete die Sitzung mit einem Impuls – Gedanken über den Heiligen Geist. Dann stellte Herr Steur die besonderen Gäste vor (u. a. Diana Müller vom Kath. Sonntagsblatt), und nun wurden tatsächlich meine beiden Nebensitzerinnen und ich namentlich vorgestellt. Wir standen auf und zeigten uns der Versammlung, und wir waren vom ersten Augenblick an von allen nicht nur als Gäste akzeptiert, sondern liebevoll und mit viel Sympathie aufgenommen.

Auf allen Plätzen standen Gläser und Getränke; auf einem Seitentisch noch weitere Säfte. Jeder durfte nehmen, wonach ihm der Sinn stand. Auch kleine Schreibblöcke und Bleistifte (mit dem Logo der Tagungshäuser) lagen bereit. Also, es wird viel getan, um den Anwesenden die Arbeit so angenehm wie möglich zu machen.

Bis 17:00 Uhr wurde im Plenum diskutiert bzw. informiert. Danach verteilten sich die Gruppen zu verschieden Themen aus dem Komplex *Glaubwürdig Kirche leben* in andere Räume. Die Ratsmitglieder hatten sich vorab schon in ihre gewünschten Gruppen eingeteilt. Wir drei Gäste durften uns jetzt nach Belieben anschließen. Da gab es mehreres, was mich interessierte: *Glaubwürdiger Lebensstil, Ökumenische Perspektiven* oder *Geistliche Erneuerung,* wo ich dann schließlich auch hinging. Zwei Frauen und vier Männer hatten sich für diese Gruppe entschieden, und sie erlaubten mir, mich auch zu Wort zu melden. Da kamen persönliche Erinnerungen zu Wort; die Klage darüber, dass es auch in der Kirche viel zu viel Verwaltung und Bürokratie gäbe. Immer wieder wurde dieses Stichwort genannt. Da gab ich zu bedenken: »Wir können jetzt diese ganze Stunde darüber klagen, dass es in der Kirche zu viel Verwaltung gibt. Dann ist nach dieser Stunde weder in diesem Diözesanrat noch in der Kirche überhaupt noch bei einem von uns nur so viel an geistlicher Erneuerung passiert.« Und ich zeigte mit Daumen und Zeigefinger die winzige Menge an. Aber dass man sich das in gegenseitigem Respekt sagen darf, ist doch ganz wunderbar.

Dass der ganze Dialogprozess unter einen Patron gestellt werden könnte, war zuvor schon im Plenum angeregt worden und wurde jetzt auch in unserer Gruppe noch einmal ausdrücklich bestätigt. Dass bei Sitzungen und Tagungen von kirchlichen Gremien mehr gebetet werden könnte – und so beteten wir zum Abschluss noch das *Vaterunser* und *Gegrüßet seist du, Maria;* der anwesende Priester gab uns noch den Segen.

So machten wir uns auf den Weg zum Abendessen. Schnell bildete sich eine lange Schlange am Buffet; da brauchte man halt etwas Geduld, vor allem bei so knapp bemessener Zeit. Es gab noch verschiedene warme Speisen, Salate, aber auch Brot und Beilagen. Weil ich kein Mittagessen gehabt hatte, nahm ich mir von den Maultaschen (ich nahm später an, sie waren mit Bärlauch gefüllt – sie brachten meinen Magen etwas in Aufruhr) und einen Teller mit verschiedenen Salatsorten. Das liebe ich am meisten, weil ich oft zu bequem bin, mir selber einen Salat zuzubereiten. Damen vom Haus räumten die Teller ab – ein ungewohnter Service in Bildungshäusern oder Klöstern.

Gegenüber des Eingangs zum Speisesaal befindet sich die Tür zum Innenhof, sie war weit geöffnet, und nicht wenige Teilnehmer nahmen dort draußen ihr Abendessen ein. Auch der Bischof hatte dort gegessen und kam gerade zurück. An der Tür begegneten wir uns, und ganz überrascht sagte ich zu ihm: »Man hätte also auch da draußen essen können?«

»Ja, hätte man können.« Er schmunzelte. Jetzt war es schon zu spät, ich war ja fertig.

Um 19:00 Uhr begann die Vesper in der großen Klosterkirche. Ich ging davon aus, dass es dort recht kühl sei, und holte meine Jacke. Und das war auch gut so. Die Kirche ist sehr groß, barock – sehr schön. Wir gingen alle nach vorn; manche auch noch die Treppe rauf in den Chorraum. Die Vesper wurde im slawischen Ritus vom Gospodi-Chor gesungen. Es gab eine Zeit, in der mir die byzantinische Liturgie sehr zu Herzen ging. Ich habe davon noch eine LP. Aber auch in der religiösen Praxis entwickeln wir uns weiter. Von Geschmack oder Vorliebe möchte ich nicht sprechen, aber man öffnet sich für neue Gebetsformen, Lieder oder Ausrichtungen. Jedenfalls sollte das bei einem lebendigen Menschen so sein.

Wie lange war es her, seit ich zum letzten Mal solche Gesänge gehört habe? Ich weiß es nicht. Aber ich freute mich darauf und öffnete mein Herz. Mit dem Glockenschlag um 19:00 Uhr zog der Bischof mit zwei weiteren Geistlichen ein. Von meinem Platz aus konnte ich sie nicht sehen, aber gut hören. Für uns Mitfeiernde lagen Texthefte aus. Bei einigen Psalmen und Gebeten hatten wir wenige Zeilen mitzusprechen. Die meiste Zeit waren wir Zuhörende. Es waren schöne Melodien und niemand blieb davon unberührt. Selbst nicht die Vögelchen, die offensichtlich irgendwo im Gebälk ihr Nest hatten. An bestimmten Stellen zwitscherten sie immer mit. Ich fand das lustig, aber mein Hintermann schaute sehr grimmig …

Im Laufe dieses Vespergottesdienstes konnte ich mich allerdings des Eindrucks nicht erwehren, dass es weniger eine liturgische Feier als eher ein Konzert war. 5/4 Stunden waren sehr lang – schließlich hatte der Diözesanrat anschließend noch zu arbeiten. Am Ende der Vesper wurde noch zum Kauf der CDs eingeladen und zwei Herren aus dem Chor standen auch schon mit den Kartons bereit. Da fiel mir die Szene aus der Bibel ein, in der Jesus die Händler aus dem Tempel vertreibt ...

Es war schon 20:15 Uhr. Von 20:00 Uhr bis 21:30 Uhr war noch eine Arbeitseinheit geplant. Ich ging davon aus, dass diese sich dann bis mindestens 22:00 Uhr verlängern würde, und so spät hätte ich dann keine Lust mehr zu einem geselligen Beisammensein gehabt. Aber vor allem wollte ich ja noch etwas die Umgebung erkunden. So kam es mir sehr gelegen, als ich gerade Frau Branz traf und fragen konnte, ob es in Ordnung wäre, wenn ich die Sitzung heute Abend ausließe und stattdessen etwas spazieren gehen würde. Ja, selbstverständlich, ich sei doch ganz freiwillig hier und könne tun, was mir gefällt. Zwar hätte ich gern gehört, welche Ergebnisse die anderen Gruppen – aber auch meine – vorstellen würden, aber eine Stunde draußen und dann irgendwo in Ruhe ein Glas Wein – das war mir verlockender.

So machte ich mich erst mal auf den Weg um die Abtei herum. Der reinste Dornröschengarten, dann aber wunderschön angelegte terrassenartige Barockgärten, Rosenranken, ein Spielplatz, weiter oben Wohnhäuser. Es gibt ja auch eine Ortschaft Schöntal. Vielleicht wohnen einige Angestellte hier um das Kloster herum.

Dann ein Weg wieder hinunter. Jetzt die andere Seite der Anlage. Wunderschöne Bauten. Ein kleines Café gibt es hier mit einem Laden. Öffnungszeiten auch samstags bis 19:00 Uhr. Da will ich doch morgen unbedingt reinschauen und etwas mit nach Hause nehmen.

In einem anderen Gebäude tagte eine Jugendgruppe. Vielleicht werden auch hier wichtige Entscheidungen getroffen. Und hoffentlich haben diese jungen Menschen etwas mehr Zeit, die Umgebung zu erkunden und zu genießen.

Weiter an der Kirche vorbei. Hier gibt es eine kleine Kapelle, die heute als evangelische Kirche dient.

Natürlich geschlossen; es war ja schon spät abends. Der Wunsch, noch einmal für einen längeren Aufenthalt wiederzukommen, wuchs von Stunde zu Stunde. Und das Bedauern darüber, dass ich den Fotoapparat nicht mitgenommen hatte.

Schließlich ging ich in das Hauptgebäude zurück. Im Innenhof (Kreuzgarten) war jetzt niemand mehr. Die Tische waren abgedeckt, aber warum sollte ich mich nicht einfach hinsetzen? Im Gang standen Getränke und Gläser auf einem Tisch bzw. in einem Kühlschrank. Und der Hinweis, man solle die entnommenen Getränke in seinen Getränkepass eintragen. Ich hatte keinen Getränkepass. Wäre es wohl in Ordnung, wenn ich mir ein Glas Wein einschenke und das Geld auf den Tisch lege? Ich entschied mich dazu und hoffte, es sei so recht. Und dann saß ich eine Stunde allein in diesem wunderschönen Hof, auf einer Seite die Kirchenwand. Ein Organist spielte noch. Später kam eine Frau und klappte die Sonnenschirme zu. Eine ganz ruhige Stunde. Das Bewusstsein, dass es mir gut geht, mir nichts fehlt. Große Dankbarkeit überkam mich.

In dieser Stimmung machte ich mich dann später auf den Weg in mein Zimmer. Im Vorbeigehen sah ich die erleuchteten Fenster des Festsaales. Dort oben tagte noch der Diözesanrat. Ein wenig taten mir diese Menschen leid, da hatte ich es doch besser.

Einschlafen konnte ich dann allerdings nicht schnell. Zu sehr waren all diese Eindrücke noch präsent. Auch zog später ein Gewitter vorbei, aber der Donner war nur aus der Ferne zu hören. Ein Regenschauer kam dann auch. Gott sei Dank, die Natur braucht diesen Regen so dringend.

Den Wecker hatte ich auf 06:45 Uhr gestellt. Der Samstag begann mit einer Eucharistiefeier um 07:30 Uhr. Diesmal ging ich die Stufen zum Chorraum hinauf und setzte mich ins Chorgestühl. Der junge Mann aus der Arbeitsgruppe gestern setzte sich neben mich, und auf die andere Seite kam kurz danach M. D. Ich weiß nicht, ob er mich gestern auf Anhieb erkannt hatte. Aber als ich namentlich vorgestellt wurde, musste er sich wohl an mich erinnern.

Fleißige Hände hatten ein hübsches Liederheftchen eigens für diesen Gottesdienst zusammengestellt. Der Bischof erläuterte in seiner kurzen Ansprache das Bild auf der Vorderseite: eine Darstellung des Pfingstereignisses, aber der Heilige Geist wird hier nicht als Taube gezeigt, sondern Christus erscheint den versammelten Jüngern. Ein schöner, würdiger Gottesdienst, mit lauter wirklich mitfeiernden Christen. Der Zwischengesang im Wechsel, wie es sich gehört. Schöne Orgelbegleitung. Und auch die Vögelchen leisteten wieder ihren Beitrag.

Für das Frühstück blieb nicht viel Zeit. Zwar bin ich kein großer Esser und zum Frühstück mit einem Marmeladebrötchen und einem Glas Tee zufrieden, aber ich lasse mir gern Zeit. Wir sollten aber bis 09:00 Uhr die Zimmer geräumt haben, so musste ich also noch ins »Haus der Stille«, meine Sachen packen und die Tasche bei der Rezeption abstellen.

Aber ich hätte mich gar nicht so zu beeilen müssen, denn ganz so pünktlich fing die Sitzung doch nicht an. Und auch als sie schon angefangen hatte, kamen immer noch einzelne Mitglieder nach und nach dazu. Das ist wohl nicht anstößig, für mich aber ungewohnt. Ist Pünktlichkeit doch »ein hervorragendes Zeichen von Nächstenliebe«, wie P. Stoll mir einmal erklärt hatte. So sehe und handhabe ich es auch. Aber ich habe an diesem Wochenende gelernt, dass es nicht immer möglich ist, pünktlich zu sein.

Meine beiden Nebensitzerinnen kamen lange nicht. Ich hatte sie aber beim Frühstück gesehen, sodass ich nicht glauben konnte, sie seien schon abgefahren. So blieb ich an unserem Tisch in meinem Eckchen sitzen. Und richtig, sie kamen nachher auch noch und fanden ihre vertrauten Plätze.

Viele Wahlen mussten heute zu verschiedenen Ausschüssen und Arbeitsgruppen durchgeführt werden. Manche gingen schnell, per Handzeichen, aber andere mussten per Stimmzettel durchgeführt werden, wenn es mehr Kandidaten als Sitze gab. Aber auch hier hatten die Verantwortlichen im Vorfeld gute Arbeit geleistet: für alle Wahlgänge waren schon die Stimmzettel in bestimmten Farben vorbereitet.

Als es um die Finanzierung des neuen Gesangbuches ging, meldete sich ein älterer Priester zu Wort und schilderte in sehr heftigen Worten eine Situation, die an Diktatur und Spitzelstaat erinnere. Er war der Überzeugung, dass die Worte »für viele« statt »für alle« im Messformular zu einem solchen Verhalten in den Gemeinden führen würde. Der Bischof versuchte ihn mit einer sachlichen Antwort zu beschwichtigen, aber der Mann wiederholte seine Vorwürfe mit noch schärferen Worten und hat wohl die Stimmung im Gremium etwas aufgeheizt. Ich konnte ihm nicht folgen, noch weniger zustimmen. Ich kenne niemanden in der Gemeinde, der das neue Gesangbuch auf eine solche Art nach unpassenden Formulierungen durchsuchen würde. Die Menschen dort haben andere Sorgen. Die ganze Sache hat mich sehr irritiert.

Noch etwas ist mir aufgefallen: Wer schon viele Ämter hat, bekommt noch eines oder zwei neue dazu. Darin unterscheidet sich Kirche nicht von weltlichen Gremien. Meine Nebensitzerin und ich waren uns einig: Wir fanden das nicht erstrebenswert. Mir kam der Gedanke: Wäre ich Diözesanrätin und würde mich für einen Ausschuss zur Verfügung stellen, würde ich mich so vorstellen: »Ich bin Lehrerin und habe allein eine Tochter großgezogen. Ansonsten habe ich im Stillen Gutes getan und kann nicht mit einer Liste von Ämtern und Pöstchen dienen. Aber für diese neue Aufgabe setze ich mein ganzes Engagement ein, und ich werde mit großem Interesse und ganzer Kraft diese Aufgabe zu erfüllen suchen.« Aber ich war ja nur zuhörender Gast, und das war auch gut so.

Zwischendurch wurde einmal für zehn Minuten Pause gemacht. Draußen standen nicht nur Brezeln und anderes Gebäck bereit (Kaffeemaschine und Samowar für Tee sowieso), sondern auch prächtige Obstkörbe. Das freute mich besonders, denn ich hatte beim Frühstück einen Apfel vermisst. Den nahm ich mir also jetzt und schaute, während ich ihn aß, das wunderschöne Treppenhaus an. Dieses ist nicht immer zugänglich; es ist einfach viel zu schön und zu kostbar, als dass man es ständig betreten dürfte. Aber ein paar Mal hatte ich dazu doch Gelegenheit. Unten im Eingangsbereich wurde gerade einer Gruppe das Treppenhaus erklärt. Ich war vor langer, langer Zeit auch schon einmal hier gewesen, habe aber nur noch eine vage Erinnerung daran. Es könnte eine Gemeindewallfahrt gewesen sein. Aber ich hätte auch jetzt große Lust, mir von kompetenter Seite das Haus bzw. die ganze Anlage erklären zu lassen. Auf jeden Fall habe ich den großen Wunsch, noch einmal wiederzukommen und in Ruhe alles anzusehen.

Die Pause war zu Ende; es gab noch viel zu tun. Etwas später als geplant wurde mit dem Mittagsgebet (im Sitzungssaal) die Arbeit unterbrochen und dann zum Mittagessen übergeleitet. Der Speisesaal war jetzt sehr festlich gedeckt. Auf den Tischen standen Menükarten, sehr hübsch gestaltet. Salat stand für jeden Gast schon am Platz. Suppe und Hauptgericht sollte man sich dann wieder am Buffet holen. Da ich Salat nicht gern als Vorspeise, sondern zum oder nach dem Hauptgericht esse, ging ich gleich ans Buffet und nahm mir etwas vom Filet und den Kartoffelhütchen. Alles sehr fein, für alle Sinne ein Genuss. Natürlich hatte ich auch jetzt wieder sehr angenehme Tischgenossen und es kamen interessante Gespräche zustande.

Als ich fragte, ob mich eventuell am Nachmittag jemand mitnehmen könnte, wenigstens nach Möckmühl zum Bahnhof, vielleicht sogar nach Heilbronn oder Ludwigsburg, da war das zwar bei keinem der Anwesenden möglich, aber ehe ich mich's versah, hatte der junge Mann neben mir schon einen Herrn gefragt, der gerade hinter ihm in der Schlange stand, und schon war mein Problem gelöst. Herr Noa kam aus Ludwigsburg und würde mich gern mitnehmen. Das hat meine gute Stimmung noch gesteigert, denn nun war diese Frage gelöst (samstags fahren keine Busse nach Möckmühl zum Bahnhof).

Ein Viertelstündchen blieb mir jetzt noch, um nach draußen zu gehen. Ich wollte ja noch in das Café schauen, das ich gestern Abend entdeckt hatte. Jetzt fand ich auch noch einen Klosterladen. Hier gab es Bücher, Kerzen und das übliche Angebot, aber ich wollte doch lieber ins Café. Es befand sich wenige Schritte vom Klosterladen entfernt. Was sie an Gebäck und Honig hatten, waren keine Klosterprodukte, aber eine Auswahl an Marmeladen stand im Regal mit der Aufschrift »*Früchte vom Klostergarten*«. Auf die Orangen und Zitronen konnte das zwar nicht zutreffen, aber bei den anderen Früchten wollte ich es gern glauben und kaufte mir ein Glas Kirschmarmelade. So habe ich zu Hause beim Frühstück noch eine Weile ein Andenken an diesen schönen Aufenthalt hier. Auf dem Hof machte der Priester, der gestern bei mir in der Gruppe war, gerade Fotos. Ja, es mangelt nicht an Motiven – wenn man den Apparat dabei hat ...

Im Treppenhaus fand ich die beiden Schwestern, auch sie mit Fotoapparat. Ob ich denn von ihnen beiden eine Aufnahme machen könnte? Ja, selbstverständlich. Das ist ja auch wirklich ein ganz besonders prächtiger Hintergrund.

Und dann war es auch schon Zeit für die nächste und letzte Arbeitsrunde. Kaffeepause wurde diesmal nicht gemacht; jeder darf den Raum verlassen, wenn er für sich eine Pause braucht. An das ständige hin und her müsste ich mich noch gewöhnen. Aber natürlich ist es so zeitsparender. Auch jetzt standen hauptsächlich Wahlen an, u. a. auch für den Zentralrat der Katholiken. Herr Noa wurde gewählt. Wir trafen uns nachher zufälligerweise draußen beim Kaffee und ich konnte ihm gleich gratulieren. M. D. kam auch dazu. Jetzt kamen wir miteinander ins Gespräch und natürlich konnte es da nicht ausbleiben, dass wir von Wimpfen sprachen. Ich fand es schön, dass er sagte, ohne dieses Kloster wäre er wahrscheinlich heute nicht hier. Und auch darauf kamen wir zu sprechen: die Kreisgrenze beziehungsweise Dekanatsgrenze scheint doch eine wirkliche Trennungslinie zu sein. Aus meiner Gemeinde geht kaum jemand nach Lauffen zum Gottesdienst, obwohl man sogar mit dem Fahrrad fahren könnte. Lieber fährt man zehn oder zwanzig Kilometer mit dem Auto in die andere Richtung. Sonderbar.

Auf dem Buffet standen wieder feine Kuchen und anderes Gebäck. Die Verpflegung war wirklich ganz exzellent. Ich bin in eine Zeit hineingewachsen, als es Kuchen nur am Sonntag gab, und da war der Marmorkuchen das Übliche; einer musste für die neunköpfige Familie reichen. Das Märchen vom Schlaraffenland war eines der faszinierendsten – und die Zustände dort schienen wirklich unerreichbar. Heute haben wir viel mehr als es sich der Märchenerzähler ausdenken konnte.

Mit Herrn Noa schlich ich wieder in den Festsaal zurück. Die Arbeit wurde zügig vorangebracht, aber mit allen Punkten wurde man doch nicht fertig. Trotzdem wurde pünktlich um 16:00 Uhr Schluss gemacht. Bei den Ausschüssen oder Arbeitsgruppen, die jetzt noch nicht gewählt werden konnten, müssen vorerst die alten Besetzungen weiterarbeiten. Aber das ist wohl ohne

Schwierigkeiten möglich. Der Bischof sprach das Schlussgebet, dann war mein Besuch beendet.

Herzlich verabschiedete ich mich von den beiden Schwestern, ich bekam noch einen Flyer von ihrem Haus in Ellwangen. Vielleicht nehmen wir mal Kontakt auf.

Jetzt ging ein großes Verabschieden los. Ich musste aufpassen, dass ich meinen Chauffeur nicht verpasste, also hielt ich mich im Gang auf und schaute alle Menschen an, die vorbeigingen. Aber er kam und kam nicht. Schließlich ging ich nochmal in den Saal zurück. Immer noch ein Gewusel – ich konnte Herrn Noa nicht finden. Ein wenig war ich in Sorge, aber er war ganz bestimmt noch nicht vorbeigekommen. Schließlich kam er, gleichzeitig die Dame, die ich gestern im Bus getroffen hatte. Sie fragte, ob ich eine Mitfahrgelegenheit gefunden hätte. Sie könne mit einer Teilnehmerin nach Bietigheim fahren, und die beiden könnten mich auch mitnehmen. Das war ein verlockendes Angebot: Bietigheim liegt näher bei Kirchheim als Ludwigsburg. Herr Noa war damit einverstanden, so schloss ich mich den beiden Frauen an.

Es fiel mir nicht leicht, jetzt einfach wegzufahren. Sehr gern wäre ich noch ein paar Stunden geblieben, hätte mich weiter umgeschaut – aber andrerseits will man nach einer Tagung auch schnell wieder nach Hause fahren. Viele hatten ja noch einen weiten Weg vor sich.

An der Rezeption kaufte ich mir noch einen kleinen Führer von Schöntal, sodass ich wenigstens noch alles nachlesen und die Bilder anschauen kann. Aber der Wunsch, noch einmal wiederzukommen, ist groß.

Noch ein paar Augenblicke draußen vor der Abtei – dann ging es mit den beiden Frauen zum Parkplatz und Auto. Ich durfte vorne sitzen, was ich gern annahm. Es wunderte mich, wie kurz die Strecke war: auf der Autobahn dauerte die Fahrt nur eine halbe Stunde. Und noch mehr wunderte ich mich, dass die Autobahn fast leer war und vor allem keine Laster unterwegs waren. Aber ich war natürlich sehr froh darüber.

Gegen 17:20 Uhr waren wir in Bietigheim am Bahnhof. Ich bedankte mich sehr; Fahrgeld wollte die Chauffeurin nicht. Kurzer Abschied, dann gleich zu den Zügen. Der nächste Richtung Heilbronn fuhr um 17:25 Uhr; das war aber der nach Würzburg und ich war nicht sicher, ob er in Kirchheim hält. Ich stempelte aber schon mal meine Fahrkarte ab und ging zum Gleis. Ein Mann mit DB-Logo auf dem Pulli kam mir gerade entgegen. Ich fragte ihn und er sagte: »Ja, der hält in Kirchheim.« Also stieg ich ein – und fuhr an Kirchheim vorbei nach Heilbronn! Der Zug hielt nicht. Kurzer Schreckmoment. Aber nach solch einem wunderbaren Aufenthalt in Schöntal, nach solch erfreulichen Begegnungen – da konnte sich keine Panik breitmachen. Nicht einmal Ärger. Ich fuhr also nach Heilbronn, schaute nach dem Rückzug, kaufte die Fahrkarte, und ging mir noch eine Kugel Eis holen.

Gegen 19:00 Uhr war ich schließlich daheim. Ein Stück Kirche erlebt. Hierarchie zwar, aber ganz menschlich. Voller Dankbarkeit spüre ich wieder einmal, wie wichtig mir der Glaube ist, und dass er ohne die Kirche nicht lebbar ist.

# Zum Tod von Weihbischof Bernhard Rieger (1922–2013)

Letzen Samstag war ich in Stuttgart im Haus der katholischen Kirche zu einem Seminartag zum Thema »Laizismus versus Religionsfreiheit«. Der Geschichtsverein der Diözese hatte dazu eingeladen und ich hatte mich kurzfristig – angeregt durch einen Hinweis im Katholischen Sonntagsblatt – dazu angemeldet. Zu meiner Freude traf ich Pfr. I. dort und er erzählte mir, dass der Weihbischof gestorben sei. Welcher? Der Bernhard Rieger.

Oh, das traf mich. Weihbischof Rieger. Er gehört zu den wenigen Namen, die ich allabendlich in meinem Gebet vor Gott bringe. Viele Jahre, ja, Jahrzehnte standen wir in freundschaftlichem Kontakt miteinander. Irgendwann in den Achtzigerjahren sind wir uns zum ersten Mal begegnet, und dann immer wieder am gleichen Ort zur selben Zeit: zu den Besinnungstagen zwischen den Jahren in Heiligkreuztal. (Leider habe ich 2011 anlässlich meiner zwei Umzüge mehrere Ordner mit entsprechenden Unterlagen entsorgt!) Eine große Gruppe war das immer, und viele (Stefanus-)Freunde trafen sich dort jedes Jahr. Meine kleine Tochter Sandra (wohl noch im Kindergartenalter bei unserem ersten Besuch) und ich wurden vom ersten Augenblick an liebevoll aufgenommen. Noch heute denke ich mit großer Dankbarkeit an diese Zeit, an so liebe Menschen wie die Ehepaare Jucken, Wiesner, Dr. Scheibner. Viele alleinstehende Damen. Und natürlich die Bewohner bzw. Mitarbeiter von Heiligkreuztal: Herr und Frau Authaler, Hölles, Herr Fensterle (bei ihm durfte Sandra die allerersten Computerversuche machen) und natürlich die Bachers.

Und eben Weihbischof Rieger. Die Atmosphäre, die er ausstrahlte, wirkte immer auf die ganze Gruppe wohltuend. Nie gab es in seinen Kursen Spannungen oder gar offene Rebellion, wie ich es bei anderen Referenten erlebte. Einmal ernannte er mich kurzerhand zur Gruppenleiterin, weil ein anderer Teilnehmer ausgefallen war. »Sie als Lehrerin können das«. Ich musste also eine Kleingruppe leiten und später am Mikrofon die Ergebnisse vortragen. Ich muss es wohl ganz gut gemacht haben, denn das Plenum schenkte mir Applaus. Und vom Weihbischof bekam ich einen Rosenkranz. Die anderen Gruppenleiter übrigens auch.

Wir mochten ihn alle, und wenn wir uns jeweils wieder im kommenden Jahr für diese Tagung anmeldeten, dann hatte das auch mit ihm zu tun.

Irgendwann kam er nicht mehr nach Heiligkreuztal. Auch die anderen Geistlichen machten ihr Sache gut. Pfr. Kner, Pfr. Simon, Pfr. Bier. Aber doch keiner so wie Weihbischof Rieger. Viele Jahre später gab es einmal ein Comeback. Aber die Zeit war nicht stehengeblieben. Die Gruppe hatte sich verändert. Einige alte Freunde waren gestorben oder nicht mehr reisefähig. Die anderen waren älter geworden. Neue Gesichter kamen dazu. Auch der Weihbischof selbst war natürlich älter geworden. Es mag viele Gründe geben; jedenfalls wurde aus den Besinnungstagen nicht mehr das, was es früher gewesen war. (Seit der Jahrtausendwende war ich nicht mehr dort und weiß nicht, wie es heute ist.)

Aber es gab andere Gelegenheiten, den Weihbischof zu sehen. Einmal war er bei uns in der Gemeinde zur Firmung. Bei besonderen Gelegenheiten in Rottenburg oder Stuttgart konnte ich ihn wiedersehen. Aber hauptsächlich entwickelte sich jetzt ein Briefkontakt zwischen uns, der bis zuletzt angehalten hat. Kein Brief von mir blieb unbeantwortet. Nie ließ er lang auf Post warten. In früheren Jahren bekam ich immer eine hübsche Karte aus einer Kirche, einem Kloster oder eine Kunstkarte mit einem bestimmten Motiv. Und ganz oft gab es eine Beilage in Form eines Textes, den er gerade geschrieben hatte. Sehr oft ging es in diesen Texten um seine Kriegserlebnisse. Manchmal aber auch um kleine oder größere Alltäglichkeiten, um kirchliche Ereignisse. In den letzten Jahren auch oft ums Altwerden. Der letzte Satz in seinem letzten Brief: »Ich bin noch jeden Tag *en route*.«

Bernhard hieß auch mein älterer Bruder. Der 20. August ist der Namenstag. Manchmal bekam auch der Weihbischof einen Namenstagsgruß von mir, wenn ich gerade an dem Tag an meinen Bruder dachte. Als mein Bruder 2008 die Diagnose Speiseröhrenkrebs bekam, bat ich auch den Weihbischof, für seinen Namensbruder zu beten. Ich bin sicher, dass das seine Wirkung nicht verfehlt hat. Und vielleicht haben die beiden sich jetzt im Haus des Vaters persönlich kennengelernt.

Immer hat er Anteil genommen an dem, was ich ihm schrieb. Hat mir Mut gemacht, als Lehrerin durchzuhalten. Hat gespürt, wenn ich an der Kirche litt. Hat sich mit mir über die vielen Professfeiern und Priesterweihen in Wimpfen gefreut. Und dann natürlich auch den Niedergang miterlebt. Eine Zeitlang hat er für das Katholische Sonntagsblatt geschrieben. Das war mir immer eine Freude, wenn ich sonntags beim Frühstück sein Bild und seinen Namen sah und dann seine Auslegung des aktuellen Evangeliums lesen konnte. Doch auch das hörte irgendwann altersbedingt auf.

Ich erinnere mich, dass das Kath. Sonntagsblatt über seinen 80. oder 85. Geburtstag berichtete, aber dann hörte man immer weniger von ihm. Dass er in Kressbronn und Umgebung bis zuletzt noch sehr aktiv als Priester und Seelsorger unterwegs und tätig war, konnte ich jetzt in den verschiedenen Artikeln lesen.

Jetzt also war er gestorben. Er müsste annähernd neunzig Jahre alt sein, also wahrlich ein Alter, bei dem man damit rechnen muss. Aber trotzdem hat mich diese Nachricht jetzt überrascht.

Ich hatte nichts davon gehört, dass er krank war. Dass er in ein Pflegeheim gekommen wäre.

Am Abend kaufte ich mir noch die Stuttgarter Zeitung, um die Traueranzeige selbst noch einmal lesen zu können. Der Bischof und die Angehörigen haben sie gemeinsam geschrieben. Der 17. Dezember 1922 war das Geburtsdatum, also war schon über neunzig.

Die Beerdigung soll am Mittwoch in Wißgoldingen sein. Keine Ahnung, wo das liegt. Sicher mit öffentlichen Verkehrsmitteln nicht zu erreichen.

Ich schrieb kurzerhand eine Karte an Pfr. I.: Falls er zur Beerdigung nach Wißgoldingen fahren würde, könnte ich vielleicht mitfahren.

Dann schaltete ich aber doch noch den Computer an und gab bei der Fahrplanauskunft die Strecke Besigheim bis Wißgoldingen an, und es wurde mir tatsächlich eine Verbindung angezeigt. Es wäre also möglich, mit öffentlichen Verkehrsmitteln nach Wißgoldingen zu kommen. Das war ja eine erfreuliche Nachricht. Mein Wunsch, zur Beerdigung zu fahren, wurde immer größer und immer konkreter. Ja, diesen Weg möchte ich gern mit dem Weihbischof noch gehen. Das Dorf kennenlernen, in dem er geboren und aufgewachsen ist. Mittwochs habe ich um 11:20 Uhr Schule aus, da kann ich locker den Zug um 13:49 Uhr erreichen und um 15:35 Uhr in Wißgoldingen sein. Alles kein Problem.

Im Lauf des folgenden Tages beschäftigte mich die Frage des Fahrens noch intensiver und ich entschloss mich, schon eine Stunde früher zu fahren, sodass ich noch etwas Luft hätte, falls ein Zug Verspätung haben oder ich meinen Anschluss nicht erreichen würde.

Am Mittwochmorgen rief mich Pfr. I. an: Nein, er fährt nicht. Aber da hatte ich meinen Tagesablauf schon anders geplant.

Ich zog morgens schon schwarze Hose und Bluse an, dazu die violette Jacke (denn in der Traueranzeige waren die Priester, die konzelebrieren wollten, dazu aufgefordert worden in Albe und violetter Stola zu kommen), ging nach Schulschluss flott heim, aß ein Müsli, schmierte Butter auf eine Brezel, die ich aus der Schule mitgebracht hatte (eine Kollegin hatte Geburtstag und entsprechendes Vesper mitgebracht), packte sie und eine Flasche Wasser in den Rucksack und machte mich schon auf den Weg.

Um die Verbindung nochmal korrekt schriftlich zu haben, tippte ich Wißgoldingen am Automaten ein; aber er zeigte diesen Namen gar nicht an. Merkwürdig. So gab ich Schwäbisch Gmünd ein. Da zeigte mir der Automat, dass mein Zug fünf Minuten Verspätung haben würde. Oh, das war schlecht, denn in Stuttgart hatte ich nur sieben Minuten Zeit zum Umsteigen. Ich schaute nach Alternativen. Ich könnte mit der S-Bahn nach Schorndorf fahren und von dort nach Schwäbisch Gmünd. Oder mit dem Zug nach Süßen und dort umsteigen. Alles etwas umständlich. Ich war etwas ratlos.

Da kam mein Zug – ohne Verspätung. Vielleicht war es auch der vorherige, der eine halbe Stunde Verspätung hatte? Ich weiß es nicht, aber das war auch egal. Hauptsache ich kam schnell nach Stuttgart.

Und so war es. Überpünktlich kam ich in Stuttgart an, erreichte mühelos den Anschluss nach Schwäbisch Gmünd. Dieser Zug war recht voll, und ich suchte eine Weile nach einem freien Platz in Fahrtrichtung. Im Vorbeigehen fiel mir ein älterer Herr ins Auge, der schwarz gekleidet war und eine schwarze Krawatte trug. Sicher fuhr er auch zur Beerdigung. Einen Augenblick lang überlegte ich, ob ich ihn ansprechen sollte, aber zunächst wollte ich doch einen anderen Platz suchen. So kam ich in einen ganz anderen Wagen.

Aber beim Aussteigen hielt ich nach ihm Ausschau, entdeckte ihn auch gleich und sah, dass er von einem anderen Herrn im schwarzen Pullunder abgeholt wurde. Ich ging auf die beiden zu bzw. folgte ihnen auf den Bahnhofsvorplatz, wo ein dritter Mann samt Mercedes auf sie wartete. Und nun sprach ich einen von ihnen an. »Entschuldigen Sie bitte, Sie fahren doch bestimmt zur Beerdigung von Weihbischof Rieger?«

»Ja.«

»Könnten Sie mich vielleicht mitnehmen?« Der Gefragte musste nun natürlich den Chauffeur fragen, aber der sagte selbstverständlich zu.

Mir wurde der Sitz hinter dem Fahrer freigeräumt (Taschen und Mäntel kamen in den Kofferraum), der Herr aus dem Zug setzt sich neben mich und sagte: »Ich bin der Paul.« Ich stellte mich auch vor und sagte ein paar Worte, da antwortete Paul: »Wenn Sie so schnell sprechen, verstehe ich nichts, Blablabla ...« Das kam mir merkwürdig vor, denn ich spreche ganz bestimmt nicht schnell und schon gar kein Blabla. Aber als Paul dann weitersprach, merkte ich, dass er Schwierigkeiten hatte zu sprechen, und vielleicht konnte er auch schlecht hören.

Nachher fragte der Vordermann: »Paul, wie geht's dir?« Da berichtete Paul etwas von viel Weiß und einer langen Zeit und dass er sich an nichts erinnern könne ... Der Vordermann drehte sich kurz zu mir um und erklärte: »Er hatte einen Schlaganfall.« Aha, jetzt wurde mir manches klar.

Auf der Fahrt erfuhr ich, dass die beiden vorderen Herren Priester waren, also Mitbrüder von Weihbischof Rieger, und Paul auch ein persönlicher Freund. Alle kannten sich seit Jahrzehnten. Wißgoldingen kannten sie aber offensichtlich nicht, die Strecke war nicht genau bekannt, aber der Fahrer hatte sich gut informiert und fand den Weg sicher. Die Herren kannten sich hier in der Umgebung gut aus und staunten immer wieder, wie sehr sich alles verändert habe, vor allem unten in Schwäbisch Gmünd.

Die Landschaft hier ist ganz wundervoll, ich war sehr überrascht. Unzählig viele Schlüsselblumen auf den Wiesen, eine wunderschöne Sicht auf das Tal, je weiter wir hinauffuhren. Die Drei-Kaiser-Berge sieht man hier, das hatte ich im Internet schon gesehen. Durch Lorch war ich mit dem Zug vorhin gefahren, dort war ich letztes Jahr zu einem Ausflug, nicht ahnend, dass ich hier so nah an der Wiege des Weihbischofs gewesen war.

Eine knappe halbe Stunde waren wir unterwegs, dann war unser Ziel schon erreicht. Die Kirche war sehr groß und wuchtig auf dem Berg, nicht zu übersehen. Schräg gegenüber der Adler, aber der hat über Mittag geschlossen, auch das hatte ich im Internet schon vorab erfahren. Der Fahrer konnte sein Auto direkt unterhalb der Kirche parken, sogar im Schatten. Er sagte, ich könne gern am Abend wieder mit zurückfahren. »Der Zug für Paul fährt kurz vor 20:00 Uhr, also sagen wir 19:30 Uhr hier.« Das war ein großzügiges Angebot, aber eigentlich wollte ich nicht so lang bleiben und auch ganz gern mit dem Bus runterfahren, einfach unabhängig sein. Aber selbstverständlich sagte ich ein herzliches Dankeschön und dass ich auf jeden Fall pünktlich hier am Auto wäre, wenn ich mitfahren wollte. Würde ich nicht hier stehen, bräuchten sie nicht auf mich zu warten.

Die drei Herren machten sich auf die Suche nach einem Kaffee, ich wollte zuerst in die Kirche hineinschauen. Viele Stufen geht es hinauf, wirklich eine feste Burg. Die Türen standen offen. Ein Schild zeigte an, dass man im Adler (Nebeneingang) die Toiletten benutzen könne. Na, immerhin. Der nächste Schritt fast ein Schock, physisch. Nach wohl annähernd 30°C im Zug und Auto und mindestens noch 25°C draußen war es hier im Kircheninnern kalt. Wie gut, dass ich die Jacke mithatte. Sonnenbrille ab und Jacke an.

Die Kirche, Johannes dem Täufer geweiht, ist sehr groß. Ungewöhnlich groß für eine Dorfkirche, aber groß genug für einen solchen Anlass. Als der kleine Bernhard vor neunzig Jahren hier getauft wurde, konnte niemand ahnen, dass seinetwegen einmal der halbe Diözesanklerus sich hier versammeln würde.

Ein paar Frauen waren noch geschäftig unterwegs, aber sonst war noch niemand da, es waren ja noch eineinhalb Stunden Zeit bis zum Beginn des Trauergottesdienstes.

Alles war sehr gut organisiert; an den Bänken zeigten Hinweisschilder, wer wo Platz hatte. Ganz vorn Bischof und Domkapitel, Dekane und andere Würdenträger, Priester, Schwestern, Haushälterinnen, Kressbronn. Auf der rechten Seite Verwandtschaft. In der hinteren Hälfte war dann Platz für die übrigen Trauergäste. Im linken Seitenschiff die freiwillige Feuerwehr, auf der Empore der Chor.

Um eineinhalb Stunden hier zu sitzen, war es mir zu kalt und ich wollte mir ja auch etwas den Ort ansehen. Vielleicht gäbe es ja auch wirklich noch Gelegenheit für einen Kaffee. Also verließ ich die Kirche wieder. Ich ging ein Stück die Straße rauf und kam zum Pfarrhaus. Eine Frau stellte gerade eine Packung Wasserflaschen auf einen Tisch vor dem Haus. »*Bitte bedienen Sie sich*« stand dabei. Das war ja ein netter Service. Aber ich hatte mein Wasser noch im Rucksack. Mit einem rot-weißen Band war der Gehweg abgesperrt. »*Priester*« stand auf einem Zettel, der daran hing. Ich ging weiter. Ein weiteres Gasthaus mit einer schönen Terrasse fand ich noch, aber auch das hatte geschlossen. Da waren die Wißgoldinger Wirte aber nicht geschäftstüchtig, sie hätten heute einen schönen Umsatz machen können.

Viele Einheimische waren nicht unterwegs. Ein ganz normaler Mittwoch. Eine Frau mit einem kleinen Mädchen kam mir entgegen. Sie erklärte dem Kind gerade:

»Der Opa ist in der Kirche bei der Totenwache.« In der Kirche war vorhin noch niemand gewesen. Aber ich ahnte jetzt, dass das ganze Dorf an dieser Beerdigung Anteil nimmt.

Weiter ging ich durch die Straßen. Ich fand kein weiteres Lokal; auch keinen Laden. So schön es hier wäre zu wohnen, so sehr wäre man doch auf ein Auto angewiesen. Es gibt vermutlich keinen Arzt, Zahnarzt und keine Apotheke, keinen Bäcker oder Metzger und auch keinen Supermarkt. Oder eben draußen am Ortsrand, wie das heute üblich ist. Aber gesehen habe ich nichts dergleichen. An der Grundschule kam ich vorbei, und an einer großen Festhalle. Ja, feiern können die Menschen auf dem Land, in vielfältigen Vereinen.

Uniformierte waren zugange, regelten den Verkehr, vor allem die Parkplatzsituation. Ich erkannte immer mehr, was für eine gewaltige logistische Leistung dieser kleine Ort heute zustande gebracht hat und ich gehe wohl nicht fehl in der Annahme, dass es für den ganzen Ort eine Ehre war, für seinen berühmten Sohn (auch wenn dieser diesen Titel ganz bestimmt nie hören wollte) diesen Dienst zu tun.

Langsam ging ich wieder Richtung Kirche. Die Toilette im Adler wollte ich auch noch aufsuchen, denn der Gottesdienst würde doch wohl lange dauern. Den Nebeneingang fand ich, andere Besucher waren hier schon zugange. Wenn man von den Toiletten auf die Küche schließen kann, dann ist der Adler ein sauberes Haus, sehr gepflegt, und ich bedauerte wirklich, dass er heute seine Mittagspause nicht gestrichen hatte. Aber mir kam der Gedanke, später einmal wieder hierherzukommen; im Adler zu übernachten und mir die Gegend in Ruhe zu erwandern.

Nun ging ich in die Kirche und war erstaunt, wie sehr sie sich in dieser halben Stunde gefüllt hatte. Nun stand auch der Sarg im Altarraum, flankiert von je drei Feuerwehrleuten auf jeder Seite. Ich suchte nach einem Platz und entdeckte Paul in der ersten Reihe nach dem Mittelgang. Ich setzte mich zu ihm und er freute sich. Am Fahrplan an der Bushaltestelle hatte ich vorhin gesehen, dass ein Bus um 18:22 Uhr, der letzte um 19:40 Uhr nach Schwäbisch Gmünd fahren würde. Aber mit Paul an meiner Seite hätte ich auch wieder die Mitfahrgelegenheit. Das gab mir doch eine gewisse Sicherheit.

Ich legte meinen Rucksack ab und ging noch einmal nach vorn. Hier hatte ich die Gelegenheit, mich ganz persönlich und in Ruhe von Weihbischof Rieger zu verabschieden. Ein letztes Zwiegespräch mit ihm zu halten. Mich für die jahrzehntelange Freundschaft zu bedanken.

Dann setzte ich mich zurück in die Bank neben Paul und beobachtete das Geschehen. Allmählich füllten sich die Bänke. Jetzt erst merkte ich, dass wir in einer Bank mit der Aufschrift »*Kressbronn*« saßen. Aber ich bin sicher: Niemand hatte etwas dagegen, dass der gehbehinderte Paul sich hierhin setzte und ich sozusagen als Begleiterin mich neben ihn setzen durfte. Es wäre auch niemand auf die Idee gekommen, zu kontrollieren, ob jeder in der richtigen Bank sitzt.

Dass die Bänke für die Priester nicht ausreichten, wurde schnell deutlich. Zuerst standen ein paar Ordensschwestern auf und machten Platz (sie gingen einfach eine Reihe weiter nach hinten). Aber als auch das nicht reichte, nahmen die Ordner einige der Stühle für die freiwillige Feuerwehr und setzten sie weiter nach vorn. Etliche Priester suchten selbst nach einem Platz irgendwo dazwischen. Nur wenige kannte ich: die Weihbischöfe Kuhnle und Kreidler, Generalvikar Redies, Domkapitular Scharfenecker. Von den vielen mir bekannten Priestern sah ich keinen, auch keinen der Diakone. Niemanden aus meinem Dekanat oder aus Heilbronn. Aber eben doch ein großer Teil des Klerus unserer Diözese. Ein Ordensmann. Ein oder zwei Purpurträger.

Kurz vor Beginn des Gottesdienstes kam der Ortspfarrer ans Mikrofon und gab einige Hinweise für den Ablauf des Nachmittags. Auch hier war wieder zu erkennen, wie gut alles durchdacht und organisiert war. Bei alledem machte aber niemand den Eindruck, unter Anspannung oder Stress zu stehen. Alles strahlte wirklich Würde aus. Die Gottesdienstheftchen wurden verteilt, offensichtlich kamen sie ganz frisch aus der Druckerei.

Wachablösung. Sechs Feuerwehrmänner marschierten geordnet nach vorn, stellten sich auf, salutierten; die anderen traten ab und nahmen die Plätze im Seitenschiff ein. Zwei Sanitäter nahmen auch am Eingang ihre Plätze ein. Zwischendurch kam unser Mitfahrer aus dem Auto und brachte Paul eine Flasche Mineralwasser. Der bestand darauf, mir die Hälfte abzugeben. Also füllte ich mir meine kleine Flasche wieder halb auf und wir tranken beide einige Schlucke. Ich glaube, das war das erste Mal, dass ich in einer Kirche etwas getrunken habe, aber ich denke, in dem Fall war das in Ordnung. Der Weihbischof wäre jedenfalls der letzte gewesen, der etwas dagegen gehabt hätte.

Die Kirche füllte sich immer mehr, auch unsere Bank. Aber es wurde nicht eng. Keine Platzangst. Keine Beengung. Plötzlich sah ich Andrea und Matthias hereinkommen. An die beiden hatte ich gar nicht gedacht, aber es freute mich, auch jemanden von Heiligkreuztal zu sehen. Der Weihbischof war doch lange ganz offiziell der geistliche Begleiter der Stefanusgemeinschaft gewesen.

Um 16:00 Uhr Einzug mit Glockengeläut. Der Bischof mit den beiden Weihbischöfen, ein Ortsgeistlicher und weitere Priester, Ministranten. Ein wirklich sehr schöner Gottesdienst begann. Der Bischof wies darauf hin, dass Weihbischof Rieger ausdrücklich keine Nachrufe gewünscht habe, und daran wolle man sich halten. Aber natürlich ging er in seiner Predigt auf das Leben dieses Mitbruders ein. Er drückte aus, was alle mehr oder weniger so empfunden haben, die den Verstorbenen gekannt hatten: seine Bescheidenheit, seine Menschenliebe. Seine guten Predigten. Dass Reden und Tun bei ihm übereinstimmten. Und er erwähnte, dass er in einem Rundfunkinterview noch einmal die Stimme des Weihbischofs gehört habe, und gab davon noch einiges mit. Dann wurde uns noch mitgeteilt, dass die ganze mitfeiernde Gemeinde, auch die Einheimischen, nach der Beerdigung noch zum Abendessen in die Festhalle eingeladen sind, als Gäste des Verstorbenen. Das hat mich tief angerührt. Da hat jemand lange gespart und in seinem Testament festgelegt, dass die Trauergemeinde zum Essen eigeladen wird. Da muss sich nicht die Diözesanleitung Gedanken über die Finanzierung machen, auch nicht die Familie oder die bürgerliche Gemeinde. Ja, so war er, der Bernhard Rieger.

Die Kommunion wurde an mehreren Stellen ausgeteilt, und dabei bekam man das Sterbebildchen in die Hand. Paul stand nicht auf; es war ihm wohl zu beschwerlich. Ich hätte ihm gern einen der Priester mit der Kommunion an seinen Platz geholt, aber das wollte er nicht. Ich wurde den ganzen Nachmittag nicht recht schlau aus ihm.

Nach dem Abschluss der Eucharistiefeier formierte sich der Trauerzug. Die Geistlichen mit den Ministranten gingen voraus, dann kam der Sarg. Ihm folgten die Verwandten, denen die Ordensschwestern. Den Schluss bildete dann die übrige Trauergemeinde. Alles ging sehr diszipliniert vor sich. Niemand drängelte. Paul stand plötzlich auf und ging durchs Seitenschiff nach hinten, mir war nicht klar, was er vorhatte, aber ich wollte ihm auch nicht folgen.

Stattdessen wollte ich jetzt die Gelegenheit nutzen, Andrea und Matthias anzusprechen, die sich im Eingangsbereich aufhielten. Andrea war mit dem Fotoapparat unterwegs. Da stellte sich mir wieder einmal die Frage nach der Pietät. Ich hatte meinen Fotoapparat auch im Rucksack, und natürlich wäre es schön, wenn ich später anhand einiger Bilder diesen Tag noch einmal nachwirken lassen könnte. Aber etwas hielt mich dann doch zurück. Selbst nachher auf der Straße, als es auch noch unzählige Motive gegeben hätte, holte ich den Apparat nicht heraus.

Ich ging jetzt direkt auf Andrea zu und grüßte sie. Ja, wir kennen uns doch, aber sie wusste meinen Namen nicht mehr. Doch dann kamen die Erinnerungen an viele Begegnungen in Heiligkreuztal, und ich sagte ihr, dass ich etwas enttäuscht sei, so wenige Vertreter der Stefanusgemeinschaft hier zu finden. Herr F. sei auch hier, erklärte sie mir, aber den kenne ich nicht. Dann gab ich Matthias die Hand zum Gruß, aber er hatte überhaupt kein persönliches Wort für mich. So verließ ich die Kirche und schloss mich unten dem Trauerzug an. Im Laufe der nächsten Minuten erkannte ich, dass ich jetzt aus Versehen bei den Angehörigen mitlief; dadurch dass ich die »Abkürzung« durch das Seitenportal genommen hatte, war ich jetzt nicht am rechten Platz. Aber auch das machte nichts aus. Neben mir ging ein junger Mann mit etwas sonderbarem Gehabe; ich war mir nicht sicher, ob er überhaupt dazugehörte oder ein zufälliger Passant war. Im Vorbeigehen beim Adler sah ich einen großen bellenden Hund vor dem Nebeneingang stehen, da könnte jetzt aber niemand mehr die Toiletten benutzen.

Vorne an der Kreuzung wurde der Verkehr angehalten. Wieder staunte ich über die hervorragend organisierte Logistik. Ich schaute kurz nach hinten: die Prozession war noch sehr lang. Einige Minuten mussten die Autofahrer schon Geduld haben. Das wäre dem Weihbischof vielleicht nicht unbedingt recht gewesen, dass seinetwegen der Verkehr stillsteht. Aber das musste halt jetzt so sein.

Auch auf dem Friedhof war alles gut vorbereitet. Ein paar Stühle und Bänke standen für diejenigen bereit, die nicht gut stehen konnten. Unter dem Vordach der Kapelle stand der Bischof mit seiner Begleitung und fing dann bald mit der Zeremonie an. Immer noch strömten Menschen nach. Ich ging um die Kapelle herum, um den anderen Platz zu machen, und dort fand ich Paul wieder. Nun heftete ich mich an seine Fersen, denn inzwischen war mir klargeworden, dass ich auf diese Rückfahrgelegenheit angewiesen war. Der Gottesdienst in der Kirche hatte bis 17:30 Uhr gedauert; den Bus um 18:15 Uhr würde ich also gar nicht erreichen. Und natürlich würde ich auch gern noch mit zum Essen gehen.

Die Blaskapelle spielte etwas schwerfällig. Ob der Weihbischof selbst das alles testamentarisch festgelegt hatte?

Ich glaube, die Beerdigung hielt jetzt Weihbischof Renz (ich konnte ihn nicht sehen, nur hören). Auch er fand sehr gute Worte. Nicht nur über den Verstorbenen, sondern über das Sterben im Allgemeinen und den Trost, den wir aus dem Glauben schöpfen. Er segnete das Grab und das Kreuz; das hatte ich so noch nie erlebt. Und dann wurde der Sarg der Erde übergeben. Das Grab befindet sich direkt an der Wand der Kapelle. Der Friedhof in Wißgoldingen liegt sehr schön, mit einem wundervollen Blick über die weite Landschaft. Ich könnte mir vorstellen, dass das in gewisser Weise eine Art Pilgerziel für viele Menschen wird, die dem Weihbischof nahe standen. Vielleicht haben auch manche das Bedürfnis, ihn an seinem Grab um seine Fürbitte zu fragen.

Paul schlich sich wieder davon, etwas schwerfällig mit seinem Stock durch die engen Wege. Ich folgte ihm auf dem Fuß, wenn ich auch gern noch am offenen Grab ein letztes Wort mit dem Weihbischof gesprochen hätte. Aber ich war ja in der Kirche schon am Sarg gestanden. Und sicher würde dieses Defilee sehr lange dauern. Wenn wir um halb acht zum Bahnhof fahren wollten, blieb ja auch nicht mehr so ganz viel Zeit.

Ich ging jetzt einfach den Menschen nach, die den Friedhof verließen. Die Feuerwehrleute waren darunter. Jemand sagte zu ihnen: »Ihr habt eure Sache gut gemacht. Dafür habt ihr euch jetzt ein Bier verdient. Ein Weizen.« Ja, das sah ich auch so, und sicher waren diese Helfer alle auch mit in die Festhalle eingeladen.

Plötzlich ging ein Priester neben mir. Ich sprach ihn an: »Kann es sein, dass wir uns erst letzten Samstag in Stuttgart gesehen und dort bei dem Seminartag zusammen am Tisch Mittag gegessen haben?« Ja, das bestätigte er. Er erzählte mir, dass er mit vielen anderen zusammen in zwei Bussen aus Kressbronn gekommen sei. Ob denn der Pfarrer Schlichte auch mit im Bus war? Ich hatte ihn im Vorbeigehen am Friedhof entdeckt. Ja, das bestätigte er auch. Durch ein enges Fußwegle gelangten wir wieder zu Kirche und Pfarrhaus. Die Priester zogen sich dort wieder um. Paul stand an der Straße und wartete auf seine zwei Freunde. Ich ließ ihn nicht aus den Augen.

Im Pfarrhaus herrscht ein Kommen und Gehen. Wie viele unverhoffte Begegnungen! Der Bischof stand an der Straße und ließ sich ansprechen, andere Würdenträger auch. Es war eine fröhliche Stimmung.

Unser Chauffeur kam. Kurze Lagebesprechung. Wir würden nachher mit dem Auto zur Festhalle fahren und von dort gleich nach Schwäbisch Gmünd, aber zuvor müsste er sich auch noch umziehen. Auch er traf hier noch diesen und jenen Freund, mit dem er ein paar Worte wechseln wollte.

Mir fiel ein, noch einmal in die Kirche zu gehen und nach Bildchen zu schauen. Paul hatte ja keines. Also stieg ich noch einmal die Treppe hinauf und betrat die kühle Kirche, die jetzt wieder so still war. Ein oder zwei Frauen und der Ordner, die vor dem Gottesdienst sich um alles gekümmert hatte, schauten auch jetzt nach dem Rechten. »Gibt es noch Bildchen?«

»Ja, dort hinten am Eingang liegen noch welche«, antwortete er mir. Ich ging nach hinten und fand gleich, wonach ich suchte. Nur noch ein ganz kleiner Stapel lag dort. Ich nahm ein paar, eines für Paul, eines für Pfr. I., und die restlichen für zwei oder drei Bekannte, die sich darüber sicher sehr freuen würden. Ich nahm das für Paul in die Hand und steckte die anderen in die Jackentasche. Unter der Bank, wo wir vorhin gesessen hatten, fand ich auch noch Pauls Wasserflasche. Auch diese nahm ich mit und brachte sie ihm. Paul und sein Begleiter standen noch an derselben Stelle. Ich drückte Paul das Bildchen in die Hand, und jetzt freute er sich doch. Die Flasche nahm er mir auch ab, aber da war die Freude nicht so erkennbar.

Auf der anderen Straßenseite sah ich Pfarrer Schlichte stehen, ins Gespräch vertieft mit unserem Bischof. Alle Tage haben die Priester ja auch nicht die Gelegenheit, ein persönliches Wort mit ihrem Bischof zu sprechen.

Ich stellte mich mit gebührendem Abstand daneben, und als Pfr. Schlichte sein Gespräch mit dem Bischof beendet hatte, ging ich noch einen Schritt weiter auf ihn zu, sodass er mich sehen musste. Er erkannte mich, wenn er auch nicht sofort auf meinen Namen kam. Aber dass wir uns seinerzeit mit Liturgie beschäftigt haben, blieb unvergessen. »Ich lese Ihren Namen immer wieder mal im Sonntagsblatt bei den Leserbriefen«, ließ er mich wissen, »aber jetzt komme ich nicht drauf.«

Unser Chauffeur hatte inzwischen das Auto geholt. Wie am Mittag stiegen Paul und ich hinten ein, der andere Priester vorn. Es war doch ein ganzes Stück Weg bis zur Festhalle, und da wir nicht mehr viel Zeit hatten, war es doch ganz gut, dass wir fuhren. Wir fanden einen Parkplatz nahe am Eingang, sodass wir auch hier wieder kurze Wege hatten.

Die Festhalle ist erstaunlich groß. Offensichtlich wird sie auch als Sporthalle genutzt, wahrscheinlich auch für den Sportunterricht der Schule.

Auch hier war wieder alles hervorragend organisiert und vorbereitet. Wieder zeigten Hinweisschilder an den Tischen, wer wo sitzen sollte. Etliche Tischreihen waren schon gut gefüllt, andere noch ganz leer. Unser Fahrer entschied kurzerhand, an einem Tisch mit der Aufschrift »*Priester*« Platz zu nehmen. »Da kann ich mich halt nicht dazu setzen« meinte ich.

»Ach was, dann sind Sie ab jetzt unsere Pfarrhaushälterin«. Ich musste herzlich lachen und setzte mich zu meinen drei netten Herren. Viele junge Leute kamen an die Tische und fragten nach den Getränkewünschen. Die Herren wollten ein Bier, ich fragte nach einem Pils. Sprudel stand schon auf den Tischen, dazu die Gläser. Die Getränke kamen, und auch bald der Salat. Ein weiterer Herr kam zu uns an den Tisch. Er erkannte in unserem Fahrer einen alten Studienfreund, und jetzt wurde ich Zeuge einer ganz rührenden Begegnung. Ich erfuhr, dass mein linker Nebensitzer (mein Chauffeur) Nikolaus Stock (?) heißt und außer Priester auch noch Künstler, ein Steinhauer ist, und mein rechter der Liebe wegen nicht Priester wurde, aber der Kirche auf andere Weise dienen konnte. Es war herzerfrischend, diesen vier alten Männern zuzuhören, wie sie über alte Zeiten sprachen. Wie lustig muss auch das Seminarleben der jungen Theologen damals gewesen sein! Da wäre niemand auf die Idee gekommen, den Zölibat als etwas Krankmachendes zu betrachten.

Mit meinem rechten Nebensitzer teilte ich mein Pils, sodass er sich ein Radler mischen konnte. Inzwischen war auch unser Essen gekommen: ein wirklich vorzüglicher Schweinebraten, dazu Pommes und Spätzle. Auf jedem Teller waren zwei Scheiben Fleisch, sodass ich die Bedienung bat, mir eine halbe Portion zu bringen. Das tat sie natürlich auch anstandslos, aber auch dieses Stück schaffte ich nicht ganz, sodass ich am Schluss noch um ein Stück Alufolie bat, um den Rest mit nach Hause nehmen zu können. So würde ich am Donnerstag beim Mittagessen noch einmal ganz intensiv Gelegenheit haben, an diese besonderen Stunden zu denken.

Paul wollte mir unbedingt seine Reste auch einpacken, und ich schaffte es kaum, ihn davon abzuhalten. Sein Freund musste sich da einschalten, aber bei solchen Dingen bin ich heikel und ich habe auch im Laufe meines Lebens gelernt, dass ich »nein« sagen darf, wenn ich etwas nicht will.

Als ich von der Toilette zurückkam, gab Nikolaus auch schon das Zeichen zum Aufbruch. Sehr herzlich verabschiedeten wir uns von diesem alten Freund und gingen dann auf direktem Weg zum Auto und von dort direkt nach Schwäbisch Gmünd. Jetzt hatten wir zwar noch viel Zeit bis zur Abfahrt des Zuges, aber die beiden anderen hatten auch noch einen längeren Weg vor sich und wollten nach Möglichkeit noch im Hellen fahren. Nikolaus hatte das Kennzeichen »DO« und erklärte mir, dass er in der Nähe von Donauwörth wohnt.

Ich bedankte mich wirklich von ganzem Herzen bei ihm und seinem Freund für die spontane Hilfe und für den schönen Nachmittag. Und ich glaube, die beiden waren froh, dass Paul nicht allein nach Stuttgart fahren musste. »Wo muss er denn hin?«, fragte ich noch.

»Nach Sindelfingen.«

Im Bahnhofsgebäude erklärte mir Paul, dass er noch eine Fahrkarte bräuchte. Er konnte mir nicht erklären, mit welchem Ticket er hergekommen ist. In seiner Tasche hatte er diverse Fahrscheine, aber keinen passenden. Ich gab im Automaten Sindelfingen ein, da zeigte er als Betrag 18 €. Das kam uns beiden viel vor. Paul hatte einen 10 €-Schein in der Hand. Also machte ich eine neue Eingabe, diesmal nur bis Stuttgart. Etwas über 11 €. Diese Fahrkarte ließen wir dann raus. Paul gab mir den 10 €-Schein und fand noch ein paar Münzen in der Jackentasche. 10 Cent Wechselgeld hätten noch zurückgegeben werden sollen. Im entsprechenden Fach lagen aber 60 oder 70 Cent. Ob der Automat zu viel ausgespuckt oder ob vor uns ein Kunde sein Wechselgeld vergessen hatte, weiß ich nicht. Jedenfalls gab ich das Geld Paul, und er steckte es ein. Dann versuchte ich ihm zu erklären, dass er für die Strecke von Stuttgart nach Sindelfingen noch ein Ticket bräuchte. Er hatte eine Mehrfahrtenkarte in der Tasche, aber ich wusste nicht, ob das passte. Er wollte auch von einem weiteren Ticket nichts wissen und fing an zu schimpfen. Ich war etwas ratlos, ließ es aber dann dabei bewenden.

Als wir gerade durch die Unterführung zum Gleis gehen wollten, fiel Paul ein, dass er seinen Stock im Bahnhofsgebäude vergessen hatte. Zuvor hatte er mir erzählt, dass es der Stock seines Vaters sei. Natürlich sprang ich gleich los und holte ihm den Stock. Dann gingen wir zum Gleis, und der Zug nach Stuttgart kam auch bald.

Während der Fahrt wurde Paul sehr gesprächig, und manches verstand ich auch. So erfuhr ich, dass er Architekt war und im Großraum Stuttgart einige Kirchen gebaut hat. Auch, dass er mehrere Töchter hat. Eine wohnt in Berlin, die andere noch daheim bei ihm und seiner Frau. Es war anstrengend, ihm zuzuhören, aber ich spürte doch auch seinen Charme. Ich stellte mir vor, dass er als junger Mann ausgesprochen attraktiv gewesen sein muss. Zwischendrin fragte er auch einmal nach mir, aber bei einem bestimmten Stichwort hatte er mir schon wieder das Wort aus dem Mund genommen. Das geht mir öfters so: die Menschen möchten eigentlich etwas über mich erfahren, aber dann bin ich doch in der Rolle der Zuhörerin. Manchmal glaube ich, dass das überhaupt meine Berufung ist: zuhören.

Das Ticket, das ich für ihn aus dem Automaten rausgelassen hatte, lag neben ihm auf dem Sitz. Er sagte: »Das nehme ich mit als Andenken an Sie.«

In Stuttgart wusste er dann nicht so recht weiter, also ging ich mit ihm zur Auskunft und fragte nach der nächsten Verbindung nach Sindelfingen. Das ist die S 1, die nächste geht in etwa zehn Minuten. Und vier Zonen sind korrekt. Also, jetzt erklärte ich Paul nochmal, dass er den Mehrfahrtenschein, den er mir in Schwäbisch Gmünd gezeigt hatte, stempeln müsse. Sein Ticket, das wir vorhin gekauft haben, gelte nur bis Hauptbahnhof. Aber jetzt wurde er beinahe wütend. Nein, er weigerte sich, noch ein weiteres Ticket zu besorgen oder zu stempeln. Dafür kam ihm jetzt der Zugang zur S-Bahn bekannt vor, und ich durfte mich ohne schlechtes Gewissen verabschieden. Schließlich war er ja am Vormittag auch allein gefahren.

Ich kaufte mir noch was Süßes und konnte dann auch schon in meinen Zug einsteigen.

Inzwischen sind zwei Wochen vergangen. Aus dem Internet habe ich einige Nachrufe bzw. Zeitungsartikel ausdrucken können, auch das Interview, das der Bischof erwähnt hatte, konnte ich über das Internet hören. Wie schön, wenn auf diese Weise die Stimme eines Menschen auch über den Tod hinaus erhalten werden kann.

Und aus Schwäbisch Gmünd habe ich mir Prospekte schicken lassen. Ich will wirklich bald dort in der Gegend einmal wandern.

# Briefe VII

16.06.2013

Sehr geehrter Herr Dekan,

schon längere Zeit liegt diese Karte hier für Sie bereit, ich habe sie an Ostern aus dem Klosterladen in Kellenried mitgebracht, weil sie mich an Ihre lebhafte Erzählung von Daniel in der Löwengrube erinnert hat (wenn ich mich recht erinnere, in einer der Passionsandachten). Nun will ich die *Nacht der offenen Kirchen* zum Anlass nehmen, mich mit ein paar Zeilen an Sie zu wenden und bei der Gelegenheit die Karte mitzugeben.

Ich muss sagen, die Stunden am Freitagabend in der Stadtkirche haben mich tief berührt, und zwar alle Bereiche der Gefühle von tiefer Betroffenheit bis zu größter Freude. Die Bläsermusik zur Einstimmung / zum Ankommen. Dann die Pantomime. Ich muss zugeben, dass ich mir darunter etwas oberflächliche Unterhaltung vorgestellt habe. Was JOMI uns dann aber vermittelt hat, war ein Mit-Hineinnehmen in die Schöpfungsgeschichte und dann vor allem in den Leidensweg Jesu, was ich so intensiv noch gar nie erlebt habe (obwohl ich als Katholikin ja den Kreuzweg durchaus schon oft meditativ mitgegangen bin).

Nun kann man etwas irritiert darüber sein, dass direkt im Anschluss daran die spaßigen Stummfilme gezeigt wurden. Aber das Leben ist ja auch so: Freude und Leid liegen oft sehr dicht beieinander. Auch dieser Programmpunkt hat meine allerhöchste Hochachtung verdient: die ausgesuchten Filme haben das Herz erfreut, und die Begleitung durch den jungen Organisten war einfach brillant. Dass in der Kirche überhaupt »Weltliche Filme« gezeigt werden, ist allerdings (für mich) noch gewöhnungsbedürftig. Aber angesichts der immer leerer werdenden Kirchen darf oder muss man über solche Dinge offen nachdenken.

Zum Schluss noch die Komplet – der genau richtige Abschluss einer »Nachtveranstaltung«. Auch hier will ich meiner Freude Ausdruck verleihen: ein schönes Zeichen von Ökumene, dass im ev. Gesangbuch die Komplet aufgenommen ist.

Mit herzlichen Grüßen

*Ulrike Mross*

25.06.2013

Sehr geehrter Herr Pfarrer,

am vergangenen Wochenende war ich in Rottweil zur Jahrestagung der *Gesellschaft für Archäologie in Württemberg und Hohenzollern*. Insgesamt eine sehr gute Veranstaltung in einer schönen Stadt.

Für mich persönlich beinahe der Höhepunkt: der Gottesdienst am Sonntag im Münster.

Der Beitrag der Münstersängerknaben war für mich ein besonderes Geschenk – umso wertvoller, weil gänzlich unerwartet. Schon wie ernsthaft die jungen Leute eingezogen sind, gab dem Gottesdienst eine ganz eigene Würde.

Aber das wäre mir nicht unbedingt ein Anlass, Ihnen zu schreiben, sondern Ihre Predigt hat mich an einem besonderen Punkt berührt – offensichtlich auch gerade zum richtigen Zeitpunkt. Hier könnte man wirklich vom Kairos sprechen.

In den zurückliegenden Wochen las ich die Dissertation von Wolfgang Kues, wo es auch gerade um diese Frage ging: Wie finde ich zu mir selbst? Und da gehört untrennbar die Annahme des eigenen Kreuzes hinzu. Was Sie über Nachahmen bzw. Imitieren sagten – im Gegensatz zum Nachfolgen in den eigenen Schuhen – das fand ich ähnlich ausgedrückt in den Abschnitten der Dissertation, die ich für Sie kopiert habe. Ich hatte mir das Buch über die Fernleihe ausgeliehen; falls Sie Lust zum Selberlesen bekommen haben, könnten Sie das auch so machen.

Mit einem sehr herzlichen Gruß

*Ulrike Mross*

*15.11.2013*

Sehr geehrter, lieber Herr Max,

vor einer Woche befanden wir uns gerade zum Abendgebet in der Kapelle des Tagungshauses in Bad Herrenalb, und ich denke mit großer Freude an diese Tage zurück. Deshalb möchte ich Ihnen gern eine kleine Rückmeldung zukommen lassen.

Während ich dies schreibe, geht mir das Tersteegen-Lied durch den Kopf – auch ein neu gefundener Schatz. Ich bin katholisch, was aber nicht unbedingt sagt, dass ich mit Mystik vertraut wäre. Aber als Benediktiner-Oblatin ist mir das Stundengebet geläufig; auch das Psalmodieren. Und im Laufe der Jahre wurde mir zuerst Henri Nouwen (beim Lesen des Tagungsmottos habe ich natürlich sofort an sein Buch gedacht), dann Anselm Grün und Pierre Stutz vertraut. Und durch diese wiederum Meister Eckart, Johannes Tauler, Evagrius Ponticus u. a. Durch Kontakte zu den Karmelitinnen in Ludwigsburg-Hoheneck ist mir Teresa von Avila vertraut, und sogar den Bruder Lorenz kannte ich schon.

Aber es war für mich sehr erfreulich, ja beglückend zu erleben, dass Ökumene heute auch so aussieht. Im pietistischen Nordwürttemberg erlebe ich leider oft noch ganz anderes. Hier hat alles gestimmt. Der Einführungsvortrag von Dr. Stolina, ebenso das Morgengebet am Samstag – besser hätte mich niemand in die Tagung einführen können. Dr. Stolina hat auf mich ganz und gar authentisch gewirkt. Ja, ich möchte sogar sagen, dass mein Christsein, meine Jesusnachfolge – wenn ich dieses große Wort einmal gebrauchen darf – neuen Schwung bekommen hat.

Der Vortrag von Dr. Heymel war insofern interessant, weil wir zum ersten Advent unser neues Gotteslob bekommen (er hat auch kurz darauf hingewiesen) und ich jetzt noch mehr darauf gespannt bin (in »freudiger

Erwartung« möchte ich beinahe sagen). Dass er sich mit dem Magnificat auseinandersetzt und sich als ev. Theologe mit Maria beschäftigt, ist für mich natürlich auch sehr interessant.

Am Nachmittag war ich bei Pfr. Egerer im Workshop. Hier ging es noch einmal um den Tersteegen-Text. Sehr sinnlich, sehr ruhig, sehr angenehm haben wir den Text im Gehen erschlossen. Unter »Workshop« hatte ich mir gar nicht so etwas Meditatives vorgestellt. Der Vortrag am Abend war natürlich auch sehr interessant. Von jemandem direkt erzählt zu bekommen, ist ja etwas anderes als in einem Buch Erfahrungen nachzulesen. Gerne hätte ich beim Essen einmal etwas ausführlicher mit Herrn Eckerter gesprochen – viele Fragen kommen einem da beim Zuhören. Aber die eigene Aufmerksamkeit hat auch ihre Grenzen …

Am Sonntag habe ich mich nach dem Gottesdienst gleich auf den Rückweg gemacht – es ging mir nicht gut (ich kam schon etwas angeschlagen am Freitag in Bad Herrenalb an), sodass ich leider die Ausführungen von Frau Hahn-Rietberg nicht mehr hören konnte (und auch auf das leckere Mittagessen verzichtet habe).

Alles in allem wirklich eine beglückende Erfahrung für mich. Dafür ein Danke an Sie. …

Vor einiger Zeit habe ich in Bad Herrenalb auch einmal ein C. G. Jung-Seminar besucht: wir durften damals die Premiere des Films »Nachtmeerfahrt« erleben – auch sehr beeindruckend. Also ein großes Lob an die Ev. Akademie insgesamt.

Ich freue mich schon auf das neue Programm und werde sicher auch 2014 einmal in den Schwarzwald kommen.

Mit ganz herzlichen Grüßen

*Ulrike Mross*

# Symposium in Münsterschwarzach anlässlich des 100. Geburtstages von Thomas Merton, 30.01.–01.02.2015

Thomas Merton: ein Name, der viele Erinnerungen auslöst. Einige Jahre lang war er durch seine Bücher ein geistlicher Begleiter für mich, noch ehe ich Anselm Grün oder Pierre Stutz kannte. Es waren die Jahre, die auch ich suchend war – wenn auch nicht mit so vielen Brüchen wie das andere Menschen erleben. Oder vielleicht doch? Ein Umzug von der Alb ins Neckartal lag hinter mir, die ersten Schritte zur Stefanusgemeinschaft und ihr Domizil in Heiligkreuztal. Gleichzeitig die ins Kloster nach Wimpfen. Freundschaften, die bis heute anhalten – soweit die Freunde noch am Leben sind – stammen aus dieser Zeit und von diesen Orten.

Wenn ich mich recht erinnere, fand ich am Büchertisch in HKT einst das Bändchen *Ich hörte auf die Stille* von Henri Nouwen – und darin die Hinweise auf Thomas Merton. Von beiden war ich so berührt, dass ich in den folgenden Jahren alles dieser beiden kaufte und las, was ich finden konnte. Und einiges von Merton lieh ich mir aus der Klosterbibliothek in Wimpfen aus. Benedikt suchte mir immer aus, was ich haben wollte, trug mich ordnungsgemäß in die Karte ein und manchmal unterhielten wir uns auch darüber. Ob die Mönche damals solche Bücher gelesen haben? Ich weiß es nicht.

Irgendwann traten sowohl Nouwen als auch Merton in den Hintergrund; andere Themen wurden wichtiger. Dann löste sich das Kloster in Wimpfen auf; die Bindung nach HKT zerbrach, und auch unser Stefanuskreis in Besigheim löste sich auf.

In meinem Sabbatjahr wurde ich zu den Karmelitinnen in Ludwigsburg-Hoheneck geführt und ich bin dankbar, wieder einen geistlichen Ort in erreichbarer Nähe gefunden zu haben. Aber Thomas Merton tauchte nicht wieder auf, und Henri Nouwen rückte auch sehr in den Hintergrund.

Als ich aber schon vor langer Zeit den Termin zu diesem Symposium in Münsterschwarzach entdeckte, trug ich mir das sofort im Kalender ein, bat um Zusendung des Veranstaltungskalenders (was aus irgendwelchen Gründen monatelang dauerte), und als ich die Details bzw. Namen der Referenten las, war der Wunsch stark und laut zu vernehmen: Da möchte ich dabei sein! Zu klären war aber noch die Fahrt: wie kommt man ohne Auto nach Münsterschwarzach? Ein Telefonat mit der Verwaltung des Gästehauses zerstreute meine Bedenken und ich meldete mich an.

Viele Wochen Vorfreude lagen nun vor mir, und vielen Freunden (auch aus Klostertagen) teilte ich es mit. Es schloss sich mir aber niemand an, sodass ich beizeiten nach einer Fahrkarte schaute. Der IC von Stuttgart nach Nürnberg sagte mir am meisten zu, dann weiter nach Kitzingen, und dort gab es schnell einen Busanschluss nach Münsterschwarzach. Und das ganze zum Sparpreis. Also, dann konnte es losgehen.

Mein Zug am Freitag ging um 11:17 Uhr los. Da nahm ich meinen Rucksack gleich mit in die Schule und ging nach Unterrichtsende ohne Hektik zum Bahnhof. Beim Bäcker noch eine Butterbrezel geholt, Tee hatte ich mir am Morgen schon in die Thermoskanne eingefüllt und einen Apfel geschnitten.

Der Zug kam mit fünf Minuten Verspätung in Besigheim an, aber ich hatte in Stuttgart genügend Aufenthalt. Reserviert hatte ich im Intercity nicht. Nach meiner Erfahrung waren die ICEs zwar immer überfüllt, die ICs und ECs aber nicht, und so war es auch jetzt. Ich fand einen guten Platz, verstaute den Rucksack an entsprechender Stelle, aß den Apfel und las Thomas Merton. Das rot gebundene Buch *Im Einklang mit sich und der Welt* vom Diogenes-Verlag gehört zu meinem Fundus und hatte als Reiselektüre das passende Format (und Gewicht).

Dass ich in Nürnberg fast eine Stunde Aufenthalt hatte, war mir zuvor gar nicht aufgefallen, aber das ist mir lieber als dass der Zug vor meiner Nase davonfährt. Ich suchte ein Café, um einen Kakao zu trinken, aber der Nürnberger Bahnhof ist genauso trist und langweilig wie viele andere, da hatte ich keine Lust zu verweilen. Um in die Stadt zu gehen war der Aufenthalt aber doch zu kurz. Also suchte ich mein Gleis zur Weiterfahrt nach Kitzingen. Dort fuhr aber zuerst noch ein Zug nach Augsburg ab. Es kamen viele Menschen an diesen Bahnsteig. Es fing an zu schneien (unterwegs war mir aufgefallen, dass es um Stuttgart herum völlig trocken war, aber um Ellwangen, Crailsheim und diese Gegend war die Landschaft weiß, während es hinter der bayrischen Grenze wieder grün wurde). Es wurde etwas ungemütlich, und so allmählich fand ich fünfeinhalb Stunden Fahrzeit doch etwas viel.

Aber dann kam der Zug, auch hier fand ich einen guten Platz. Mir gegenüber setzte sich ein Ehepaar und im Verlauf des Gesprächs der beiden miteinander vernahm ich, dass sie auch in Kitzingen aussteigen würden. Ob sie wohl auch nach Münsterschwarzach wollten? Könnte sein.

Diese Fahrt dauerte nicht mehr lang. Der Bus in Kitzingen sollte auch nah am Bahnhof abfahren. Eine Haltestelle fand ich dort, konnte aber den Plan nicht lesen. Ich fragte die Jugendlichen, die dort standen. Ja, das sei der richtige Bus, sie mussten auch nach Münsterschwarzach. Also hatte ich nun überhaupt keine Bedenken mehr, dass noch etwas schiefgehen könnte. Und ich schickte schon ein kleines Dankgebet gen Himmel.

Ein Herr mit kleinem Koffer und bunter Bommelmütze tat es mir gleich: er fragte die Jugendlichen, ob das der Bus nach Münsterschwarzach sei. Er wollte auch zum Symposium. Ich sprach ihn an und wir waren gleich in ein interessantes Gespräch über Thomas Merton vertieft. Außerdem hatte ich in ihm einen Mann an meiner Seite, der Münsterschwarzach gut kannte, und das war in jedem Fall hilfreich.

An der Rezeption standen schon mehrere Menschen. Die Dame musste jedem erklären, wo das jeweilige Zimmer war, wann und wo es am Abend losging, das Geld kassieren und die Quittungen aushändigen. Aber es ging schnell und ich war bald an der Reihe. »Sie wollten ja eine einfache Unterkunft«, wusste die Dame an mich gewandt. Mir war das nicht erinnerlich, aber es war mir recht. Für ein Wochenende brauche ich keine Nasszelle. »Sie müssen ins Haus Plazidus, da gehen Sie hier raus und an der Mauer entlang durch das Tor und dann an der Druckerei vorbei. Mit diesem Transponder kommen Sie ins Haus und Ihr Zimmer.« Das hörte sich etwas kompliziert an und ich bereute beinahe schon ein bisschen, diese Bescheidenheit gewählt zu haben, zumal ich im Endeffekt nur 14 € gespart habe. Aber immerhin – dafür konnte ich mir Klosterladen etwas kaufen.

Ich verließ das Haus Scholastika und die Rezeption also wieder, machte mich auf den Weg – unsicher, ob ich überhaupt die richtige Richtung eingeschlagen hatte. Aber ich fand am Ende der Mauer tatsächlich die Druckerei und dahinter das Haus Plazidus. Ich betätigte den Transponder nach der Anweisung, und richtig, die Tür öffnete sich. Jetzt erst sah ich, dass ich die Zimmernummer vier hatte. Ich musste in den dritten Stock. Das Haus gefiel mir, es hatte den Charme der Beherbergungsbetriebe aus den Fünfzigerjahren. Eine wunderschöne Holztür an der Treppe (vermutlich nur zur Zierde und ohne Funktion), irgendwo stand eine alte Nähmaschine. Im dritten Stock dann auf dem Gang ein Sofa, ein Tischchen mit verschiedenen Büchern und einem Telefon (wahrscheinlich für Notfälle). Dann fand ich mein Zimmer: eigentlich recht hübsch, mit allem, was man braucht. Außer der Bibel standen alle drei Antiphonale griffbereit – aber ich würde diese Bücher sicher nicht jedes Mal mit in die Kirche nehmen.

Ich packte den Rucksack aus, überflog kurz die Hinweise für die Zimmergäste, drehte die Heizung auf und machte mich dann wieder auf den Weg. Ich wollte unbedingt die Klosterumgebung erkunden, den Buchladen und – falls ich sie fand – die Metzgerei. Eine Dosenwurst als Andenken mitnehmen, das hatte ich mir so ausgedacht.

Die Sonne schien, kein Schnee, auch kein Glatteis. Ich ging an der Klostermauer wieder zurück, am Haupteingang vom Haus Scholastika vorbei, und da sah ich auch schon einen Hinweis zum Buchladen. Eine Baustelle war hier noch zu sehen, offensichtlich war vor noch nicht allzu langer Zeit der Laden an eine andere Stelle verlegt worden. Der Weg war gut ausgeschildert: noch einmal um die Ecke herum – hier entdeckte ich auch einen Briefkasten, sehr gut! – und dann zwei Hinweisschilder: links zur Klostermetzgerei und Bäckerei, rechts in die Buchhandlung. Spontan schlug ich den Weg zunächst nach links ein. Ein richtiger Laden tat sich mir auf, mit zwei Theken und Kassen, Metzgerei und Bäckerei. Ich schaute mich um: es gab verschiedene Sorten Dosenwurst, auch abgepackte geräucherte Würste, Nudeln, Öl, Apfelsaft in Fünf-Liter-Boxen, ein vielfältiges Angebot an Brot und

Kuchen. Ich schaute nach den Öffnungszeiten: samstags bis 12:00 Uhr – also, da wollte ich unbedingt morgen zwischendurch herkommen und ein frisches Brot kaufen.

Jetzt also in den Buchladen. Was für eine Vielfalt! Schön sortiert, geräumig. Wirklich ein Ort zum Verweilen und Schauen. Nur ob die Metallstühle mit den Zettelchen dran zum Kaufen oder zum Hinsitzen waren, war mir nicht klar. Aber zum lange Aufhalten hatte ich ja eh keine Zeit. Ich suchte mir einige Karten aus, die ich heute noch schreiben wollte, eine Tüte Fastentee (die Fastenzeit beginnt ja bald), sonst vorerst nichts. Weder wollte ich viel schleppen, noch viel Geld ausgeben. Aber ich hatte ja die gesparten 14 €.

Allmählich ging es auf 18:00 Uhr zu und so machte ich mich auf den Weg in die Kirche. Ein großer Raum, hoch und lang; es waren noch nicht viele Gläubige hier versammelt. Ein älterer Mann kam auf mich zu und erzählte mir eine Story von einer Künstlerin, die man außerhalb des Friedhofs verscharrte. Ich hörte ihm nicht zu – ich wollte einfach die ersten Eindrücke ganz allein in mich aufnehmen. Ich nahm das Antiphonale III und suchte mir einen Platz vorn auf der rechen Seite.

Nach kurzer Zeit brachte ein Mönch einige junge Männer, die sich in die Reihe vor mir setzten. Dann brachte ein anderer Mönch weitere junge Männer. Um mich herum sammelte sich ein lebendiges junges Völkchen. Ich fand das spannend und fühlte mich durchaus nicht fremd, so zwischendrin. Ob man hier Asylanten aufgenommen hat? Oder ob es Gäste für »Kloster auf Zeit« waren? Oder Mitbrüder aus der Mission? Ich habe es nicht erfahren. Aber mit großer Freude sah ich dann die große Mönchsschar einziehen und mit ebenso großer Freude sang ich aus vollem Herzen mit. Wann hatte ich zum letzten Mal mit einem Männerchor mitgesungen? Man lässt sich Zeit mit der Vesper in Münsterschwarzach, alles sehr würdevoll. Wohltuend.

Danach ging es zum Abendessen; ich ging einfach den anderen nach, die würden den richtigen Weg schon finden. Es ging gar nicht aus der Kirche heraus, sondern durch eine Seitentür ins Klostergebäude. Dort lange Gänge entlang an zwei Speisesälen vorbei – aber es waren nicht die unseren. Schließlich kamen wir aber ans Ziel: der Speisesaal vom Haus Scholastika. Ich suchte mir einen Platz hinten an der Wand, und dort kam ich mit einer netten Tischgesellschaft zusammen: Sr. Hiltrud aus Eibingen (?), ein sehr netter Diakon aus Nürnberg, und Barbara aus Würzburg. Mit ihr vereinbarte ich gleich, dass sie mich am Sonntag mit nach Würzburg zum Bahnhof nehmen würde. Was für eine Erleichterung, wenn diese leidige Frage geklärt ist. Viel entspannter kann ich mich dann auf die ganze Tagung einlassen.

Im Laufe dieser Tagung lernte ich einige spannende Biografien kennen – eben alles Menschen, die auf irgendeine Art mit Thomas Merton verbunden waren. Viele hatten mit Meditation oder Zen zu tun; die meisten waren sogar auch beruflich in dieser Richtung tätig. Barbara arbeitet in einem Montessori-Kindergarten. Und die kleine zierliche Sr. Hiltrud, die kaum die schwere Teekanne heben konnte, ließ es sich nicht nehmen, uns anderen einzuschenken.

Es gab Pellkartoffeln, aber keinen Quark, sondern verschiedene Käsesorten, Brot und Butter. Bei mir wurde daraus »Kartoffel, Butter und Salz« – ein Standardgericht in unserer Kindheit.

Nach dem Essen gingen die meisten Teilnehmer nochmal kurz auf ihre Zimmer; denn sie hatten sie ja im Haus, ich nicht. Ich ging auch nicht hinüber ins Haus Plazidus, sondern suchte den Vortragsraum und mir dort gleich einen Platz in der zweiten Reihe aus. Es ist mir sogar gelungen, diesen während der ganzen Tagung zu behalten. Auf einem Tisch neben dem Eingang lagen verschiedene Flyer, auch Bildchen mit dem Foto von Thomas Merton, und einige Exemplare der Herder Korrespondenz. Da ich aber nicht sicher wusste, ob es zum Mitnehmen oder aber zum käuflichen Erwerb war, nahm ich zunächst nichts weg.

Der Saal füllte sich; auch einige Mönche kamen und sogar der Abt. Sehr viele der Teilnehmer schienen sich zu kennen und womöglich war ich überhaupt die einzige, die zum ersten Mal in Münsterschwarzach war. So kam auch gar niemand auf die Idee, ein paar Hinweise zu geben (wie man sich in dieser großen Anlage orientiert etc.). Auch wurden keine Programme ausgeteilt, was ich schon kritikwürdig fand. Ich notierte mir jeweils die Zeit für den nächsten Programmpunkt – aber die Themen des jeweils nächsten Vortrags und Namen der Referenten schrieb ich mir nicht auf. Auch schreibe ich grundsätzlich nicht mit, denn sonst verliere ich leicht den Gesamteindruck. Aber so vermisse ich doch etwas. Man erfuhr auch nicht, mit wem man es zu tun hatte: weder Namensschildchen noch eine Teilnehmerliste, alles sehr anonym. Von anderen Bildungshäusern (kirchlichen sowie weltlichen) bin ich etwas mehr Service gewohnt.

Und heute, am Mittwoch nach dem Wochenende und zwei extrem stressigen Tagen in der Schule, ist schon wieder manches in Vergessenheit geraten. So mag einiges, woran ich mich erinnere, nicht ganz den Fakten entsprechen. Aber in meinem Herzen hat es sich so eingeschrieben.

Wunibald Müller und Detlev Cuntz haben die Tagung eröffnet und kurz berichtet, wie sie zu Thomas Merton stehen und wie sie zu diesem Symposium gekommen sind. Von Wunibald Müller habe ich früher auch etliche Bücher gekauft und gelesen. Es gab mal eine Zeit, da hatte ich das große Bedürfnis, mich in seine therapeutische Begleitung zu begeben. Heute Abend trat er als der sehr versierte Tagungsleiter auf. Dass Teilnehmer des Symposiums zunächst auch Menschen mit menschlichen

Bedürfnissen sind, hat er nicht wahrgenommen. Aber vielleicht ist ihm das auch gar nicht vorzuwerfen. Es war alles außerordentlich gut vorbereitet; auch das Buch ist natürlich eine großartige Leistung. Die Referenten herzuholen ist auch nichts, was von allein läuft. Trotzdem habe ich von ihm ein wenig Seelsorge vermisst.

Anselm Grün hielt den Einführungsvortrag. Er wies auf die Tagebücher hin, die Merton zeit seines Lebens schrieb. »Ich schreibe keine Tagebücher«, fügte er hinzu. Da musste ich lachen: Wie könnte er auch noch Tagebücher schreiben, da er doch jedes Jahr mehrere Bücher veröffentlicht.

Ein Teilnehmer fragte, ob denn die Lektüre von Mertons Büchern heute in den Klöstern erlaubt sei. Anselm Grün gab die Frage an den Abt weiter. »Die sollen die Bibel und die Regel lesen«, war seine lakonische Antwort. Ich musste wieder lachen.

Um 20:30 Uhr wurde ein Film gezeigt: *Merton – A Film Biography*. Leider auf Englisch, und zu meiner Schande muss ich gestehen, dass ich nur sehr wenig verstand. Aber originale Filmaufnahmen von Merton zu sehen und seine Stimme zu hören, das war doch ein besonderes Erlebnis. Gleich nach dem Ende des Films machte ich mich auf den Weg ins Haus Plazidus, ich hatte doch einen langen Tag hinter mir und war müde.

Als ich auf die Haustür zukam, sah ich einen jungen Mann dort stehen, der auf mich zukam, als er mich sah. »Gut, dass Sie kommen, ich kriege die Tür nicht auf.« Ich dachte, er hätte gar keinen Transponder oder könne nicht damit umgehen. Ich nahm meinen aus der Tasche, hielt ihn ans Türschloss – es piepste auch, aber die Tür ging nicht auf. »Bei mir geht es auch nicht, ich probiere es schon eine ganze Weile«, sagte er nun. Wir probierten es beide noch mehrmals, aber ohne Erfolg. Die Tür blieb verschlossen. »Ich gehe nochmal zurück ins Haupthaus und hole Hilfe«, bot er an. Ich wollte hier auf ihn warten. Während ich hier in der Kälte stand, in einer fremden Gegend, spätabends – da gingen mir seltsame Gedanken durch den Kopf: *Ich könnte mich auf die Schwelle setzen und erfrieren …*

Der junge Mann kam bald zurück, allein, aber mit dem Hinweis eines Mönchs, wir sollten an der Druckerei vorbeigehen, dort gäbe es einen anderen Eingang. Also machten wir uns auf den Weg durch die Dunkelheit – und landeten in umgegrabener Erde. Es war weich, ich machte sofort kehrt, aber mein Begleiter ging noch etliche Schritte weiter bis er ziemlich im Dreck landete. Dann kam auch er zurück und wir suchten eine Fortsetzung unseres Weges auf der Straße, aber nirgends fanden wir einen weiteren Eingang. So beschlossen wir, beide ins Haupthaus zurückzukehren. Nun stellten wir aber fest, dass das große Tor zur Straße geschlossen war. Ich war ziemlich fassungslos: das konnte doch nicht sein, dass man mir ein Zimmer im Nebengebäude gab, ohne zu sagen, dass ab einer bestimmten Zeit das Tor geschlossen war und dass man überhaupt nicht jederzeit kommen und gehen konnte.

Der Mann wollte über das Tor klettern, aber das ließ ich nicht zu. Das hätte ja gerade noch gefehlt, dass er sich noch Arme und Beine brach oder das Genick. Vielleicht könnte man hinter dem Haus Plazidus irgendwie weiterkommen. Es war nur spärlich beleuchtet, aber wir fanden tatsächlich von hier aus zum Haus Scholastika. Die Gartentür ging mit dem Transponder auf, und drinnen fanden wir zwei Frauen, die gerade auf dem Weg in ihre Zimmer waren. Sie konnten uns natürlich nicht helfen, aber ich war jetzt entschlossen, den Gastpater anzurufen. Beim Abendessen hatte er sich vorgestellt und gesagt, dass man nicht im Freien übernachten muss, wenn man beim Verlassen des Hauses den Transponder vergisst.

Jetzt holte der junge Mann sein Handy aus der Hosentasche. Offensichtlich hatte er sogar die Nummer des Pförtners gespeichert. Ich war etwas erstaunt, denn mit dem Handy hätte er doch schon vor einer halben Stunde, *vor* unserer Nachtwanderung, den Pförtner rufen können. Aber als er jetzt sagte, der Pförtner komme gleich, wir sollen wieder zurück zur Haustür vom Haus Plazidus, da war ich doch schon sehr erleichtert. Also machten wir uns wieder auf den Weg durch den Garten zurück.

Eine Weile mussten wir noch warten, dann hörten wir innen Schritte. Es dauerte aber noch eine Weile, bis das Schloss sich öffnen ließ. Offensichtlich klemmte etwas. Schließlich wurden wir eingelassen. Sehr begeistert war der Pförtner nicht, wahrscheinlich war er schon im Bett gewesen. Aber ich fühlte mich nicht schuldig für diese nächtliche Störung. Der Mönch begleitete uns noch bis in den ersten Stock, dann verabschiedete er sich durch einen Gang, der rechts abbog. Ich war wirklich froh, als ich endlich in meinem Zimmer war. Es war inzwischen schön warm, sodass ich mich noch an den Tisch setzen und zwei Karten schreiben konnte.

Als ich den Wecker für den nächsten Morgen stellen wollte, stellte ich fest, dass der Sekundenzeiger sich nicht bewegte. Zwar tickte die Uhr, aber der Zeiger blieb stehen. Ich rüttelte und schüttelte, aber nichts passierte. Die Batterie konnte es nicht sein, denn sonst würde die Uhr ja nicht ticken. Was sollte ich tun? Um 07:30 Uhr sollte ich beim Morgenlob sein und wollte es auch. Ich blieb einigermaßen ruhig. Wenn ich nicht rechtzeitig aufwachen würde, dann käme ich halt nicht zum Morgenlob. Und wenn ich noch länger schliefe, dann käme ich halt mit Verspätung zum Frühstück. Alles keine Katastrophe. Ich war nicht der Seminarleiter, ich war kein Referent – meine Unpünktlichkeit hätte für niemanden einen Nachteil. Mit dieser Beruhigung schlief ich ein – nicht ohne die armen Seelen noch für das Wecken um 07:00 Uhr gebeten zu haben.

Zweimal wachte ich in der Nacht auf, schlief aber jedes Mal gleich wieder ein. Und dann wachte ich tatsächlich pünktlich um 07:00 Uhr auf, konnte mich in aller Ruhe fertigmachen und war rechtzeitig wieder im Seminarraum. Eine sehr besinnliche Morgenandacht war vorbereitet worden: jeweils ein Taizé-Lied zu Beginn und am Schluss, dazwischen sehr schöne Texte von Thomas Merton. Und genügend Zeit zur Stille. Ein wunderbarer Tagesanfang. Ein schönes Frühstück. Dann nochmal aufs Zimmer, jetzt funktionierte der Transponder wieder.

Um 09:00 Uhr stand der erste Vortrag auf dem Programm: *Gary Hall: Totalitarism, war and technology. Mertons perpetual meditation on a universal human crisis.* Der Vortrag wurde auf Englisch gehalten, aber direkt übersetzt, sodass ich doch alles verstehen konnte. Sogar manchen Humor. (Ich habe Gary Hall als sehr feinen, sympathischen Mann in Erinnerung, der mit innerer Begeisterung über Merton sprach. Im Nachhinein war ich erstaunt, ihn nicht als Autor im Buch gefunden zu haben – aber er hat mir trotzdem eine Widmung hineingeschrieben.)

Die Kaffeepause nutzte ich, um einkaufen zu gehen. Zuerst zum Bäcker einen halben Laib Brot, ein Stück Kuchen für morgen auf der Rückfahrt; und beim Metzger ein Glas Sauce Bolognese. Gläser sind mir lieber als Dosen, weil ich sie weiterverwenden kann.

Dann nochmal in den Buchladen, ich hatte ja noch 14 €. Für Irene fand ich ein kleines Büchlein: *Finde deinen Weg*. Und für mich nahm ich eine Kerze mit der Rosette aus der Kirche mit. Das würde meine Abendgebet-Kerze werden und mich für lange Zeit noch an diese Tagung erinnern.

Um 10:40 Uhr standen die beiden nächsten Vorträge auf dem Programm: *Hat Merton der Theologie und Spiritualität des 21. Jahrhunderts noch etwas zu sagen?* Dr.

Iris Mandl-Schmidt und Prof. Dr. Martin Tamcke waren die Referenten. Frau Mandl-Schmidt ist mir als Referentin in Erinnerung, die keine persönliche Begeisterung, keinen persönlichen Bezug zu Merton erkennen ließ. Sie hatte viele Zahlen und Statistiken aus verschiedenen Studien, und plötzlich holte sie zu einer Papst-Schelte aus und empörte sich darüber, dass Papst Franziskus auf dem Petersplatz die Zuhörer oder Mitchristen zu einem Bekenntnis ermunterte und sie mit tausendfacher Stimme ausrufen ließ: »Jesus ist Gottes Sohn!« Was widerstrebte ihr dabei so? Ich wurde aus ihr nicht so recht schlau. Dagegen hat mich Prof. Tamcke sehr berührt: als Sohn eines tauben Vaters ist er nach dem Krieg ohne Fernseher und ohne Auto aufgewachsen. Bis zum heutigen Tag hätte er weder Radio noch Fernsehen im Haus. Aber er ist auf der ganzen Welt unterwegs in Sachen Frieden. Schon manche Kontrahenten hat er in seinem Haus zusammen und in einen Dialog gebracht.

Frau Mandl-Schmidt vertrat die Auffassung, Thomas Merton hätte eigentlich keine Ahnung vom Leben gehabt, denn wer sich nicht mit Ehefrau und Kindern rumärgern müsse, der hätte doch keine Ahnung vom richtigen Leben. Wäre er aus dem Kloster ausgeschieden und hätte die Krankenschwester geheiratet, hätte ihr das mehr imponiert. Herr Tamcke widersprach. Er sei seit dreißig Jahren verheiratet, wüsste also um all diese Dinge, aber seine Spiritualität wäre dieselbe, als wenn er ehelos lebte. »Das glaube ich Ihnen nicht«, war ihr letztes Wort.

Um 12:00 Uhr schlossen wir uns den Mönchen wieder zum Mittagsgebet an, danach Mittagessen. Wir drei Frauen trafen uns wieder am alten Platz, aber der Diakon war woanders hingegangen. Zu uns gesellte sich ein anderer Herr: ein Yoga-Lehrer. Er erzählte, dass er anderthalbjährige Zwillinge habe. Die Taufe habe nicht stattgefunden, weil aus bestimmten Gründen die Taufpaten wieder abgesagt hätten. Nun hätten er und seine Frau sich entschieden, die Kinder nicht zu taufen, sondern ihnen die Entscheidung später selbst zu überlassen. Sr. Hiltrud und ich hielten dagegen. Ich kam mit meinem zugegeben etwas plakativen Vergleich: wenn ich als junge Mutter meinem Kind die Entscheidung abverlangt hätte, ob Brust oder Flasche, dann wäre es verhungert. Ich meine, diese Eltern drücken sich vor der Verantwortung. Das ist heute so eine Strömung geworden, auch in der Schule. Was man mit dem schönen Begriff »Freiarbeit« bezeichnet, ist auch ein Abweisen von Verantwortung. Ich sage, jedes Kind hat das Recht auf eine klare Arbeitsanweisung, und zwar in jeder Stunde.

Während des Essens kam der Gastpater an jeden Tisch und fragte, ob alles in Ordnung sei. Das fand ich jetzt wieder sehr vorbildlich. Hier war nun die Stelle, an der ich meine nächtlichen Erlebnisse mitteilen konnte und die Sorge, wie es wohl in der kommenden Nacht sein würde. Der Mönch war etwas betroffen; ein wenig freute er sich, dass sein Mitbruder und nicht er selbst rausgeklingelt worden war. Dann ermunterte er mich, auf alle Fälle an der Pforte so lange zu klingeln, bis jemand öffnet. Also, ich müsse auf keinen Fall im Freien übernachten. So ganz beruhigt hat mich das noch nicht, aber Barbara bot an, mich am Abend zu begleiten und mir im Fall des Falles beizustehen. Das war immerhin ein nettes Angebot.

Nach dem Mittagessen hatten wir eine lange Pause. Ausruhen oder frische Luft? Ich entschied mich für einen Spaziergang und schlug den Weg Richtung Stadt Schwarzach ein. Es war ziemlich kalt, aber trocken und auch nicht glatt. Ich war erstaunt, einen doch nicht ganz kleinen Ort zu finden. Ich hätte wohl so etwas wie Kloster Beuron vermutet: eine große Klosteranlage mit einigen Straßen darum. Stattdessen fand ich ein kleines Städtchen mit Rathaus, Bank, Gasthäusern und einer Pfarrkirche. Vermutlich hätte ich auch noch eine Schule gefunden, wenn ich die andere Straße auch noch ganz entlanggegangen wäre. Aber ich fror, und so ging ich wieder zurück. In einem Garten liefen die Hühner frei herum; sonderbarerweise kamen sie nicht auf die Straße, das hätte für sie schlimm ausgehen können. Ein ganz seltenes Bild: wo sonst sieht man noch freilaufende Hühner? Am liebsten hätte ich geklingelt und gefragt, ob ich Eier kaufen könne.

Auf dem Rückweg ging ich noch einmal denselben Weg wie in der Nacht zuvor durch den Klostergarten, um heute Abend gleich auf diese Art ins Haus Plazidus zu gelangen und nicht der Gefahr eines verschlossenen Hoftores ausgesetzt zu sein. Ich kam im Gang zum Speisesaal raus, also leicht zu finden. Von hier aus konnte ich mich gut orientieren. Wieder zurück im Kloster setzte ich mich in den Seminarraum und wärmte mich etwas auf. Schade, dass nicht einige Schriften und Bücher von Merton zur Ansicht auslagen. Oder ein Klosterführer zu Münsterschwarzach. Auch fand ich keinen Hinweis zu einer Bibliothek für Hausgäste, aber ich wohnte ja außerhalb, möglicherweise wussten die anderen mehr.

Die nächsten beiden Referenten waren Dr. Michaela Pfeifer, eine Zisterzienserin aus Österreich, und Dr. Thomas Wagner. Die Themen waren *Thomas Merton und monastische Erneuerung* von Sr. Michaela und *Entscheidend ist das UND: Kontemplativ und engagiert leben* von Dr. Wagner, wieder mit anschließender Diskussion. Ich habe beide als gut aufeinander abgestimmt in Erinnerung, wenn das wahrscheinlich auch gar nicht so geplant war. Sr. Michaela hat mich sehr beeindruckt: Sie hat mit 52 Jahren noch promoviert und lehrt heute an der Universität. Im Gespräch bekannte sie, wie Fragen oder Provokationen der Studenten sie manchmal auch verletzen. So habe ich mich auch gefreut, dass sie beim Abendessen bei uns am Tisch saß. Die beiden Ordensschwestern hatten sich gefunden und mir war es eine besondere Freude, mich am Gespräch beteiligen zu dürfen.

Während der Kaffeepause wurde der Speisesaal schon für den Abend gerichtet; nur an wenigen Tischen konnte man jetzt Platz nehmen. Ich saß mit einer Frau und deren Schwager am Tisch; ihre Schwester war vor einem Jahr gestorben und nun kümmerte sie sich um den Witwer. Noch eine Dame und ein Herr kamen dazu. Wir kamen auf die Frage der Referenten zu sprechen: *Ist Stille ein Sakrament?* Ich halte das schlicht für unmöglich. Ein Sakrament ist ein genau definiertes Geschehen, in dem Gott / das Göttliche wirkt. In bestimmten Fällen geht das nur einmal im Leben (Ehe oder Priesterweihe, auch Taufe), andere Sakramente kann man öfter empfangen (Eucharistie). Aber Stille kann kein Sakrament sein. Selbst wenn man in der Stille Gott erfahren kann, wenn sie als heilig empfunden werden kann – sie ist kein Sakrament.

Meine Tischnachbarn sahen das anders, besonders der Herr neben mir. Im weiteren Gespräch stellte sich heraus, dass er aus Marbach kommt, also gar nicht weit von mir wohnt. Er berichtete von spannenden Männer-Angeboten, die er in seiner Pfarrei anbietet. Und auch er gehört zu den regelmäßigen Münsterschwarzach-Gästen.

Der nächste Programmpunkt war sehr schön: *Merton als kontemplativer Fotograf.* Powerpoint-Meditation zu Fotografien und Texten von Merton.

Detlev Cuntz hat diese Fotografien gezeigt. Alles schwarz-weiß Bilder, sehr eindrücklich. Dass Merton auch ein leidenschaftlicher und sehr poetischer Fotograf war, hatte ich bisher nicht gewusst. In keinem meiner Bücher sind Fotos von ihm abgebildet. Es sind Aufnahmen von Pflanzen, Gegenständen des Alltags, alles Mögliche.

Barbara saß in der ersten Reihe und wollte wiederum diese Bilder selbst fotografieren. Hinter mir saß P. Meinrad, den ich einmal in Weingarten kennengelernt habe. Ein sympathischer Mann mit badischem Zungenschlag.

Ein Künstler, Bildhauer. Ihn störte das Fotografieren und er ging zu Barbara und bat sie, das zu unterlassen. Ich fand, er hatte recht. Nicht so sehr, weil das Knipsen störte, sondern weil man doch diese wunderschönen Bilder nicht meditieren kann, wenn man selbst mit technischen Apparaten zugange ist. Später hat mir Barbara erklärt, dass diese Bilder für einen Freund gedacht gewesen seien, der auch zu dieser Tagung kommen wollte aber verhindert war. Und sie hätte Herrn Cuntz um Erlaubnis gebeten. Das verstand ich nun auch wieder. Jetzt kam aber unser Diakon und zeigte uns auf dem Tablet, dass fast alle diese Fotos im Internet zu finden sind. Also brauchte es dieses Abfotografieren gar nicht.

Bis zur Vesper war noch etwas Zeit. Ich wollte den Weg zur Kirche durchs Haus gehen, zweimal war ich ihn ja schon in umgekehrter Richtung gegangen. Hinterm Speisesaal die Treppe rauf – aber wo ging es dann weiter? Ich verlief mich, ging ganz zurück und stand wieder vor dem Speisesaal. Noch einmal – wieder falsch! Zwei dunkelhäutige Nonnen kamen mir entgegen. Ich fragte: »Zur Kirche – to the church?« Sie erklärten mir etwas von Treppe runter; es überzeugte mich nicht, aber ich folgte ihrer Beschreibung. Ich kam zu einem Seminarsaal. Es standen noch ein paar Leute dort herum. Ich wollte einen nach dem Weg fragen, da erkannte ich: es war ja *unser* Seminarsaal, und der Mann der ins Gespräch vertieft war, war Herr Cuntz. Sollte ich lachen oder weinen?

Also wieder zum Speisesaal – von dort musste ich mich doch orientieren können! Eine andere Kursteilnehmerin kam mir entgegen. Es ging ihr wie mir: sie suchte die Kirche und fand sich nicht zurecht. Da kam Sr. Hiltrud, und sie konnte uns helfen. Sie öffnete eine Tür, hier war der Gang mit den Gästezimmern und dahinter ging es weiter Richtung Kirche. Das konnte ich ja nicht wissen, dass man eine Durchgangstür öffnen musste. Nirgends stand ein Wort wie etwa: »*Durchgang zur*

*Kirche«*. Also, da fehlt es wirklich an allen Ecken und Enden. Aber ich fühlte keinen Ärger, ganz im Gegenteil: ich empfand große Dankbarkeit dafür, dass ich solche Situationen ohne Panik, sondern ganz ruhig und gelassen durchstehen konnte.

In der Kirche zündete ich zwei Kerzen in meinen besonderen Anliegen an. Wie wohltuend sind doch solch kleine Rituale. Egal wo ich bin; mein Weg führt immer zuerst in die Kirche, und wenn es geht zünde ich eine Kerze an. Die Vesper war wieder sehr schön und feierlich. Ein guter Organist, der sein Handwerk versteht.

Diesmal saß ich auf der Frauenseite.

Vor dem Speisesaal sah ich den jungen Mann vom Haus Plazidus. Er sprach mich an: »Ich werde mir den Film heute Abend wahrscheinlich nicht anschauen, sondern nach dem Essen gleich hinübergehen. Aber wenn Sie wollen, gebe ich Ihnen mein Handy, dann können Sie im Notfall den Gastpater wieder zu Hilfe rufen.« Diesen Gedanken hatte ich auch schon erwogen, sein Handy wollte ich aber nicht haben. Wir verabredeten uns auch nicht.

Jetzt kam der eigentliche Höhepunkt des ganzen Symposiums: das Festbankett anlässlich zu Thomas Mertons hundertstem Geburtstag. Auf den Tag genau vor einhundert Jahren war er geboren worden. Die Organisatoren bzw. das Kloster (oder die Thomas-Merton-Gesellschaft) haben es sich nicht nehmen lassen, ein festliches Abendessen zu kredenzen. Dazu gab es Klosterwein, rot oder weiß. Die Tische waren festlich gedeckt. Für mich völlig überraschend (weil wir ja kein Programm bekommen hatten) und darum umso schöner. (Sonderbarerweise erinnere ich mich nicht mehr daran, was zu essen gab.)

Zwischen Hauptgericht und Dessert kam P. Otto mit der Geige und spielte uns etwas vor. Songs aus Mertons Zeit. Lieder, die dieser kannte und mochte. P. Otto stellte sich dabei auch selbst vor: im amerikanischen Helvetia geboren, spricht er eine Mischung aus amerikanischem Englisch und Schwitzerdütsch. Seine Hobbys sind u. a. Geige spielen und Jodeln. Auch von dieser Kunst gab er uns eine Kostprobe. Es war eine ganz ausgelassene Stimmung – eben wie es sich für einen Geburtstag gehört. Auf vielfachen Wunsch spielte P. Otto noch »*Let it be*« von den Beatles und »*How many roads*« von Joan Beaz. Wir sangen alle mit, auch die beiden Nonnen an meinem Tisch. Wie schön! Wie lange war ich nicht mehr in so gelöster Stimmung gewesen! Wie weit weg waren plötzlich alle Probleme aus dem Alltag, die beinahe mein Herkommen verhindert hätten. Ich spürte nicht einmal die Schmerzen im Kreuz! Heilsames Münsterschwarzach! Gegen meine Gewohnheit trank ich ein zweites Glas Wein, und gegen meine Gewohnheit holte ich mir ein Dessert. Das war heute ein besonderer Anlass.

Nun kam noch ein Mönch zu uns. Mit sehr viel persönlicher Anteilnahme erzählte er uns von der Entstehung des Buches, und darüber hinaus ganz allgemein vom Verlag und von seiner Aufgabe als Verlagsleiter. Ich fand das alles sehr spannend. Aber wieder fand ich es schlecht organisiert, dass er jetzt, am Samstagabend, zu uns sprach. Der Buchladen hat sonntags geschlossen. Jetzt macht er uns den Mund wässrig, aber das Buch kann man nicht mehr kaufen. Es wäre doch viel sinnvoller gewesen (und sicher auch werbewirksamer), das Buch *zu Beginn* des Symposiums vorzustellen, zu sagen, welche Autoren hier anwesend seien, bei Sympathie hätte sicher der eine oder andere Zuhörer ein Exemplar gekauft und sich signieren lassen. Diese Chance war jetzt vertan. Aber vielleicht doch nicht ganz. Ich sprach den Mann nachher an und machte den Vorschlag, morgen doch noch einige Exemplare in den Vortragssaal zu legen mit Preisangabe, sodass derjenige, der Interesse daran hätte, sich doch noch eines kaufen könnte. Das leuchtete dem Verlagsleiter ein und er wollte es so machen.

Und nun war auch klar, dass ich nicht vorzeitig in mein Zimmer gehen wollte, sondern auch den englischsprachigen Film heute Abend anschauen würde. Sein Titel: »Soul Searching. *The Journey of Thomas Merton*«. Ob zwei Gläser Wein meine Englischkenntnisse vermehrt haben, ob ich aufmerksamer oder ob dieser Film tatsächlich leichter zu verstehen war weiß ich nicht, aber ich hatte einen größeren Gewinn als am Abend vorher.

Nach der Filmvorführung bat ich Barbara, mich zum Haus Plazidus zu begleiten. Wir gingen durch die Tür hinterm Speisesaal in den Garten, waren schnell an der Haustür vom Haus Plazidus und staunten, denn die Tür ging sogar ohne Transponder auf. Ich bedankte mich bei Barbara, beobachtete durchs Fenster, wie sie wieder zurück ins Haus Scholastika kam, und dann suchte ich mein Zimmer auf.

Wieder schrieb ich noch zwei Karten und packte dann schon ein wenig den Rucksack. Der Wecker wollte noch immer nicht funktionieren, aber ich war noch weniger aufgeregt als am Abend davor. Wenn ich das Frühstück versäumte, wäre das nicht weiter schlimm. Allerdings musste ich pünktlich zum Konventamt um 09:00 Uhr in der Kirche sein, denn wir durften mit ins Chorgestühl, und das könnte ich nicht, wenn ich zu spät dran war.

Aber wieder wurde ich (von den armen Seelen?) pünktlich geweckt. Ich packte schon das meiste ein, zog das Bett ab und ging dann zum Frühstück. Der Herr aus Marbach saß am Nachbartisch. Einen Augenblick zögerte ich, dann ging ich auf ihn zu und fragte: »Sind Sie mit dem Auto da? Fahren Sie nach dem Mittagessen direkt nach Marbach? Und wenn ja, könnten Sie mich mitnehmen?« Er zögerte etwas, und ich fügte hinzu: »Sie dürfen gern Nein sagen, ich hätte auch schon eine Mitfahrgelegenheit nach Würzburg, das ist mir auch schon eine Hilfe.«

»Nein, ich nehme Sie gern mit.«

Ich sagte dann gleich Barbara Bescheid und sie konnte dann eine andere Teilnehmerin mit nach Würzburg nehmen. Wie sich doch immer alles fügt! Noch einmal den Weg ins Haus Plazidus – es war doch eine gute Entscheidung gewesen, weil ich hier ganz neue Erfahrungen machen konnte. Abschied nehmen. Das Gepäck deponierte ich im entsprechenden Raum neben der Rezeption.

Zur Kirche ging ich sicherheitshalber über die Straße, auch, weil ich die beiden Karten noch in den Briefkasten stecken wollte. Ich betrat die Kirche, durchschritt den Mittelgang und ging zur linken Seite des Chorgestühls.

Der Organist saß schon auf seinem Platz, sonst waren die Plätze der Mönche noch leer. Punkt 09:00 Uhr begann der feierliche Einzug: alles immer sehr würdevoll. Automatisch zählte ich mit und war erstaunt, nur etwas mehr als zwanzig Mönche gezählt zu haben. Gestern war ich auf fünfzig gekommen. Mir kam der Gedanke, dass die Priestermönche wahrscheinlich alle in den umliegenden Gemeinden Dienst taten. Aber nach wenigen Augenblicken wurde ich eines Besseren belehrt: die Priestermönche zogen wiederum gemeinsam ein, also im Priestergewand. Voran der Abt mit den Ministranten. Zwei Priester begleiteten ihn an den Altar, die übrigen nahmen im Chorgestühl Platz.

Die Messe begann. Alles Lateinisch. Leider hatte ich kein Liedblatt bekommen, aber Lateinisch konnte ich sowieso nicht gut mitsingen, und so konnte ich mich ganz aufs Zuhören konzentrieren. Wie ging mir das Herz auf, wieder einmal im Chorgestühl mit einer benediktinischen Gemeinschaft die Messe mitfeiern zu dürfen!

Der Abt begrüßte die Klostergäste eigens: Eine Gruppe Erwachsener auf dem Weg, eine Gruppe Oblaten und die Teilnehmer des Merton-Symposiums. Und er gab an dieser Stelle auch gleich bekannt, dass Wunibald Müller aus Anlass des Symposiums die Predigt halten würde.

In der Lesung behauptet Paulus (im Brief an die Korinther), dass ein verheirateter Mann sich um Dinge der Welt kümmern würde, während ein unverheirateter sich um die Sache des Herrn sorgen würde.

Darauf ging Wunibald Müller ein. Er legte dar, dass *jeder* Mensch – ob verheiratet oder nicht – Sorgen hat und Probleme lösen muss. Dass *jeder* Mensch – ob verheiratet oder nicht – sich um die Sache des Herrn kümmern kann. Ich sehe das genauso und habe diese Feststellung in den letzten beiden Jahren immer wieder gemacht: zum Menschsein gehört auch das Aushalten von Kummer. Wir Menschen des reichen Westens könnten eigentlich jeden Tag jubeln vor Glück und Dankbarkeit. Wir leben nicht nur im Frieden und im Wohlstand, sondern sind frei und können in vielen Dingen selbst Entscheidungen treffen. Aber wir haben ebenso viel Grund zu jammern und zu klagen. Der eine hat Ärger mit dem Chef, der andere mit dem Nachbarn. Der nächste hat ein schwer krankes Kind, der andere wurde vom Ehepartner verlassen. Niemand erlebt nur Freudiges und Beglückendes, weder als Verheirateter noch als Mönch. Immer wieder fand Wunibald Müller den Bezug zu Thomas Merton – man merkte, dass er persönlich mit diesem Mann sehr befasst war.

Die Fürbitten sagten mir gar nicht zu. Einige Teilnehmer, Frauen und Männer aus dem Symposium, hatten sie vorbereitet. Diese waren der Gefahr erlegen, weitere Predigten zu halten bzw. moralische Appelle an Gott zu richten. Es ärgert mich immer, wenn ich das erlebe. Eine der Frauen trug ein zugegebenermaßen schönes Gebet von Merton vor – aber das war halt keine Fürbitte. Bei Pfr. Ringseisen habe ich seinerzeit in Freising gelernt, dass Fürbitten das Hinhalten bestimmter Ereignisse (wie z. B. Unglücksfälle) oder Menschen in Not vor Gott sein sollen. Wir bitten für sie, nicht mehr und nicht weniger. Wir müssen Gott nicht sagen, wie und auf welche Weise er helfen soll. Eigentlich ist das anmaßend. Oder auch nur gedankenlos. Nichts desto trotz hat mich dieses Konventamt sehr bewegt, ja erfüllt.

Wir erhielten die Kommunion unter beiderlei Gestalt. Das Hinknien gemeinsam mit allen anderen im Chorgestühl hat mir gar nichts ausgemacht, alle Gelenke taten widerstandslos mit. Heilsam. Am Ende wieder ein feierlicher Auszug. Ich legte noch eine Münze in das Opferkörbchen.

Dann ging es zurück in den Vortragssaal. P. Otto war nun mit seinem Vortag dran. Sein Thema: »*The true and the false self*« *aus psychologischer und theologischer Sichtweise.* Spannend.

P. Otto hat in Zürich am C. G. Jung-Institut Psychologie studiert und ist auch als Psychotherapeut tätig (für 85 € die Stunde). Gleichzeitig ist er Mönch in St. Ottilien und dort auch Novizenmeister.

In seiner netten Sprache und auf sehr originelle Weise erklärte er uns Jungs Modell vom Ich und vom Selbst; immer wieder auf seine eigenen Erfahrungen zurückgreifend. So bekannte er, dass er in Kentucky, wenn er mit seinem Bruder auf die Jagd geht und anschließend säuft, eben nicht dem Bild eines Mönchs entspricht – aber das ist eine Seite, die auch zu ihm gehört.

Nach P. Otto der letzte Vortrag, von P. Kosmas Lars Thielmann, einem Zisterzienser aus Österreich, der jetzt erst zum Symposium gekommen war. Auch seine Ausführungen klangen sehr authentisch, wirkten lebendig. Sein Thema: *Thomas Merton. Mönch oder Poet? Oder aber: Mönch* und *Poet?* Wir hatten ja über das *Und* schon am Vortag gehört, und hier wurde es bestätigt.

Inzwischen war der Verlagsleiter gekommen und gab bekannt, dass er auf Wunsch einer Dame noch einige Exemplare des Buches dabeihabe. Er legte sie am Tisch neben der Tür ab, das Geld solle man in die Tüte tun. Das Buch kostet 19,99 €, und eine Handvoll 1-Cent-Stücke als Wechselgeld hatte er auch dazu gelegt. Ich ging sofort zu ihm hin, gab ihm einen 20 €-Schein, und er bestand darauf, dass ich den Cent aus seiner Hand nahm.

Nun hatte ich doch noch die Möglichkeit, einige Autogramme zu ergattern. Anselm Grün verließ leider sofort den Saal. Sr. Michaela saß hinter mir, auf sie ging ich zuerst zu. Sie schrieb: »*Gottes Segen.*« Schön. Dann Gary Hall: »*Even blessing.*« Natürlich dufte P. Otto nicht fehlen. Und Herrn Wagner fand ich noch. Inzwischen hatte der Saal sich schon geleert. Die beiden Merton-Fotos waren schon abgehängt. Schade, ich hatte mir vorgestellt, mich von Barbara neben einem solchen Bild fotografieren zu lassen.

Beim Mittagessen war ich tatsächlich etwas unhöflich und holte mir noch die Autogramme von Wunibald Müller, Detlev Cuntz und P. Kosman. Letzterer hat sich ganz unten auf die Seite gesetzt, kaum zu erkennen. Ich setzte mich nun gleich an den Tisch zu dem Herrn aus Marbach, damit er mich nachher nicht suchen müsste. Ein junger Brasilianer kam noch zu uns, den ich zuvor noch gar nicht bemerkt hatte. Er promoviert gerade in Kassel. Im Gespräch kamen wir auf Taizé und hatten so ein gemeinsames Thema.

Den jungen Mann aus dem Haus Plazidus habe ich überhaupt nicht mehr gesehen, weder im Vortragssaal noch beim Essen. Mir kam der sonderbare Gedanke: ob das mein Engel war? Ohne ihn hätte ich vielleicht die Nacht wirklich im Freien verbringen und erfrieren müssen. Aber heute (Montag, 09.02.) wurde mir erklärt, dass mein Weg doch noch nicht zu Ende ist und ich noch einiges zu lernen habe.

Im Auto waren wir in eineinhalb Stunden daheim; ich wurde bis vor die Haustüre gebracht, ein toller Service. Wir hatten uns so angeregt unterhalten, dass ich gar nicht dazu kam Angst vor dem Fahren zu haben. Dass ich einmal freiwillig in ein fremdes Auto steigen, dass ich freiwillig Autobahn fahren würde – das hätte ich vor einigen Jahren nicht für möglich gehalten. Der Fahrer freute sich über zwei Flaschen Besigheimer Wein, und ich machte einen Tee und aß den Münsterschwarzacher Kuchen.

Die nächste Überraschung erlebte ich am folgenden Sonntag (08.02.): im Fernsehen wurde der Gottesdienst aus St. Ottilien übertragen – und wen sehe ich im Chorgestühl? P. Otto! St. Ottilien ist wie Münsterschwarzach eine Benediktinerabtei, Missionsbenediktiner. Auch eine große Gemeinschaft, feierlicher Einzug – es hat mich noch einmal stark an den vergangenen Sonntag erinnert. Per Mail hatte ich mir am Montag das Programm noch nachträglich schicken lassen, sodass ich beim Schreiben einen roten Faden hatte.

Und über YouTube habe ich etliche Filme über Thomas Merton gefunden; alles auf Englisch. Aber die Bilder sind auf jeden Fall eine Freude für Merton-Anhänger.

Ich werde in der nächsten Zeit das neue und die alten Merton-Bücher lesen und sicher bald einmal wieder nach Münsterschwarzach kommen.

# Briefe VIII

*1. Fastensonntag 2014*

Lieber Bruder Franziskus,

das Katholische Sonntagsblatt lädt ein, Dir zu schreiben – da möchte ich diese Gelegenheit auch nutzen.

Als erstes möchte ich Dir sagen, dass ich Dich jeden Abend in mein Gebet einschließe – wie auch Deinen Vorgänger im Amt, Papst Benedikt. So sind wir alle miteinander verbunden, als Brüder und Schwestern, als eine Familie in Christus.

Ich habe über die Päpste nachgedacht, die ich im Laufe meines Lebens kennengelernt habe. Als Kind und Jugendliche hieß unser Papst Johannes XXIII. Es gab ein Konzil, und danach wurde in der Messe Deutsch gesprochen und die Kommunion in die Hand gegeben. Papst Paul VI. ist mir von Bildern her als sehr ernst und würdig in Erinnerung – wie die Päpste damals überhaupt weit weg vom Kirchenvolk waren.

1978 dann ein besonderes Jahr: Nicht nur, weil da meine Tochter geboren wurde, sondern weil es auch drei Päpste gab: nach dem Tod von Paul VI. wurde Johannes Paul I. gewählt, aber nach wenigen Monaten wurde durch seinen plötzlichen Tod schon wieder eine Neuwahl nötig. Johannes Paul II. ist dann der Papst, mit dem ich mich näher beschäftigt habe. Als erwachsene Christin und Mutter, die ihr Kind gut in den Glauben hinein begleiten wollte, interessierte ich mich immer mehr für Papst und Weltkirche.

Schließlich Dein direkter Vorgänger, Benedikt XVI., dem ich mich als Mann aus meiner Heimat auch immer sehr verbunden gefühlt habe.

Die Begeisterung, mit der Du überall auf der Welt aufgenommen wurdest, gerade auch besonders hier in

Deutschland, macht mir manchmal etwas Sorge. Bei Jesus war es ja auch so: Auf das »Hosianna!« folgte schon bald das »Kreuzigt ihn!« Ich hoffe, dass Dir diese Erfahrung erspart bleibt, aber ich vermute, dass viele Menschen sich bald wieder distanzieren, wenn Du ihre Wünsche nach Veränderung der Strukturen, der rechtlichen Bestimmungen, ja, vielleicht auch der Dogmen nicht erfüllst. Dabei verstehst Du Erneuerung der Kirche ganz anders, ganz einfach: In der Nachfolge Jesu jederzeit das Mögliche tun.

Du lebst in bescheidenen räumlichen Verhältnissen; ich kenne niemanden in meinem Bekanntenkreis, der sein großes Haus verschenkt oder auch nur einen Asylanten aufnimmt. Du fährst mit öffentlichen Verkehrsmitteln; ich kenne niemanden, der auch nur seinen Zweitwagen verschenkt. Du gehst zu den Obdachlosen auf die Straße; ich kenne niemanden, der an Weihnachten seine Tür öffnet für Alleinstehende oder Ausgestoßene.

Ja, dass Christsein bei mir selbst anfängt, dass ich der Kirche mein Gesicht geben muss; dass Christus keine anderen Hände hat als meine – das wird leider schnell vergessen.

Aber ich bin sicher, Du wirst die Kirche gut leiten – weil Du offen bist für das, was Gott Dir sagen will.

Nun bitte ich auch Dich um Dein Gebet für mich und alle, die mir am Herzen liegen.

In herzlicher Verbundenheit

*Ulrike Mross*

# Sternsingen 2018

Freitag, 05. Januar. Gemeindesaal. Anziehen. Einmal den ganzen Ablauf durchspielen. Noch ein Vaterunser, dann geht's los.

Um 10:00 Uhr der erste Termin im Sozialministerium. Wir werden vor dem Haupteingang erwartet und sehr freundlich begrüßt. Drei Stockwerke hinauf, an Wegweisern entlang mit der Aufschrift: »*Konferenz 3. Stock.*« Am Ende des Ganges kann man schon eine große Menschenmenge erkennen. Sollen wir dorthin? Haben wir einen regelrechten »Auftritt« vor Publikum? Ja, tatsächlich, hier werden wir erwartet. Der Ministerialdirigent stellt uns vor, und dann sagen wir unsere Texte auf, singen die Lieder. Beim *Gloria* des zweiten Liedes macht Silke eine kleine Handbewegung und alle Zuhörer singen mit. Bombastisch! Etwa hundert Mitarbeiter des Ministeriums singen mit uns. Dann bekommt Silke ein Kuvert überreicht, aber fast alle Anwesenden geben ihr noch etwas in die Sammelbüchse. Wir müssen nach diesem ersten Auftritt schon die Sammelbüchse leeren, denn es passt gar nichts mehr rein.

Der zweite Termin ist im Wirtschaftsministerium (im Neuen Schloss). Auch hier werden wir am Eingang abgeholt und sehr herzlich empfangen. In einem Gang im zweiten Stock erwarten uns wieder viele Mitarbeiter, außerdem ist ein Buffet mit Sekt, Butterbrezeln und Keksen aufgebaut. Wir sagen unsere Sprüche auf, singen die Lieder, und auch hier stimmen wieder einige Mitarbeiter in unseren Gesang ein. Der Ministerialdirektor freut sich besonders über den Segen, den wir seinem Haus bringen. Und wir kommen ins Gespräch über die Sternsinger-Aktion, die bei vielen Erinnerungen an die eigene Kindheit auslöst.

Nächster Termin im Landtag. Weil die Abgeordneten noch im Urlaub sind, erwarten uns hier nur wenige

Angestellte, aber der Vizepräsident des Landtags ist extra für uns hergekommen. Er erklärt uns einiges über die Renovierung des Hauses, hat sich über die Sternsinger-Aktion kundig gemacht (sie wurde im Jahr 1959 gegründet, ist also so alt wie er selbst), und auch hier werden wir nach dem Segen verköstigt.

Danach erwartet uns der Justizminister. Wieder werden wir am Haupteingang in Empfang genommen. Auch hier sind alle anwesenden Angestellten versammelt, zuletzt kommt der Minister persönlich. Mit immer mehr Schwung sagen wir unsere Texte auf, wieder singen einige der Anwesenden das *Gloria in excelsis Deo* mit. Der Minister erzählt von seinen eigenen Erinnerungen als Sternsinger, weiß auch, dass sich die Kinder über kleine Aufmerksamkeiten gefreut haben und hat deshalb für jeden von uns ein Päckle süße Maultäschle bereit, mit einem gelb-schwarzen (Farben des Landes) Bändel verschnürt. Sehr nette Geste.

Der Minister schenkt mir auch persönlich einen Kaffee ein, den ich zu diesem Zeitpunkt sehr nötig habe. Mit einigen der Mitarbeiter komme ich dann in sehr nette Gespräche. Auch hier bekommen wir natürlich ein Kuvert, und auch hier geben noch viele etwas extra in die Dose.

Später holt uns der Minister ab, um an seinem Büro noch den Sternsinger-Aufkleber anzubringen. Hier gibt es noch ein besonderes Foto: Wir schauen alle aus dem Fenster und werden von unten (Schillerplatz) fotografiert.

Das letzte Ministerium ist das der Wissenschaft. Hier geht es mit dem Aufzug in den sechsten Stock. Wieder sind viele Angestellte versammelt, aber es singen nur sehr wenige mit. Kuvertübergabe, kurze Ansprache. Nun haben wir etwas Zeit zum Ausruhen und gehen in den Gemeindesaal. Hunger hat niemand. Getränke sind da zur Erfrischung.

Erste Bilanz: Alle sind total begeistert!

14:00 Uhr Termin im Rathaus bei der Bezirksvorsteherin. Ganz überraschend steht auch der OB zur Begrüßung bereit. Dazu noch drei oder vier andere Verantwortliche, die im Hintergrund auf einer Bank sitzen. Wir sagen unser Programm auf, der OB hat eine kurze Rede vorbereitet (er wird nächste Woche nach Mumbay fliegen, Stuttgarts Partnerstadt, und die Dinge beim Namen nennen). Er und die Bezirksvorsteherin geben etwas in die Sammelbüchse. Gruppenfoto. Im zweiten Stock werden sowohl beim OB als auch bei der Bezirksvorsteherin die Sternsinger-Aufkleber an der Tür angebracht. Letztere lädt uns noch zu einem Gespräch in ihr Büro ein. Sie bringt ein Beispiel zum aktuellen Sternsingerthema: dass das Friedhofsamt darauf achtet, keine Grabsteine aufzustellen, die durch Kinderarbeit hergestellt worden sind. Allerdings lässt sich das juristisch und verwaltungstechnisch nicht festlegen. Erfreulich die Wertschätzung, die sie für den Stadtdekan hat. Kommune und Kirche arbeiten sehr eng und konstruktiv zusammen mit demselben Ziel: dass es bestimmten Randgruppen in Stuttgart besser geht.

Ein gewisser Kontrast dann im Kaufhaus Breuninger. Wir werden vom Geschäftsführer und vom Breuni-Bär begrüßt. Eine Unterhaltung ist durch die Nebengeräusche der Besucher nicht gut möglich. Trotzdem wird unser Auftritt von den meisten wohlwollend beobachtet und außer der Spende des Hauses geben auch hier viele einzelne Zuhörer noch etwas in die Sammelbüchse.

Inzwischen regnet es stark und an ein Singen auf der Königsstraße ist nicht zu denken. Also nochmal kurze Verschnaufpause im Gemeindesaal. Dann wagen wir doch das Auftreten im Freien (unter dem Dach der Königsbaupassage). Auch hier sind natürlich die Hintergrundgeräusche sehr laut, aber trotzdem bleiben einige Leute stehen und hören uns zu, andere singen sogar mit. Silke ist die geborene Spendensammlerin: Jedem der auch nur eine kleine Münze einwirft schenkt sie ein charmantes Lächeln.

Um 17:00 Uhr der letzte Termin: Im Hauptbahnhof vor der polnischen Krippe. Hier singen wir sogar mit Mikrofon. Die Bahnhofsmission hat das gut vorbereitet. Auch hier bleiben Leute stehen, schauen zu, singen mit und manche geben etwas in die Dose. Kleiner Abschluss im Raum der Bahnhofsmission. Zurück in den Gemeindesaal. Ursula kauft noch ein kräftiges Vesper, und dann geht es nach Hause.

Fazit: Noch nie in meinem Leben bin ich so oft fotografiert worden (wenn eine Fee käme und daraus ein Fotobüchlein machen würde …). Ein ganz besonderer Tag – ganz unvergleichlich. Für mich sehr berührend.

Dass Minister und andere Staatsbeamte sich nicht scheuen, sich dafür zu bedanken, dass wir ihrem Haus den Segen bringen, weil auch sie ihn brauchen. An all diesen Gebäuden wurde das Signet angebracht und ist nun für alle gut sichtbar. (Überall stand die Leiter schon bereit!) Dass wir Menschen / Kollegen dazu brachten, miteinander zu singen. Dass wir durch einen Tag, den wir schenkten (die Zeit) sehr viel Geld zusammenbrachten, um vielen Kindern in Indien zu helfen, aus ihrem elenden Dasein herauszukommen. Dass wir als Menschen, die sich zuvor gar nicht kannten, im Laufe des Tages zu einer tollen Gemeinschaft zusammengewachsen sind.

Supertoll, wie Ursula alles vorbereitet hatte, wie sie uns motiviert hat.

Vielleicht der Beginn einer neuen Tradition …

# Mein Glaube in Corona-Zeiten

**Was mich trägt**

Weil der Beginn der Einschränkungen wegen der Corona-Pandemie gerade mit dem Beginn der Fastenzeit zusammenfiel, passte es in doppelter Hinsicht, dass ich jeden Tag mit dem Gottesdienst im Kölner Dom (über Domradio live) begann. Das hat den Tag gut beginnen lassen; die Angst bekam nicht die Oberhand. Außerdem hatte der Tag so eine gute Struktur, was auch dem psychischen und physischen Wohlbefinden zuträglich ist.

Der einsame Gottesdienst des Papstes auf dem Petersplatz, im Regen, mit dem Pestkreuz aus einer römischen Kirche und dem Bildnis der Madonna. Ein Bild, das sich tief in meine Seele eingeprägt hat. Ich durfte – über den Bildschirm – dabei sein. Ich bin Teil dieser weltweiten Gebetsgemeinschaft.

**Was mir außerdem hilft**

Ich höre nur einmal am Tag Nachrichten. Ich schaue keine Sondersendungen an. Ich erspare mir auch die schrecklichen Bilder von den Hunderten Särgen in Italien. Und ich habe mittlerweile den Mut, am Telefon »Stop!« zu sagen, wenn mir jemand solche Details erzählen will. Es gehört zur Psychohygiene, sich vor krankmachenden Gedanken und Bildern zu schützen.

Die kompetente und feinfühlige Begleitung meines Therapeuten.

## Was ich vermisse

Dass sich die ganze Christenheit, ja, alle Menschen guten Willens, regelmäßig zum Gebet trifft oder durch andere symbolische Zeichen zeigt: Wir halten zusammen, wir sind eine starke Glaubensgemeinschaft.

Der Papst hat an einem Mittag um 12:00 Uhr den Anfang gemacht – ich kenne keine Diözese, keine Gemeinde, die das aufgegriffen und fortgeführt hätte.

Ein Danke an Gott, an die verantwortlichen Politiker die dafür gesorgt oder geholfen haben, dass wir so gut davongekommen sind.

## Was mich empört

Dass es Menschen gibt, die während dieser Zeit nicht auf Party verzichten können: auf dem Balkon, im Garten oder sogar auf der Wiese / in den Weinbergen sich treffen und feiern. Schon aus Solidarität mit den Kranken, den isolierten Bewohnern in den Pflegeheimen sollte man doch für ein paar Wochen seine Bedürfnisse nach Fun unterdrücken können.

Dass die Politiker der Oppositionsparteien jetzt so langsam anfangen, wieder ihre Kritik oder sogar Diffamierung loszuwerden. Ich finde das infam, denn erstens ist man hinterher immer klüger und zweitens wird jeder verantwortungsbewusste Politiker in einem Fall, der Menschleben kosten könnte, auf Nummer sicher gehen. Bei all den negativen Auswirkungen, die solche Entscheidungen eben mit sich bringen.

## Was mich ärgert

Dass jetzt, da die ersten Lockerungen kommen (und man daraus schließt das Schlimmste sei überstanden) alles nach Geld ruft: die Prostituierten, die Schausteller, die Kinobesitzer ebenso wie alle Kulturschaffende und die Großkonzerne. Die Studenten, die Landwirte, die mit Kurzarbeit belasteten Arbeitnehmer ebenso wie die kleinen Einzelhändler und die Gastronomen.

Ich vermisse ein Umdenken. Wir haben erfahren (und kluge Menschen sahen das schon lange vorher): wir produzieren zu viel. D. h. es gibt zu viele Arbeitsplätze in der Produktion. Es fehlen Arbeitsplätze in der Pflege. In allen Dienstleistungen (Postzustellung, Verkehr etc.) ebenso wie in den Handwerken. Selbst die großen Baufirmen können die Aufträge nicht ausführen, weil sie kein Personal haben.

Natürlich habe ich keinen Plan, wie man das angehen kann. Aber so weitermachen wie bisher wäre fatal. Nicht nur, weil die Unsummen Geld, die die Bundesregierung jetzt verspricht, unsere Nachkommen auf lange Zeit zu Schuldnern macht. Nicht nur, weil der Umweltschutz wieder auf der Strecke bleibt. Sondern auch, weil Geld allein eben nie die Lösung ist.

Auch die Meinung mancher »Experten«, die sich jetzt immer mehr zu Wort melden. Am wenigsten angebracht finde ich das im kirchlichen Bereich: Muss die Welt darüber aufgeklärt werden, dass eine Messe ohne Volk gar keine ist? Oder ob die freie Religionsausübung über dem Gesundheitsschutz steht? Oder muss unser Bischof in dieser Notsituation den Begriff »Sonntagspflicht« ins Spiel bringen?

## Was mich am traurigsten macht

Die Situation in den Pflegeheimen. Ich denke an meinen Freund Karl, 98 Jahre alt, blind. Telefon kaputt. Bisher besuchten ihn Tochter und Schwiegersohn im Wechsel mehrmals die Woche, ich alle paar Wochen einmal. Nun sitzt dieser Mann seit Wochen täglich von morgens bis abends in seinem Sessel und weiß nicht, wie der Tag rumgehen soll. Oder Tante Brunhilde, die das Bett gar nicht mehr verlassen kann. Weder mit Radio noch mit TV etwas anfangen kann. Und unzählige, wahrscheinlich Hunderttausende in Deutschland. Sie dürfen das Haus nicht verlassen, Ehrenamtliche oder andere externe Pflegekräfte (Physiotherapeuten, Frisöre u. a.) dürfen nicht ins Haus. Das hat wiederum zur Folge, dass die Hauptamtlichen noch mehr belastet sind. Dazu die Angst vor Ansteckung. Ich halte das wirklich für die schlimmste Katastrophe in der ganzen Corona-Krise. Dabei mache ich nicht dem einzelnen Sohn, der einzelnen Tochter den Vorwurf, dass sie oder er den Vater / die Mutter ins Pflegheim gegeben hat. In den allermeisten Fällen ging es nicht anders. Aber dass eine Gesellschaft sich so entwickeln konnte, dass man die Alten weggibt ebenso wie die Kinder – das ist für mich eine fatale Entwicklung.

## Was mich glücklich macht

Jeden Tag ein ausgiebiger Spaziergang. Meine Bücher (die ich in Jahrzehnten angeschafft habe). Die Musik (CDs und Radio). Dass ich – trotz allem – gut schlafen kann. Dass ich keine Zahnschmerzen habe. Dass ich oft Post bekomme (auch Päckchen) oder Anrufe.

Dass Anselm Grün und Kardinal Woelki mir geantwortet haben.

Dass ich Wein im Keller und Brot in der Küche habe. Dass Markus mir eine Osterkerze geschickt hat. Dass in meiner Familie / im Freundes- und Bekanntenkreis niemand an Corona erkrankt ist.

Dass es mir gut geht. Der Frühling. Nach langer Trockenheit nun endlich etwas Regen. Dass ich nicht mehr im Schuldienst bin und diese besonderen Belastungen, denen Lehrer im Augenblick ausgesetzt sind, nicht aushalten muss. Dass ich stattdessen mein Ruhestandsgehalt trotz allem pünktlich aufs Konto kriege. Dass liebe Menschen für mich einkaufen gehen und mir noch nichts gemangelt hat. Dass mich meine Hölderlin-Arbeit so ausfüllt. Dass wir im Zeitalter von Telefon und Internet leben und so mit den Angehörigen und der ganzen Welt verbunden sind. Dass ich zwar Angst vor einem Virus, aber nicht vor Bomben oder bösen Menschen haben muss. Dass ich – vor Corona – viel erleben und sehen konnte, viel unterwegs war. Diese Bilder und Erinnerungen gehören nun zu meinem Schatz, den mir niemand nehmen kann.

**Was ich mir bald wünsche**

Eine Wallfahrt nach Rottenburg / ins Weggental. Ein paar Tage in Freudenstadt, lange Spaziergänge im Schwarzwald. Kleine Ausflüge (nach Heilbronn, Bad Wimpfen, Wackershofen …). Ein Klosteraufenthalt (in Hegne, Münsterschwarzach oder anderswo).

Meine Schützlinge in den Pflegeheimen besuchen. An Tagungen / Seminaren teilnehmen. Ausstellungen / Konzerte besuchen. Ich möchte dieses Glück, diese Dankbarkeit gern teilen …

## Zwischenbilanz im November

Seit dem ersten November gibt es einen neuen Teil-Lockdown: Gasthäuser, Sportstätten und alle kulturellen Einrichtungen sind geschlossen. Die Bundeskanzlerin wird nicht müde zu sagen: »Jeder Kontakt, der nicht stattfindet, ist ein guter.« Als Bürger und als Christ halte ich mich daran und will so meinen Teil dazu beitragen.

Und im Nachhinein freue ich mich besonders über die Unternehmungen, die ich die Wochen davor gewagt hatte:

- Eine Wallfahrt nach Rottenburg /ins Weggental im August (ich habe Äpfel aufgesammelt und Apfelmus gekocht – das wird später nochmal eine nachdrückliche Erinnerung sein).
- Ein paar Tage Freudenstadt (angemeldet hatte ich mich zu einer Gesundheitswoche, die ich aber vorzeitig abgebrochen hatte wegen gravierender Mängel im Hotel).
- Viele kleine Ausflüge (Nürtingen, Maulbronn, Bad Urach, Stuttgart, Heilbronn …). Mariä Himmelfahrt in Bad Wimpfen.
- Meine beiden Bekannten in den Pflegheimen in Sinsheim und Pforzheim besucht.
- Am Tag vor ihrem Tod noch meine Patentante im Pflegeheim Leonberg besucht. Ihr habe ich es auch zu verdanken, dass ich noch ein paar Tage am Bodensee war: Eine Beerdigung in Konstanz, an die ich noch zwei Tage Hegne angehängt habe.
- Eine Führung durchs neue Hölderlin-Museum Lauffen.

# Nach dem ersten Corona-Jahr …

*Dienstag, 04.05.2021*

Der Mai ist traditionell ein Marienmonat, wenn auch nicht der klassische Rosenkranzmonat. Dennoch hat Papst Franziskus diesen Mai zu einem weltweiten Rosenkranzmonat ausgerufen zur Beendigung der Corona-Epidemie.

An jedem der dreißig Tage wird aus einem Marien-Wallfahrtsort der Rosenkranz per Livestream übertragen. Er selbst, Papst Franziskus, machte den Beginn am Samstag aus einer Seitenkapelle im Petersdom. Am Sonntag folgte Nigeria, gestern Tschenstochau. Aus Deutschland ist Altötting dabei, und zwar am 28. Mai.

Ich finde die Idee sehr gut und frage mich eher, warum sie erst jetzt kommt (der vergangene Oktober wäre eigentlich schon hervorragend dafür geeignet gewesen). Was kann die Menschheit Besseres tun als sich weltumspannend im Gebet zu verbinden? Wer betet, kämpft nicht, sündigt nicht – und steckt sich wohl auch nicht an (?) – in der Kirche in Nigeria trugen nur wenige Beter einen Mundschutz, und von Abstand konnte auch keine Rede sein! Wer betet, erkennt an, dass der Mensch nicht der Schöpfer ist, und dass letztendlich der Mensch auch nicht aus dieser Epidemie herausfinden kann. Trotz Impfstoff und Testmöglichkeiten.

*Montag, 10.05.2021*

Der Rosenkranz jeden Abend um 18:00 Uhr (übertragen von Vatican News, aber ohne deutschen Kommentar oder Übersetzung) ist wirklich ein eindrückliches Geschehen. Ganz nebenbei auch noch zu beobachten, wie unterschiedlich die verschiedenen Nationen diese Gebetsstunde gestalten, ist sehr spannend. In Südkorea z. B. war alles bis ins Detail perfekt vorbereitet, zwei professionelle Solisten sangen, die Kinder hatte alle ihre besten Kleider (Trachten) angezogen – sehr würdig und feierlich. In Brasilien wurde geklatscht, als die Statue der Gottesmutter hereingetragen wurde. An manchen Orten hat der Bischof das Zepter in der Hand, an anderen sieht man kaum etwas von Würdenträgern.

Aber all das ist unsere katholische Kirche, alles darf sein, alles ist gut so. Der Papst hat lediglich den Impuls gegeben (vielleicht auch noch die Auswahl der Orte getroffen), aber alles andere unterliegt der jeweiligen Ortskirche.

Ich frage mich wieder einmal, wo hier unsere deutschen Bischöfe, die Priester und Gemeinden sind. Und wo die Frauen in der Kirche, die immer den Eindruck haben, man nimmt sie zu wenig wahr! Was wäre das für ein Zeichen, wenn wirklich Millionen (Milliarden!) Menschen sich einen Monat lang jeden Abend um 18:00 Uhr zum Gebet versammeln! Auch politisch wäre das ein starkes Signal! Wenn dann auch noch die Ostkirche / Orthodoxe Kirche sich beteiligen würde – das wäre ganz nebenbei auch ein echtes Zeichen des Friedens. Denn mit wem ich heute den Rosenkranz bete, den betrachte ich morgen nicht als Feind.

*Dienstag, 01.06.2021*

Nun ist dieser Rosenkranz-Marathon also beendet. Der Abschluss gestern in den Vatikanischen Gärten – ein wundervoller Ort, sehr großflächig, mit hunderten geladenen Gästen. Viele verschiedene Frauen und Männer (auch Kinder) durften als Vorbeter jeweils Gebete anführen; ein Chor. Auch ein paar Männer der Schweizergarde. Der Papst hat nur das einleitende Gebet gesprochen und am Schluss – nach einem ausführlichen Dank an alle Beteiligten – den Segen gespendet. Zuvor hat er der *Knotenlöserin* – das ist eine Mariendarstellung aus Augsburg (im Vatikan befindet sich eine Nachbildung, aber der Augsburger Bischof war gestern auch dabei) eine Krone aufgesetzt. Man kann das für kitschig halten – uns Deutschen ist eine solche Frömmigkeit eher fremd – aber irgendwie finde ich es auch rührend, dass erwachsene Männer sich einen solch kindlichen Glauben bewahrt haben.

Nun gibt also ab heute um 18:00 Uhr keinen Rosenkranz mehr – das ist auch gut so. Denn bestimmte Anstrengungen müssen ja begrenz bleiben, sonst werden sie zum Alltag, zur Normalität, und dann verlieren sie das Besondere.

*29.11.2021*

Der zweite Corona-Advent, in einer Auswirkung, wie wir es uns vor wenigen Wochen nicht vorstellen konnten: Die Kliniken sind überlastet, Operationen müssen verschoben werden, weil die Intensivstationen mit Covid-Kranken belegt sind. Die Bundeswehr ist mit mobilen Kliniken im Einsatz oder befördert Covid-Kranke zu freien Plätzen (auch im benachbarten Ausland). In Deutschland sind inzwischen mehr als 100.000 Menschen an Covid gestorben. – Und dennoch gibt es Menschen, die sich nicht impfen lassen wollen. Auch Christen.

Ich versuche mir vorzustellen, wie Jesus sich verhalten würde, wenn er heute auf Erden lebte.

Im Augenblick meiner Geburt bin ich ein Staatsbürger, erst durch die Taufe werde ich Christ. »Gebt dem Kaiser, was des Kaisers ist« – da ich zuallererst Staatsbürger bin und die entsprechenden Wohltaten genießen darf (vom Anspruch auf einen Kitaplatz bis zur kostenlosen ärztlichen Versorgung), muss ich natürlich auch die entsprechenden Pflichten erfüllen. Ich muss in die Schule gehen, ich muss mich an die Verkehrsregeln halten, ich muss später Steuern zahlen – auch dann, wenn ich nicht damit einverstanden bin, wofür dieses Geld ausgegeben wird. Und möglicherweise muss ich mich impfen lassen.

Jesus hat nie gegen die geltenden Gesetze verstoßen – jedenfalls erzählt die Bibel davon nichts. Jesus ging zu den Armen und an den Rand Gedrängten. Er hat sich ihnen zugewandt. Aber niemals hat er (z. B. nach einer Heilung) gesagt: »Nun geh und beklage dich bei den entsprechenden Ämtern.« Ich glaube nicht, dass Jesus an Demonstrationen teilgenommen hätte. Selbst etwas tun – und nicht alles von anderen verlangen – ich glaube, das ist eine Grundhaltung von Jesus und sollte sie deshalb auch für jeden Christen sein. Wenn ich auch nur einen geringen Glauben habe, dann weiß ich: Jesus ist immer bei mir. Während der Zahnbehandlung; während einer Operation; in schwierigen Situationen – und eben auch im Augenblick der Impfung. Wenn ich wirklich daran glaube, dass Jesus in jedem Augenblick bei mir ist, dann brauche ich mich vor der Impfung nicht zu fürchten. Mir wird kein Haar gekrümmt … Sollte das Serum doch schädlich für mich sein, so kann ich auch darin Gottes Willen erkennen. Vielleicht will er mir in der daraus folgenden Erkrankung besonders nahe sein. Maße ich mir an, Gottes Wort besser deuten zu können als der Papst und Hunderte Bischöfe? Glaube ich wirklich, ihr Verhalten (nämlich sich impfen zu lassen) sei falsch und das würde ja bedeuten, sie lassen sich von falschen Stimmen (und die können doch nur von Diabolus kommen) leiten? Wo bleibt mein Gehorsam?

Wenn ich in die Geschichte zurückblicke: Gott hat dem Menschen den Verstand gegeben, dass er Gutes ausdenkt und entwickelt. Natürlich denkt der Mensch auch Böses aus … Aber in der Medizin ist viel Gutes erforscht worden, so kann man doch sagen: »Hier liegt ein Segen drauf!« Ohne ärztliche Hilfe, ohne Fortschritte in der Medizin würden immer noch Tausende Kinder bei der Geburt sterben oder ihre Mütter das Kindbett nicht überleben. Ohne die Pockenschutzimpfung (die Impflicht bestand in Deutschland bis 1982) hätte diese Seuche vermutlich einen großen Teil der Menschheit ausgemerzt. Ohne Betäubungsmittel könnten viele Operationen nicht durchgeführt werden. Auch das Aspirin halte ich für einen Segen (der mir erspart, eine Nacht lang das Hämmern im Kopf aushalten zu müssen). So sehe ich das Serum gegen Corona für einen Segen; und dass alle Menschen kostenlos geimpft werden können ist doch ein Zeichen von Solidarität und Nächstenliebe.

Wenn ich trotz aller Bilder, (aus Bergamo z. B. oder Brasilien: Beim Adveniat-Gottesdienst in Münster sagte der Bischof aus Brasilien: In den Pandemie-Hochzeiten starben dort 200 Menschen täglich) immer noch glaube, dieses Virus sei gar nicht so schlimm oder es existiere gar nicht – dann sollte ich mich als verantwortungsvoller Bürger und gehorsamer Christ trotzdem so verhalten, dass ich anderen nicht schade. Denn selbst wenn ich andere Überzeugungen habe: Ausschließen kann ich letztlich doch nicht, dass die Mediziner / Virologen recht haben, dass mein Nebenmensch Angst vor einer Ansteckung hat. Und deshalb ist es meine Christenpflicht, mich und andere durch mein Verhalten zu schützen. Auch meinen Beitrag dazu zu leisten, dass die Gesellschaft sich nicht spaltet.

»Seht, wie sie einander lieben!« Daran soll man doch uns Christen erkennen! Wenn ich dereinst vor meinem Richter stehe, soll er mir dann vorwerfen müssen, meinetwegen sei ein anderer Mensch zu Schaden gekommen?

*Samstag, 04.12.2021*

Der Papst ist auf Pastoralreise nach Zypern und Griechenland.

Den Gottesdienst aus Nikosia habe ich gestern mitgefeiert. Es rührt mich immer wieder tief im Innersten an zu erleben, wie Hunderte oder Tausende Menschen sich freuen, sich von der Freude am Glauben anstecken lassen. Für Stunden und Tage sind ihre Alltagssorgen vergessen.

Wie immer hat der Papst auch hier kein Blatt vor den Mund genommen. Er hat die moderne Sklaverei beim Namen genannt, auch die Unmenschlichkeit, wie wir als Europäer mit Flüchtlingen umgehen – ich bin immer wieder voller Bewunderung für diesen Mann (im Newsletter am Abend konnte ich dann noch erfahren, dass der Papst fünfzig Migranten mit nach Italien genommen hat).

# Weltfriedenstag 19. Januar 2023 Pontifikalamt / Internationaler Soldatengottesdienst in Köln

1968 hatte Papst Paul VI zum ersten Mal zu einem Weltfriedenstag aufgerufen; seither wird an vielen Orten überall auf der Welt zu Beginn des Jahres ein solcher Tag begangen, seit 1977 als internationaler Soldatengottesdienst in Köln. Diesen durfte ich heute mitfeiern – der Technik sei Dank!

Die Idee, dass Soldaten sich bewusst zu einem Friedensgottesdienst treffen, finde ich sehr gut – und die große Teilnahme zeigt, dass diese Menschen ein solches Angebot auch zu schätzen wissen. Können Soldaten, die gemeinsam singen, später aufeinander schießen? Können Soldaten, die sich auf der Wallfahrt in Lourdes treffen, einander als Feinde betrachten? Unwillkürlich kommt mir die Frage, ob es in der russischen Armee wohl einen Militärgeistlichen gibt, ob es Soldatenchöre oder Orchester gibt. »Böse Menschen haben keine Lieder«, hörte ich früher einmal.

Dem ausgelegten Textheft wird ein Zitat von Papst Franziskus vorangestellt: »Niemand kann sich allein retten. Nach Covid 19 neu beginnen, um gemeinsam Wege des Friedens zu erkunden.«

Feierlicher Einzug, etwa ein Dutzend Konzelebranten mit Kardinal Woelki; Ministranten und weitere liturgische Dienste in Uniform.

Lied GL 481: *Sonne der Gerechtigkeit*

Der Militärdekan der Bundeswehr weist in seinen einführenden Worten darauf hin, dass zur Stunde in Berlin der neue Verteidigungsminister vereidigt wird.

Kardinal Woelki: »Friede ist ein hohes Gut. Friede ist ein zerbrechliches Gut.«

GL 164: *Der in seinem Wort uns hält (Kantor / Gemeinde)*
Tagesgebet: *Allmächtiger Gott, du hast die vielen Völker durch gemeinsamen Ursprung miteinander verbunden und willst, dass sie eine Menschheitsfamilie bilden. Die Güter der Erde hast du für alle bereitgestellt. Gib, dass die Menschen einander achten und lieben und dem Verlangen ihrer Schwestern und Brüder nach Gerechtigkeit und Fortschritt entgegenkommen. Hilf jedem, seine Anlagen recht zu entfalten. Lass uns alle Trennung nach Rasse, Volk und Stand überwinden, damit in der menschlichen Gesellschaft Recht und Gerechtigkeit herrschen.*

*Darum bitten wir durch Jesus Christus, deinen Sohn, unsren Herrn und Gott, der in der Einheit des Heiligen Geistes mit dir lebt und herrscht von Ewigkeit zu Ewigkeit. Amen.*

Lesung aus dem Brief an die Gemeinde in Rom: 1,1–7. Projektchor des katholischen Militärdekanats Köln »Jauchzet dem Herrn« von Friedrich Silcher, ganz zart begleitet von der Orgel.

Zum Vortrag des Evangeliums wird der Diakon von fünf Uniformierten zum Ambo begleitet. Zuerst trägt er es auf Deutsch vor, dann noch auf Englisch: Mt 5. 1–12a. In der Predigt knüpft Kardinal Woelki noch einmal an Weihnachten an – dem Fest des Friedens. Die Engel bringen diese Botschaft mit »Ehre sei Gott in der Höhe und Frieden auf Erden den Menschen.« Christus kommt als Friedenstifter. Wahrer Frieden ist viel mehr als ein Waffenstillstand. Das Wort *Shalom*, das in der Bibel steht, bedeutet mehr: Sicherheit, Gesundheit, Zufriedenheit, Wohlbefinden und Wohlergehen. Die Zusage des Engels ist zugleich ein Auftrag an uns. Selig, die Frieden stiften. In besonderer Weise tun das die Soldaten. Sie sorgen für den Frieden in der ganzen Welt. Sie setzen dafür ihre Gesundheit, ja, ihr Leben ein.

Kardinal Woelki greift dann noch auf *fratelli tutti* von Papst Franziskus zurück: eine globale Tragödie wie Covid 19 zeigt uns, dass wir als weltweite Gemeinschaft in einem Boot sitzen und nur gemeinsam eine Lösung finden können. Durch solche Krisen kommen Widersprüche und Ungleichheiten zum Vorschein. Auch Einsamkeit wird deutlich sichtbar, besonders bei den Armen und Schwachen. »Frieden suchen, stiften, bewahren!« Das rief der Kardinal den Soldaten zu.

Die Fürbitten werden von einem jungen Mann auf Deutsch vorgetragen, jede dann in einer anderen Sprache wiederholt (darunter Französisch und Spanisch). Nachher lese ich, dass es sich um Lehrgangsteilnehmer des Bundessprachenamtes handelt.

Die Kollekte wird verteilt auf die katholische Familienstiftung für Soldaten, der Aktion Neue Nachbarn des Erzbistums Köln sowie für die Erhaltung des Domes. Während der Kollekte spielt das Musikkorps der Bundeswehr »Von guten Mächten wunderbar geborgen«.

Zum Sanctus singt der Projektchor das Lied von Friedrich Silcher. Im Hochgebet fügt der Priester an die »Priester und Ordensleute« noch die »Eheleute« mit an – das hat mich irritiert, ich muss darüber noch nachdenken. Zur Kommunion spielt das Musikkorps, danach singt der Chor »Frieden« von Gotthilf Fischer.

Zum Schluss kommt nochmal der Militärdekan ans Mikrofon mit Dankworten an den Kardinal, an das Musikkorps, an den Organisten und an den Projektchor. Er lädt die Soldaten zu einer warmen Stärkung ein, danach zu einer Stadtrundfahrt. Und er hofft, das nächste Wiedersehen kann hoffentlich zu einer friedvolleren Zeit stattfinden.

Kardinal Woelki wünscht vor dem Segen allen Mitfeiernden noch ein gutes neues Jahr, auch für die, für die wir Verantwortung tragen. Segen ist ein Zeichen, dass Gott uns unter seinen Schutz, in seinen Frieden stellt. Ganz besonders will er alle Kameraden und Kameradinnen miteinbeziehen, die irgendwo auf der Welt im Einsatz für den Frieden sind. Schlusslied: Großer Gott wir loben dich. Die Kamera zeigt, dass viele Mitfeiernde auswendig mitsingen – wie ich auch.

In den vergangenen Tagen und Wochen wird immer wieder das Für und Wider von Waffenlieferungen in die Ukraine diskutiert. Auch die Kirchen haben da keine »richtige« Antwort. Sich dem Angreifer widerstandlos auszuliefern ist sicher keine Option. Aber ich vermisse weltumfassende Friedensgebete. Zu Beginn des Krieges 2022 fanden überall, z. T. ökumenisch, Friedensgebete statt. Aber wie schnell ist das wieder eingeschlafen. Da gehen Menschen gegen Einschränkungen wie Maskenpflicht auf die Straßen, da kleben sich Umweltschützer auf der Straße fest; da beschmieren andere Aktivisten Kunstwerke – aber ich höre nichts davon, dass eine ganze Generation Jugendlicher sich für den Frieden einsetzt!

# Schlusswort

Dies sind nur einige der Erlebnisse und Erfahrungen auf meinem Glaubensweg. Was mich sehr bewegt hat, habe ich danach gleich aufgeschrieben. So kann ich heute nachlesen, was ich vor Jahrzehnten erlebt und empfunden habe. Ohne die schriftlichen Zeugnisse wäre das meiste in Vergessenheit geraten.

Vieles habe ich auch in Briefen mitgeteilt. Von einigen wenigen habe ich Durchschläge gemacht und kann sie heute nachlesen. In der Regel habe ich handschriftlich geschrieben, ohne Durchschlag. Auf diese Briefe habe ich heute keinen Zugriff mehr – die meisten werden nicht mehr existieren.

Trotzdem fällt mir noch einiges ein, was nicht vergessen werden sollte:

- eine Fahrt nach Taizé 1986
- eine Fahrt nach Rom und Assisi mit meiner Tochter
- Pilgerwanderungen auf den Michaelsberg
- Mitgestaltung von Fronleichnamsteppichen
- viele feierliche Gottesdienste aus verschiedenen Anlässen (Altarweihe, Priesterweihe; Jubiläen, Kirchweih u. a.)
- Weltgebetstag der Frauen, wo ich vor sechzig Teilnehmern gepredigt habe
- das ökumenische Friedensgebet anlässlich des Golfkrieges in der evangelischen Kirche
- ein Rosenkranzgebet mit dem evangelischen Seniorenkreis in der katholischen Marienkirche
- Silvesterfeiern in Heiligkreuztal, wo wir in gemütlicher Runde im Herrenhaus beisammensaßen, mit buntem Programm
- ein Aufenthalt im Kloster Bonlanden, wo ich ein paar stille Tage verbrachte. Gleichzeitig waren die Priesteramtskandidaten zu Exerzitien hier. Beim

Mittagessen – ich saß allein an einem Tisch – nahm einer der Männer seinen Suppenteller und setzte sich zu mir. Man könne mich doch nicht allein sitzen und essen lassen, während sich die anderen an der Gemeinschaft erfreuen. Das ist gelebte Nächstenliebe. Dieser Mann wurde später Vikar in Heilbronn, wo ich ihn noch öfters sehen konnte.

- Hausgebete im Advent, wo ich ein paar ältere Damen zum Beten und anschließendem Tee einlud.
- Aufenthalte in Andechs, Weltenburg, St. Ottilien und weiteren Klöstern, und besonders in Kellenried, wo ich in die Oblatengemeinschaft aufgenommen wurde.
- Und schließlich habe ich in meinem Sabbatjahr den Karmel in Ludwigsbug-Hoheneck kennengelernt und dort eine neue geistliche Heimat gefunden. Auch hier durfte ich schon viele Feste und Jubiläen mitfeiern – und auch schon sehr viele Beerdigungen.

Ich bin Tochter meiner Eltern, Deutsche, Christin / Katholikin. Trotz aller Kränkungen und Verletzungen, trotz aller berechtigter Kritik möchte ich nicht tauschen – ich möchte keine andere Familie haben, ich möchte in keinem anderen Land leben, und ich möchte in keiner anderen Kirche sein.

Wer meint, seine Familie, sein Land / seine Regierung, seine Kirche müsse ihm permanent nur Wohltaten austeilen, dürfe niemals etwas Unangenehmes von ihm fordern – ja, dürfe auch niemals Fehler machen – der hat eine naive Vorstellung von Familie, Staat und Kirche.

Man könnte auch so sagen: Jedes Gebilde ist nur so gut wie seine Einzelteile. Wenn also in der Familie, im Staat, in der Kirche jeder an seinem Platz das ihm Mögliche tut – dann müsste das Ganze doch auch gut sein.